培训与人力资源开发

主　编　赵大伟
副主编　刘慧芳　倪梦琳　王　箐　邱　梅

北京理工大学出版社
BEIJING INSTITUTE OF TECHNOLOGY PRESS

内 容 简 介

　　《培训与人力资源开发》是人力资源管理系列教材中的核心教材之一，其特点是系统性和应用性较强。基于对应课程实践性较强的特点，本教材内容撰写的重点是培训与开发流程的设计，以及培训方法的学习与演练，主要用作国内应用型本科院校及高职高专的人力资源管理等相关专业的教材或教辅用书。本教材的内容分为员工培训概述、成人学习理论、培训需求分析、培训计划与项目设计、培训的实施与管理、培训方法与新兴技术、培训成果转化、培训效果评估、员工开发、职业生涯管理十章。

版权专有　侵权必究

图书在版编目（CIP）数据

　　培训与人力资源开发／赵大伟主编. --北京：北京理工大学出版社，2022.11
　　ISBN 978-7-5763-1831-9

　　Ⅰ．①培… Ⅱ．①赵… Ⅲ．①人力资源管理-高等学校-教材 Ⅳ．①F243

　　中国版本图书馆 CIP 数据核字（2022）第 211045 号

出版发行／北京理工大学出版社有限责任公司
社　　　址／北京市海淀区中关村南大街 5 号
邮　　　编／100081
电　　　话／（010）68914775（总编室）
　　　　　　（010）82562903（教材售后服务热线）
　　　　　　（010）68944723（其他图书服务热线）
网　　　址／http：//www.bitpress.com.cn
经　　　销／全国各地新华书店
印　　　刷／三河市龙大印装有限公司
开　　　本／787 毫米×1092 毫米　1/16
印　　　张／14.75
字　　　数／343 千字
版　　　次／2022 年 11 月第 1 版　2022 年 11 月第 1 次印刷
定　　　价／88.00 元

责任编辑／王晓莉
文案编辑／王晓莉
责任校对／刘亚男
责任印制／李志强

本教材语言通俗，条理清晰，内容丰富，资料翔实，可操作性和实务性较强，编写的目的是使学生由浅入深、从抽象到具体地掌握企业人力资源培训与开发的基本理论和技巧，了解人力资源培训与开发在现代企业管理中的作用和意义，熟悉当前人力资源管理过程中有关培训和开发的一些基本方法，为从事相关专业的工作奠定良好的基础，比较适合作为应用型本科高校及高职高专人力资源管理相关专业的教材。综合来看，本教材有如下六个特点。

（1）编写紧紧围绕高校应用型经管类学生的培养要求，教材的系统设计、章节结构、章节内容、案例分析、习题设计等紧扣应用型人才培养目标，避免了国内同类教材理论性较强的特点，更适用于应用型本科院校及高职高专。

（2）教材内容紧扣学科专业建设。本教材的结构设计严格服从培训与人力资源开发课程体系的需要，教材内容设计涵盖培训的各项流程管理，包括培训需求的分析、培训项目的设计、培训的组织实施、培训的转化、培训效果的评估等，同时注重与后续专业核心课程的系统融合。

（3）教材着力于构建企事业单位中培训与开发活动组织的技能培养，内容阐述贴近企业的实际操作，让学生在阅读中体会管理方法，同时将本专业校企合作、实务导师授课等内容融入教材，更加贴近企业培训与人力资源开发管理实际。

（4）注重培训组织管理技能的培养。这主要体现在两个方面：一是在思考练习中，结合教学内容和管理中的热点问题，力求让学习者更多地参与其中；二是综合考虑培训与开发模块与后续组织与工作设计、招聘、培训、绩效管理、薪酬管理各核心课程模块的有效、系统衔接。

（5）教材案例设计融入课程思政元素。教材编写着力体现新文科建设理念，注重哲学社会科学与新一轮科技革命和产业变革交叉融合，注重教材编写应用于行业的实用性，教材内容和设计体现课程思政元素。

（6）内容力求简洁、明了，力争做到案例分析、案例导入等与理论阐述不重复，同时又体现两者的融合，注重理论与应用、知识性与趣味性的结合，文字通俗易懂。

本教材的撰写参与者及分工如下：赵大伟编写第一章、第二章、第八章，倪梦琳编写第五章、第七章，王箐编写第三章、第四章，邱梅编写第九章、第十章，刘慧芳编写第六章。

　　本教材配套有 PPT 演示文稿和习题资料，以供有需要的教师、学生、企业培训者等读者学习使用。本教材是在国内培训与开发经典教材的基础上进行编写的，在此感谢教材参考文献的各位作者。由于时间仓促，书中难免有不妥和疏漏之处，敬请不吝指正。欢迎与作者联系，电子邮箱：david123101@126.com。

山东青年政治学院　赵大伟

2022 年 5 月 25 日

目 录

第一章　员工培训概述

学习目标

1. 掌握员工培训的概念；
2. 掌握培训与开发的关系；
3. 掌握员工培训的作用；
4. 了解员工培训的历史演变过程；
5. 了解员工培训行业的发展趋势；
6. 了解培训师职业资格认证体系。

案例分享

作为一家互联网公司，腾讯强调开放、自由的企业文化。在腾讯强制员工做某些事情的现象很罕见，甚至不存在。比如，针对个别员工乘坐电梯"加塞"的行为，公司采用便于接受的方式予以引导。公司给大家提供最适合、最受欢迎的培训，也充分采纳员工的意见和建议。为了保障培训质量，腾讯构建了比较完整的培训体系。

在构建员工培训体系时，腾讯先是基于能力素质模型做了一个培训课程的表格，然后针对全体员工，每半年结合公司的绩效考核安排一次培训计划，大家根据这个培训计划去选课。腾讯的员工培训工作主要由腾讯学院承办，腾讯学院把服务对象分为员工层面、经理人层面和公司层面。腾讯在员工培训中非常注重对企业文化的宣传与贯彻。比如，腾讯除了为每位新员工配备一位导师，在辅导专业技能的同时帮助新人了解腾讯文化外，还会安排一系列丰富完整的新人培训，其中有工作经验的新人会经历一个项目——"腾讯达人"访谈。新人在入职的第一周可以自由组合，随机采访公司内的老员工，请他们讲述在腾讯的经历和故事，感受老员工对腾讯文化的切身体会。这种感性且近距离的接触，可以帮助员工从一进入公司就深入理解腾讯文化。

在对后备干部进行培养的项目中，腾讯还专门安排了经营理念、管理理念研讨沙龙等活动，让学员与包括腾讯创始人在内的高管层互动，更深入地了解腾讯文化背后的故事，进一步加深后备干部对腾讯文化的认知。

为了丰富学习形式，除了面授学习、E-Learning 课程、直播课堂外，腾讯还在努力拓展学习渠道，比如建设移动学习平台等。另外，腾讯为了有效激发员工参与的兴趣，还设置了多种丰富有趣的人才培养形式。举例来说，在对储备干部的培训中，腾讯在早期就推出了"潜龙""飞龙""育龙"等系列项目，后续还推出旨在培养专业技术人员的"攀登""飞跃"等项目。在这些培训项目中，腾讯通过评测中心、行动学习、面授课程、研讨沙龙、标杆学习、压担子等多种培养形式的混合设计，全面快速地提升学员的相关能力。为了激发员工的创意，腾讯在为员工安排的培训项目中，加入了激发员工跨领域思考的元素，从而为创新培育土壤。比如，在培训体系中，允许员工选报非本职业通道的课程，为员工提供跨领域学习的机会；定期举办"名家之声"讲座，邀请行业内知名专家、研究机构负责人、国内外各界名人等业内翘楚走进腾讯，包括互联网行业创业家、职业经理人、行业学者、著名经济学家以及影视导演、音乐家、文学家、国家运动队教练等，演讲主题涉猎广泛，极大地开阔了广大员工的视野。

学习不仅仅是员工的福利，也是员工的一项义务，因为企业的发展离不开员工队伍素质的整体提高。组织员工学习不仅仅是企业 HR（人力资源）的事情，也是每一位管理者的事情，企业为员工构建培训体系，为员工创造学习机会，是对企业未来发展投入的一个重要途径，是提高人力资本的投资回报率的一种重要手段。

（案例来源：由作者根据网络资源进行整理）

第一节　员工培训的概念与特征

在社会价值的创造过程中，人力资源管理是第一资源、核心资源。在价值创造中，人力资源既扮演主体的角色，又扮演客体的角色。在人力资源管理各项职能中，培训与开发的作用越来越重要，并且成为企业员工以后能力不断提升、人力资本价值不断增值的不竭动力。因此，现代企业越来越重视培训与开发的工作，投入更多的资源并努力开展适合本企业的培训活动，以提升企业竞争力。本教材设定的培训活动主要指企业培训活动，特此界定。

一、员工培训与开发的定义

（一）员工培训

员工培训是指企业在其战略指导下，针对本企业员工完成现在或未来工作的需要，而去传授与其工作相关的知识、技能和态度的过程。员工培训的定义应有以下几点具体的诠释。

（1）员工培训的主体是企业，并且是为了完成企业的战略目标而组织的。

（2）员工培训的对象是本组织内的员工。

（3）员工培训的内容应该与其工作相关。

（4）培训的最终目的是使员工更好地胜任工作，进而提高企业的生产力和竞争力，从而实现组织发展与个人发展的统一。

(二)员工开发

员工开发是依据员工需求与组织发展要求对员工的潜能开发与职业发展进行系统设计与规划的过程。员工培训与员工开发在企业的人力资源管理系统中密不可分,员工培训是员工开发的措施和手段,员工开发在一定程度上体现了员工培训的目的,两者的最终目的都是通过提升员工的能力实现员工与企业的同步成长。

二、员工培训与员工开发的关系

员工培训针对的是员工的工作现状与企业期望的工作要求之间的差距,通过知识、技能等的传递使员工更好地胜任工作,侧重于现时的需要;员工开发则是对员工潜能的开发,主要服务于员工未来的需要,如职业晋升、职业生涯规划、工作调换等,侧重于未来的需要。员工培训和开发之间既有联系又有区别,具体如表1-1所示。

表1-1 员工培训与开发的异同

	员工培训	员工开发
相同之处	都是一个学习的过程,有组织的规划;目的是把培训和开发的内容与工作目标联系起来,促成个人和企业的共同发展	
不同之处	要素清晰	要素模糊
	内涵较小	内涵较大
	短期的绩效改进	使员工在未来承担更大的责任
	持续时间短,具有集中性和阶段性	持续时间长,具有分散性和长期性
	强制要求	自愿参与

(资料来源:根据盖勇等观点整理获得,2004)

三、员工培训的特征

综合员工培训的各项维度,员工培训具有如下特征。

(一)培训主体的企业主导性

企业是社会经济发展和价值创造的主体,随着社会经济和科技的快速发展以及市场的激烈竞争,企业本身需要不断的改革与创新,而员工培训是促使企业发展,保持企业持续竞争力的有效手段。员工培训是由企业组织的,因此组织培训的活动主体是企业。企业通过员工培训活动,传授工作需要特定的知识和技能,提高员工的工作能力和水平,是为了实现企业的战略目标。

(二)培训目标的统一性

员工培训活动是在企业战略的指导下完成的,同时也是为实现企业战略目标服务的。企业培训的对象是企业内部的员工,因此,员工培训的最终目的是实现企业与员工的统一,这就要求在进行员工培训时要针对不同企业和企业内不同员工实施不同的培训。不同性质的企业所采取的培训方式、方法和运用的培训内容是不一样的。员工培训的受众是内部员工,内部员工培训实现技能的提升后通过自身的工作行为和工作绩效来帮助企业实现战略目标，在此过程中，员工也逐步实现自己的职业生涯目标。因此，在组织员工进行培训时，企业要在尽可能满足企业发展要求的同时，满足员工个人的发展需求，以增强培训效果，实现企业与员工的双赢。

（三）培训内容的丰富性

企业员工培训前需要根据培训需求设计相关的培训课程，培训课程的内容涵盖了知识、技能、态度等多个方面。另外从内容的作用来看，既有基本理论、概念原理，也有具体机器设备的操作，还有企业规章制度、企业文化等。因此，为了有效地发挥培训的效果，企业在培训设计时应考虑企业培训内容的丰富性。

（四）培训方法的多样性

随着培训活动的不断发展和现代新兴技术的广泛应用，企业培训的形式和方法多种多样，既有传统的讲授法，也有基于互联网技术的现代培训方法；既有在职培训的方法，也有脱产培训的方法。

传统的讲座式培训主要是讲师在台上讲课，缺乏与学生的交流和学生实践，使得培训效果不佳。新式的培训更加重视学生的实践与体验，通过体悟增强培训效果。

在培训方法设计时，应该根据培训需求、培训目标、培训内容等综合考虑设计培训方法，通过培训方法的多样化设计达到培训效果更佳的目的。同时，随着现代新兴技术和网络化技术的发展，一方面要积极跟上时代，适时选择新兴的培训技术，另一方面又要避免为了一味追求培训的新颖性而只关注新兴技术，使得培训华而不实。

（五）培训时间的灵活性

企业员工培训不同于学校教育，在培训时间上具有灵活性和离散型，既有时间相对集中的脱产培训，又有时间相对分散的在职培训，还有企业将员工培训安排在业余时间开展，而且会经常根据员工工作时间的变动以及业务淡旺季的变化而变动，如生产制造型的企业每年会进行生产车间的机器检修，在机器检修时一般会安排员工培训。

（六）培训效果的时效性

员工培训的主要目的是通过培训提高员工的工作能力和水平，实现更大的绩效产出，从而为企业创造更大的价值与效益。因此，培训活动的价值最终会体现在确保员工能够将培训的内容运用到工作上。因此，培训成果转化的成功与否，在很大程度上决定了培训是否有效。

四、员工培训的作用

员工培训不仅可以提高企业的效率，同时也能提高员工的能力和水平，因此企业越来越重视员工培训。员工培训不仅可以提升员工的个人能力，还可以提高员工对企业的归属感，减少企业的人才流失，从而提高企业的经济效益。员工培训不论是对企业发展，还是对员工个人发展，均具有重要的作用。

（一）全面提升企业内员工的整体素质

企业通过对员工进行培训，使员工个人素质得到全面提高，适应企业长期发展的需要，从而使企业人才开发和利用与企业成长和发展形成互动。

通过培训，员工能够更好地了解自己在工作中的角色和应该承担的责任和义务，更全面、客观地了解自身能力、素质等方面的不足，提高自我认识的水平。通过培训，员工的知识和技能水平将得到提升。而员工技能的提升，将极大地提高企业的生产效率，从而为企业创造更多的利润，员工也能为此获得更多的收入。企业通过员工培训，可以让员工转变态度，如对待技术革新的态度、对待企业的态度和责任心问题。此外，员工培训可以让员工转变观念，如树立终身学习的观念、质量意识和观念。

（二）有效提升企业绩效产出

员工培训是企业人力资源管理与开发的重要组成部分和关键职能，是企业人力资源资产增值的重要途径，也是企业效益提高的重要途径。通过员工培训，员工的知识、能力、素质得到全面提升，工作行为改进，达到更高的个人绩效产出，而个人绩效产出又促进了企业整体绩效的产出与改进，从而提高企业效益，保持持续的竞争力。

（三）优化企业内的人才配置与组合

企业人力资源的平衡是一种动态平衡，当出现企业内部人力资源结构不平衡时，可以通过培训实现人力资源的结构平衡。培训活动使人力资本增值，在一定程度上增加了人力资源供给，因此当人力资源出现供需结构不平衡时，可通过培训来实现人才的配置与优化组合，通过优化组合，促使员工快速成长，企业工作效率快速提高。

（四）助力企业文化的形成与发展

企业文化是一家企业价值观的体现，也是一家企业的灵魂，是企业创造社会价值的精神支柱。企业培训可以让员工了解和认同企业文化，同时员工在培训时一起交流、学习、碰撞、思考，也在一定程度上推动了企业文化的完善与形成。企业培训为员工提供一个完善和提升自我的机会，使员工可以在工作中实现职业生涯规划，这对员工有激励作用，也有助于帮助企业树立学习型的企业文化。此外，员工在培训中相互接触、相互了解，加深对企业的感情，对企业的归属感和凝聚力明显增强。

 例证 1-1

影响工作环境的因素使培训成为公司成功的关键要素

波士顿比萨国际是加拿大顶级快餐连锁企业，它在美国西部和加拿大共拥有 172 家连锁店。最近，公司的培训总监意识到连锁店的经理存在技术上的缺陷。大部分经理能理解公司的经营理念，却缺乏成为真正成功的经理人员所必备的软技术。于是，波士顿比萨学院（Boston Pizza College）应运而生。在这所企业大学里，经理们学习并不断实践作为一个成功的连锁店经理所必备的技能，包括职业化管理技能和指导技能。波士顿比萨大学获得了成功。消费者匿名反馈的信息和暗中进行的质量调查结果证明，培训的开展使公司业绩有了提高。连锁店的营业额比培训开展前增加了 200%。

为了提高产品质量，Bowater 公司封面和专用纸事业部为雇员提供持续改进技术的培训，工作团队的成员聚集到一起，由培训者提出一个与他们的工作领域相关的现实问题，然后团队成员接受解决问题的技能的培训。每个工作团队成员通过使用从培训过程中学到的技术来共同解决分配到的问题。这些接受培训的工作团队共为公司节约了 1 000 万美元！在第一轮培训结束后，公司的某个产品系列的生产率提高了 2.5%，另一个则提高了6%，并且劣质产品数量比过去减少了55%。

美国信贷(Americredit)位于得克萨斯州，是一家拥有大约5 000名雇员的金融机构。公司开展使电话处理业务流程化的培训。通过培训，跨职能团队成员学会了分析如何利用公司的五个呼叫中心网络来改进所有电子化处理流程。该小组参加完培训返回工作岗位6个月后，为公司节约了大约150万美元的成本。

家得宝公司是世界上最大的家居用品零售商，在美国、加拿大、墨西哥和波多黎各共有1 500多家分店。公司每年为大约30 000名员工提供培训，目的是促进员工职业发展，同时提高公司的生产率和顾客满意度。每一个受训者都要完成一门职位课程的学习。培训活动包括给各个分店分发培训材料、定点指导和网上学习。公司希望培训能带动销售增长并在公司内部培养领导。大部分的领导技能培训是面对面开展的，而店内培训主要采取网上学习、导师指导、参考培训手册等方式。网上学习的优点在于它可以降低成本，允许雇员在任何时间参与。公司为每个分店配有至少两台可以开展网上学习的计算机。

波士顿比萨国际、Bowater公司封面和专用纸事业部、美国信贷以及家得宝的成功经验说明了培训对于提升企业竞争力的重要作用。竞争力(Competitiveness)是指企业在行业中保持并赢得一定市场份额的能力。尽管这四家公司属于不同的商业类型，但是它们的培训实践帮助公司在各自的市场上赢得了竞争优势(Competitive Advantage)，也就是说，培训实践通过让雇员学习所需知识和技能，激励他们与公司一起发展，并为顾客提供更优质的服务。由于技术的日新月异、知识的快速更新、业务的日趋国际化以及电子商务的迅速发展，公司需要采取措施吸引、保留并激励员工。培训不是奢侈和浪费，相反，它是公司以高质量的产品和服务在全球化和电子化市场立足的必要条件，培训帮助员工掌握新技术，适应新型工作体系(例如虚拟团队)，并与来自不同文化背景的同事或顾客进行沟通。

（资料来源：雷蒙德·诺伊，培训与雇员开发[M]. 徐芳，邵晨，译. 6版. 北京：中国人民大学出版社，2015.）

第二节　员工培训的类型

员工培训的类型按照不同的分类标准可以有不同的划分，本书按照员工培训的对象、内容和形式的不同对培训类型进行划分。

一、按培训对象划分

（一）基层员工培训

基层员工培训的目的是培养员工积极的工作心态，让其掌握工作原则和方法，提高其劳动生产率。培训的主要内容包括追求卓越工作心态的途径、工作安全事故的预防、企业文化与团队建设、新设备操作、人际关系技能等。基层员工培训应注重培训的实用性。

（二）管理人员培训

管理人员培训根据管理层次的不同而分为基层管理人员培训、中层管理人员培训和高层管理人员培训。不同层级管理人员培训的侧重点是不同的。

二、按培训内容划分

（一）知识培训

现代社会高速发展，知识更新日新月异，员工知识老化会直接导致企业丧失竞争优势。因此，人员培训的重要任务之一是进行知识培训，即对员工进行知识更新。

（二）技能培训

随着时代的进步，各行业对技术和能力都有新的要求，因此，不断学习新的技能才能进入新行业和从事新岗位。技能培训是对员工使用工具、做好本职工作、处理和解决实际问题的技巧与能力的培训。

（三）态度和观念培训

员工的行为结果不仅取决于其知识和技能，还取决于其是否拥有正确的工作态度。因此，人员培训不仅要注重人员知识和技能上的培养和提高，还要注重对员工的态度和观念的培育。

三、按培训形式划分

（一）入职培训

刚刚入职的新员工对企业基本背景情况不了解，要使其尽快熟悉新的工作环境、人员关系、工作条件、工作内容和制度规章，就需要对其进行入职培训，以使其尽快转变为企业人，并开始逐步规划或继续发展自己的职业生涯，尽快发挥自己的才能。

（二）在职培训

在职培训又称"工作现场培训"。作为人力资本投资的重要形式，在职培训是对具有一定教育背景并已在工作岗位上从事有酬劳动的员工进行的再教育活动，即在员工不需要脱离工作岗位的情况下参加培训。这类培训通常是利用员工的业余时间，在完成本职工作的基础上进行的，重在补充员工在当前工作岗位上所需的知识、技能或进行态度和观念的培育。

（三）脱岗培训

脱岗培训是指企业为了更好地发展和满足员工个人的发展需求，允许在职员工离开工作岗位去接受培训。在培训期间，员工以培训为重心，脱离本职工作。脱岗培训的培训内容并非根据员工当前岗位情况而定，而更注重提高员工整体素质和满足未来发展需求。

（四）轮岗培训

轮岗培训是指员工被安排到企业的其他部门或者分公司一边工作一边进行培训。轮岗培训与在职培训有相同之处，两者都是工作与培训同步进行。两者的区别在于，在职培训包括轮岗培训，而轮岗培训的最大特点是调离原本的岗位，迁往其他岗位进行工作学习，存在岗位空间和环境上的变化。

 例证1-2

> **宝洁公司：全方位和全过程的培训**
>
> 第一是入职培训。新员工加入公司后，公司会对其进行短期的入职培训。其目的是让新员工了解公司的宗旨、企业文化、政策及公司各部门的职能和运作方式。
>
> 第二是技能和商业知识培训。公司内部有许多关于管理技能和商业知识的培训课程，如提高管理水平和沟通技巧、领导技能的培训等。这些培训结合员工个人发展的需要，帮助员工成为合格的人才。公司独创了"宝洁学院"，公司高层经理讲授课程，公司在全球范围的管理人员参加学习，并了解管理人员所需要的管理策略和技术。
>
> 第三是语言培训。英语是宝洁公司的工作语言。公司在员工的不同发展阶段，根据员工的实际情况及工作需要，聘请国际知名的英语培训机构设计并教授英语课程。新员工还会参加集中的短期英语岗前培训。
>
> 第四是专业技术的在职培训。从新员工进入公司开始，公司便派一名经验丰富的经理对其日常工作加以悉心指导和培训。公司为每位新员工制订个人培训和工作发展计划，由其上级经理定期与员工回顾，这一做法将在职培训与日常工作实践结合在一起，最终使新员工成为本部门和本领域的专家能手。
>
> 第五是海外培训及委任。公司根据工作需要，选派各部门工作表现优秀的年轻管理人员到美国、英国、日本、新加坡、菲律宾等地的宝洁分支机构进行培训和工作，使他们具有在不同国家工作的经验，从而得到更全面的发展。
>
> （资料来源：郭京生. 人员培训实务手册[M]. 北京：机械工业出版社，2005.）

第三节　员工培训与企业组织

一、员工培训与人力资源管理其他职能之间的关系

员工培训作为人力资源管理系统的一个组成部分，同人力资源管理的其他各项职能活动之间存在着密切的联系。培训活动主要是公司通过某种方式使员工完善知识、加强技能，以便在以后的工作中提高工作效率。员工与人力资源的职能关系主要分为以下几方面。

（一）员工培训与职位分析的关系

员工培训活动中的培训需求分析环节，需要借助职位分析的内容，特别是对新员工的培训需求分析，工作分析和任务分析更是重点分析的内容，因此做好职位分析的工作可以使培训内容的选择更具有针对性。职位之间的差异造就了员工工作性质的差异，此时培训与开发的专业性就必须体现出来，职位的任职资格及要求也是培训效果评估的主要标准之一。

（二）员工培训与人力资源规划的关系

人力资源规划分为总体规划和业务规划，企业的年度培训计划本身就是人力资源规划培训的一部分，同时，在人力资源规划的指导下，员工培训活动才更有计划性，才能更好地发挥培训的价值。

（三）员工培训与招聘录用的关系

招聘录用和员工培训的关系是相互的。员工培训的目的是提高员工素质和工作能力，招聘人员的素质和能力决定着培训活动的工作量，如果招聘的员工质量高，培训活动就相对比较轻松，如果招聘的员工质量较低，则员工培训活动的工作量和工作难度加大。

（四）员工培训与绩效管理的关系

员工是否需要进行培训以及需要怎样的培训，要通过绩效考核来确定，因此绩效考核的结果是设计培训计划和培训内容的主要依据之一。企业绩效的提升也是检验员工培训的标准，提高绩效是培训的目的，那么提高到什么程度则是员工培训的力度问题，而检验员工培训的成果就是绩效。因此，在选择员工培训的内容时，之前的绩效是一个参考，它决定了培训的内容。但更重要的是培训之后的绩效提高程度，这也是员工培训活动的效果所在。

（五）员工培训与员工关系管理的关系

员工关系与员工培训也有很大的关系，一家成功的企业离不开齐心协力，万众一心，因此员工之间的关系很重要。员工培训的内容之一是企业的规章制度、企业文化，因此，通过员工培训可以改善企业的员工关系，增强员工的凝聚力。

二、员工培训中直线经理的活动职责

所有管理者都承担了人力资源管理的责任，因此，业务部门的管理者特别是直线经理参与了大量的人力资源管理活动。在具体的培训活动中，直线经理的活动职责具体体现在以下几个方面。

（一）协助进行本部门的培训需求分析

直线经理往往是一个业务部门的直接管理者，比人力资源部门的员工更加熟悉其下属部门的工作情况，也对部门员工的工作表现和工作能力最为熟悉。因此，在培训需求分析过程中，直线经理是员工和人力资源部门之间的桥梁，协助人力资源部门进行本部门内部培训需求分析活动，根据员工的情况向人力资源部门提出培训的需求，同时，人力资源部门完成培训需求分析后也会向直线经理进行再一次的确认，这样有利于使培训更有针对性，更有利于将培训成果转化为现实工作能力，提高培训的质量和有效性。

（二）担任专业项目培训的内部培训师

直线经理熟悉本部门的工作内容和工作流程，如一个车间主任非常熟悉本车间的生产工艺流程、生产环节、各岗位的职责、人员分工等。而具体的工作岗位职责需要进行专业项目的培训，即对新员工进行岗位职责、业务流程、专业工作技能及其他与本职工作相关的专业项目的培训，尤其是对于新员工或者转岗、轮岗的员工。因此，直线经理会担任内部培训师的角色，对新员工进行培训，这样可以缩短新员工与企业的磨合期，降低企业的人力成本。

（三）负责部门内员工态度培训

企业的文化培训、员工的态度培训一方面会由企业来进行统一组织，但作为与员工联系最密切的管理者，直线经理在日常工作中负责企业文化的具体体现和融入的培训，将企业文化在本部门内部落地，改善员工的工作态度，以身作则，让员工认同组织、认同企业。因此，直线经理在日常的工作中，除了要在岗位技能上帮助员工顺利完成工作外，还要注意培养员工的积极心态和工作责任感，加强员工对企业的归属感，提升员工的工作积极性和部门的工作效率。

第四节　员工培训的历史演变与发展趋势

人类社会的发展本身也是一个学习发展的过程，在这一进程中，培训在学习发展中起到了非常重要的作用，随着生产力和社会的发展，培训活动也逐渐走向系统和成熟。西方企业的员工培训系统形成得比较早，而多国企业的员工培训因为历史发展的原因，形成的阶段与西方社会有所不同。

一、西方企业员工培训的历史演变

西方企业的员工培训可追溯到 15—16 世纪，大体经历了六个主要阶段，即早期的在职辅导阶段、早期的学徒培训、早期的职业技术教育、工厂学校、培训的职业化发展以及企业大学的发展阶段。

（一）早期的在职辅导阶段

在职辅导（培训）最早出现在 16 世纪中期。为了提升组织的学习效率，管理者要求熟练工向新员工演示如何完成某项工作，主要包括指导、答疑、辅导、示范、提示与经验传递等步骤。这种模式的弊端是不能进行大规模的人才培养，从而阻碍了组织规模的扩大。由此可以看出，培训是组织大规模发展的一个重要组成部分。

（二）早期的学徒培训

企业的员工培训可以追溯到 16 世纪的学徒培训。最早出现在一些手工行业，早期的学徒制成为一种最普遍、最常用的培训方式。1562 年，英国颁布学徒制法规，统一在全国实行 7 年制的学徒制。1601 年，英国又颁布了《济贫法案》，规定贫民子弟都应接受技艺训练。学徒制和《济贫法案》是英国推广职业技术教育的有力手段，造就了一大批技术人才。随着时代的发展，这种培训演变成师带徒的模式，并被迅速地推广开来。

（三）早期的职业技术教育

职业和手工学校是工业时代的产物，最早一批手工学校形成于 1809 年的纽约，到了 1824 年，位于美国纽约州特洛伊的伦斯勒理工学院成为第一所技术大学。但是职业学校的典范却是德国，不管是技术工人的职业学校还是足球的职业学校，都为德国工业的发展奠定了基础。17—18 世纪，德国出现了学习理论的"职业学校"。1889 年，德国颁布《工业法典》，规定企业学徒培训必须与职业教育结合，"双元制"职业培训初步形成。1920 年，德国规定这类学校统称为"职业学校"。如今，职业技术教育已经成为各国公共教育系统中的重要组成部分。

（四）工厂学校

工业革命时期，制造业的出现打破了传统的作坊式生产方式。由于新机器和新技术的广泛应用，传统的手工工艺很少使用。工厂学校与早期的学徒制培训有所不同，它更倾向于要求工人在短期内掌握完成某项特定工作所需要的技术。

工业革命将生产力推到了一个更高的水平，企业需要一大批操作复杂设备的技术工人，在普遍人才短缺的时代，1872 年纽约市创办了第一家工厂学习，在这个时候课堂培训才成为教育的常态，也才诞生了培训经理这个职业岗位。在这阶段还诞生了技工培训，技工培训师在仿真的工厂场景下，使用与工人在工作中同样的设备，要求员工亲自动手、及时反馈、避免安全事故、场景仿真，它是一种针对复杂任务及有一定经验的员工的培训方式，从管理上讲是培养"高手"的培训模式，这种形式的培训在两次世界大战时期非常流行。

（五）培训的职业化发展

在第二次世界大战期间，大批 40 岁以上的男人和女人进入劳动力市场取代那些参战的年轻人。战时人力资源委员会的产业服务培训机构开发了工作导师项目，工作导师项目的目的是教授一线和二线主管，将他们的技能传授给别人，后来这些项目扩展至人际关系、工作方法、安全性等。对这些主题产生影响的包括马斯洛人类动机理论和库尔列文的第一次群体动力实验。这两个重要的理论发现，奠定了现代教学的基础理论模型。

在此期间，美国建立了行业内部培训服务机构来组织和协调这些培训计划，于 1942 年成立了美国培训与发展协会（American Society for Training and Development，ASTD），这些培训项目涉及了与国防领域有关的各个工业领域。

（六）企业培训机构的发展

20 世纪 30 年代左右，美国通用汽车公司创办了"通用汽车技术和管理学院"，希望将培训和学习带到工作中来，这一时期即企业培训机构早期的酝酿阶段。1956 年，通用电气公司进一步将该理念深入落地，建立了克顿维尔学院（现韦尔奇领导力发展中心），该学院被普遍认为是世界上第一所真正意义上的企业培训机构。自此，企业培训机构开始在全球尤其欧美国家铺展开来。

到了 20 世纪八九十年代，企业培训机构迎来蓬勃发展期。彼时，美洲、欧洲、澳洲、东南亚等地纷纷热衷企业培训机构的研究与创新实践。也正是在这一时期，企业培训机构的概念和运营模式传入了中国。越来越多企业认识到企业培训机构的重要性和关键性，开始着手建立自己的人才培养中心，整个行业呈现出空前高涨的姿态。

2021 年 5 月 13 日，教育部等八部门关于规范"大学""学院"名称登记使用的意见，根据这一文件，今后不论是企业自办的内部培训系统，还是对外开放的或盈利或公益性质的培训机构，都可能逐渐告别"大学"的称号，比如"美团大学"官网调整为"美团培训"，华为大学调整为"华为人才发展中心"，青腾大学微信公众号、微博都已改名为"青腾 TencentX"。尽管名称有所调整，但是企业培训机构依然发展势头迅猛。

例证 1-3

华为 ICT 学院

华为 ICT 学院是华为公司主导的，面向全球的校企合作项目。华为 ICT 学院面向全球在校大学生传递华为 ICT 技术与产品知识，鼓励学生参加华为职业技术认证，在全球范围内为社会及 ICT 产业链培养创新型和应用型技术人才。华为 ICT 学院面向的合作院校可以为本专科高校，高校中的合作专业以计算机类、通信类、电子信息类、软件工程类等 ICT 相关专业为主体。随着 ICT 技术与其他技术交叉融合越来越广泛，华为也鼓励跨学科、跨专业的校企合作。

华为 ICT 学院具有以下四大优势。

全球认证：与合作伙伴共同发展，全球范围内资源共享，构建领先的 ICT 认证体系和良性的人才生态。

丰富资源：华为 ICT 学院共研发 8 个技术方向及认证、17 门专业课程，全球 1 200 多名华为认证教师进行授课。

配套服务：华为教师认证、学生认证、配套教材、实验室配备方案等配套服务。

优先就业：全球每年数十场人才双选会，1 000+家与华为合作的招聘企业参与，优先提供近千个招聘岗位。

（案例来源：https://e.huawei.com/cn/talent/ict-academy/#/home）

二、国内企业员工培训的历史演变

(一)20 世纪初到新中国成立前

鸦片战争后，中国沦为半殖民地半封建社会，一些官僚买办资产阶级和民族资本家开始兴建工厂。随着资本主义管理方式的引进，工厂管理方式逐渐向资本主义工业的管理方式转变，使这一时期的企业职工培训也具有两个明显特点：第一，带有浓厚的封建色彩。许多企业实行包工制度，由包工头与企业签订承包合同，并招收工人、传授技术、组织生产、进行监督和检查，甚至处分和解雇工人。许多企业往往由亲戚、同乡掌握管理大权，带有浓厚的家族企业色彩。第二，引进了一些资本主义的管理手段和方法。其标志是 1914 年民族资本家穆藕初翻译了泰勒的《科学管理原理》一书，一些企业派人出国留学，带回了科学管理的制度和方法，还有一些企业任用外国人员担任管理职务，对原有管理制度加以改造。特别是一些规模较大的企业，其封建色彩淡化，而资本主义色彩渐浓，它们之中有的废除了工头制，启用工程师和其他技术专家管理企业；有的取消包工头制，由厂方直接安排工人的工作；还有一些水平较高的企业，在员工选用上实行标准化、制度化。例如，天津东亚毛纺公司按照"雇佣工人程序图"进行招工，手续很规范；同时取消学徒制，开设艺徒训练班，成立职业养成所和工商中学等，培养了一批熟练技术工人和技术管理骨干。

(二)从中华人民共和国成立到改革开放之前

从中华人民共和国成立到 50 年代中期，党和政府从社会主义经济建设需要出发，高度重视企业职工的培训问题，这一时期是中华人民共和国成立后企业职工培训的初创时期。各地各级劳动部门在协调各方面力量解决失业问题的同时，组织开展了就业、转业培训,办了很多的职工就业、转业训练班,后来逐步发展成技工学校和企业培训中心。一批条件较好的技工学校也开始列入国家计划。企业建立了以班组为基础的劳动组织,制定劳动定额,实行定编、定员管理,开展学徒培训。1958 年《国务院关于国营、公私合营、合作社、个体经营的企业和事业单位的学徒学习期限和生活补贴的暂行规定》第四条明确规定,在学习期满以后,经过考试合格,才能转为正式工人职员。学徒转成正式职员后的第一年工资按照所在单位生产工人和职员的最低工资标准执行;工作满一年后,再根据生产或者工作的需要、本人的技术业务水平和平日的工作成绩,正式评定他们的技术等级。学徒制度在这一时期得到了很大的发展,初步形成了一套社会主义企业职工培训的制度,收到了良好的效果。考工定级、晋级制度以及技术等级标准,成为考核职工技术水平的尺度,成为技术工人培训的依据,在促进工人学习、钻研技术和调动工人生产劳动积极性方面起到了积极作用,而且成为计划经济管理体制下的企业技术培训的基础。由于当时高度集中的计划经济体制的影响,考工定级和晋级制度的许多具体做法带有局限性。同时,这个制度的实施范围也主要限于国营和集体所有制企业的职工,未能扩展到全社会的劳动者。

（三）改革开放至今

改革开放后,企业员工的培训及继续教育可分成以下四个主要发展阶段。

第一阶段:党的十一届三中全会以后,国家各部委和各省、市建立了继续教育中心、科技进修学院和继续教育协会等从事继续教育的专门机构,担负着培训本地区、本系统中级以上科技人员、初级科技骨干及国有企业高层的任务。这些专门机构以短期培训为主要形式,课程以共同性学科和新学科为主,辅以初级补缺课程,旨在提高学员的知识水平和实际工作能力。

第二阶段:我国的高等院校、科研单位发挥自身的优势开办继续教育。1985 年,经国家教委批准,清华大学率先成立了继续教育学院,其后西北工业大学、北京航空航天大学、华中理工大学等也相继成立了继续教育学院,出现了高等院校与工矿企业、学会等联合办学的现象,如上海交通大学与上海高压油泵厂等企业合办管理进修班。

第三阶段:随着继续教育在我国的不断发展和企业自身深化改革的需要,许多大型企业开始重视员工的继续教育,也就是员工培训。这些企业主要是利用本单位的职工大学、职工中专、技校的办学条件开设继续教育的课程,解决员工知识补缺、更新和提高的问题,为本单位的生产发展服务。

第四阶段:培训的职业化。继续教育专业组织的建立和发展对继续教育研究以及成果的传播发挥着巨大作用。社会上出现许多继续教育专业团体,它们的培训业遵循市场化的运作机制,提供极具专业特色和针对性的培训项目。因此,高校继续教育只有凭借高校的优质资源,加强继续教育理论研究,转变观念,积极发展继续教育产业,规范办学管理,向规范化发展,并且逐步走向专业化,才能有强的竞争力。

三、员工培训的发展趋势

如今,国际上的大型企业都十分重视对员工的培训。员工培训作为人力资源开发的核心,开始作为一项战略性的任务被纳入企业经营管理。在技术和理念不断发展的过程中,一些企业的员工培训和教育出现新的趋势,这些趋势也促使培训和教育行业带来全新的概念。员工培训主要有以下七个发展趋势。

(一)培训目的演变为对企业人和现代人的塑造

企业培训目的已从主要使员工适应当前工作需要逐渐演变为对"企业人"和"现代人"的塑造。企业以往的员工培训主要是为了使员工更好地适应生产工具，提高工作效率，而现代企业管理的发展使人们逐渐认识到人力资源是管理的核心，企业发展依赖于人的综合素质的提高，这不仅需要员工掌握现代知识技能，更要有现代人的意识与适应能力，并形成共同的价值观，即通过培训塑造"企业人""公司人""现代人"。为了激励员工、稳定队伍，培训既要考虑企业发展的需要，又要考虑员工个人发展的需要，与员工的个人职业生涯规划结合起来，同时满足企业经营发展与员工个人成长的需要。

以往的员工培训主要考虑企业当前的工作需要，注重知识、技能方面的提高或补充；随着社会主义市场经济、现代企业制度的逐步推进，企业步入了高科技化、国际化、竞争化的新时代，需要员工培训更具战略性，不仅着眼于员工知识与技能方面的补充或提高，而且要培养企业文化与企业精神，培养员工的新观念和良好的工作作风，让他们掌握市场竞争、国际交往的知识和能力，保证企业经营和个人发展同时进行。

(二)企业开始注重学习型组织的打造

成功的企业将培训和教育作为企业不断获得效益的源泉。学习型组织的最大特点是崇尚知识和技能，倡导理性思维和合作精神，鼓励劳资双方通过素质的提高，来确保企业的不断发展。学习型组织与一般企业的最大区别是，永不满足地提高产品和服务的质量，使企业不断通过学习和创新而改变原先采用行政措施来提高效率的做法。比尔·盖茨提出"知识工人"的概念，这是面对信息社会企业员工所必须具备的素质，为此需要不断学习和培训来帮助员工获得新知识。学习型组织的提出，反映了社会的需求和趋势，将对企业员工的培训和教育带来革命性变化，其意义是非常深远的。

(三)培训的方式越来越灵活多样

企业员工培训的方式越来越灵活多样，越来越呈现高科技和高投入的趋势。传统的培训方式主要是课堂教学及车间实习、师傅带徒弟，现代企业采用了更加灵活多样的方式，并引入了许多现代化的方法与手段，如视听教学、模拟演习、研修讨论、职务轮换、自我测评、基层锻炼、挂职锻炼、游戏、电脑化培训、互联网培训、情景模拟、行为模拟等，使培训更加吸引人，效果也更好。

另外，企业培训呈现高科技和高投入的趋势。利用高科技来丰富培训的手段和提高培训的水平，是近年来国际上兴起的企业培训的潮流。特别是电脑多媒体技术，被广泛地用作企业培训的工具，如运用光盘进行人机对话、自我辅导培训，利用互联网技术进行大规模的远距离培训等，使培训和教育的方式产生质的变化。这种技术创新，使员工可以在任何时候和任何地点不受限制地学习知识和技能，获得新知识和新技术的速度大大加快，使企业可以迅速适应市场的快速变化，掌握先机。而培训的高科技化也必然带来培训的高投入，企业用于培训的投入与日俱增。

(四)培训逐渐走向社会化、合作化

培训由一个企业内部用来提高员工素质的单一部门逐步跨向社会。这是因为现代企业的许多要素，如管理、经营、销售，乃至文化理念，都有相通之处，这就为培训的社会化创造了基本条件；同时，现代社会的分工和信息交流的畅通，使培训能以社会化的形式出

现，通过培训产品的组合来满足各方面的需求。越来越多的企业通过与学校合作培训，如与技工学校、职业培训中心或高等学校签订培训承包协议，让员工进入学校培训或学校派教师上门培训各类员工，其内容可以是一般知识性培训，也可以是针对特殊需要的专门培训。还有各种各样的成人教育，如夜大、广播电视大学、函授等，也常被作为员工培训的手段。也有为了培养某类专门人才，企业选派员工到高等学校进行定向的正规学制深造的形式。

在美国，近些年来，在职培训与正式课堂培训相结合的培训不断增加。这样学生们既可选择从事技术工作，也可选择大学教育。许多机构与大学建立了密切的联系，并向教育项目投入巨大。还有一种合作方式，即实习计划，具体是指大专院校和各类公司机构合作，为学生提供接触社会的机会，帮助学生们了解如何在现实的机构内工作。学生们崭新的思想、旺盛的精力、对工作成果的强烈渴求同样使组织获益匪浅。亚利桑那州立大学、宾州大学以及其他许多大学都支持学生们通过工作和完成实习计划获取学分。

（五）深层次、全员培训和资格证书培训盛行

许多企业将企业员工培训向各个领域渗透，其内涵已远远超过培训本身。比如，一些企业除了员工知识和技能培训，还通过一定的形式，向培育企业文化、团队精神、劳资关系等方向发展，使企业管理行为进入更深层次的领域，这是一个具有重要战略意义的发展趋势。企业员工培训的对象从以生产工人为主发展为全员培训，由企业员工培训发展到相关人员培训。以前，我国企业员工培训主要针对生产工人，当时有学徒制度、企业技术训练班、员工夜校等；现在我国吸收和引进了国外全员培训和终身教育、继续教育的观念，逐步形成了包括工人岗位培训、班组长培训、专业技术人员继续教育、管理人员培训在内的比较完整的培训体系。近年来，培训对象还从企业员工扩大到企业相关人员，如顾客、合作厂商工作人员等。一些高科技产业公司通过培训自己的客户使自己的产品充分展示其效能与优势。

在我国，企业员工培训逐步发展为资格证书培训。无论是企业的管理人员、专业技术人员还是操作人员，都存在上岗资格问题。通过适当的培训项目或课程，员工获得相应的任职资格或技术等级，这已经成为一种发展趋势与新型要求。

（六）注重适应企业的发展和国际化趋势

随着信息产业的迅速发展，各大企业都在努力完善自己的服务系统，扩大销售网络，积极开拓国外市场，同时积极培训适应信息化要求的高级管理人员和技术人员，强化电子学、控制论、计算机及英语等课程的教育，加强操作方面的实践训练。在培训指导思想上，强调开阔员工的视野，着重开发员工独立工作的能力。近年来，为适应国际化的发展，大企业着重培养经济型、未来型、国际型的人才，以迎接更加激烈的国际竞争。

（七）注重科学化、程序化和经济效益

首先，培训者要认清员工培训的特点，在员工需求和企业需求之间寻找最佳结合点。其次，培训要有科学和规范的组织程序和操作程序，在时间和空间上最大限度地贴近企业管理和业务的实际，用最佳方法帮助员工获得知识和技能。最后，追求效果的最佳化和成本的合理化，讲求企业培训的效益。培训质量可以通过效果评估检验，追踪培训员工在工作岗位上的表现，特别是在产品质量或服务水平上的提升。为此，要遵循需求调查—培训

实施—效果评估的运作程序，来保证培训的效果。

　　企业培训的发展趋势一方面呈现出综合化、复合化、广泛化的趋势，另一方面呈现出专业化、精细化、高品质化趋势，企业培训自身也在向市场化、企业化、集团化和高科技化发展。

 例证1-4

> ### E-learning 培训模式成为必然
>
> 　　E-Learning 是一个广泛的、系统的确保企业全员培训成功的计划，并且是使企业价值稳定增长的有效途径。西门子公司利用 Leaning Space 技术进行在线学习，从而削减了公司 90% 的培训费用，还增强了组织机构的知识管理基础设施。IBM 的 Basic Blue 计划要培训 5 000 名新任经理，其中 75% 使用 E-Learning，25% 使用传统的教室教学，实施成果为 IBM 节省了 2 400 万美元，每人每课时的培训费用由 47 美元降至 21 美元。思科公司 80% 的培训通过 E-Learning 实施，节省了 40%～60% 的成本，缩短了产品的开发周期，增加了顾客与员工的满意度。中国东航集团公司是中国首批接受在线培训的企业之一，已经全面开展在线培训。神州数码结合自己的实践，利用 Lotus 的软件平台，自主开发了 Lotus Learning Space 系统，有效地解决了在线培训的一系列问题。
>
> 　　建立在线培训系统，不仅使员工得到了良好的培训效果，节省了大量经费，而且使企业培训的脚步跟上了信息化的进程，完善了企业办公自动化的整体构成，最大限度地提升了企业发展的潜力。E-Learning 成为企业培训发展的趋势，越来越多企业的成功经验也证明了 E-Learning 用于企业培训的必然性。
>
> 　　（资料来源：郝冰. 基于 E-learning 的企业员工培训开发研究 [D]. 南京：南京理工大学，2007.）

第五节　职业培训师

　　员工培训得到企业的日益重视，使得市场对培训师的需求越来越大。进入 21 世纪，随着经济的飞速发展、改革开放的不断深化，企业出现了诸多不适应问题，其中企业员工素质不高问题尤为突出，包括观念陈旧、知识老化、技能缺乏等，总结而言就是劳动者素质不能适应社会经济和企业发展的新需求。全面提高劳动者素质，提高企业的竞争能力，成为当务之急。目前在培训市场上，参加培训的人越多，对培训师数量和质量的要求越来越高。

一、什么是职业培训师

　　职业培训师指在各类职业院校、社会培训机构和企业等职业教育与培训主体中，实施理论课教学、技能实践课教学和其他技能培训的教学人员。

　　职业培训师依据工作性质的不同，可以分为为公众服务、为特定人群服务、为企业服务三大类。

（1）为公众服务的职业培训师：多为培训机构的培训老师，其培训的内容具有一定的共性，培训师被社会熟知的程度较高，如新东方的老师。

（2）为特定人群服务的职业讲师：多在某一方面有特定专长，根据特定人群的需要提供服务，如演讲培训、销售技巧培训。

（3）为企业服务的职业培训师：多以企业顾问的形式为企业提供培训、咨询等业务，其所具备的专业知识与专业技能也是最高的。

二、职业培训师应具备的职业素养

一名职业培训师能从多方面去影响学员和公众，因此要有较高的职业要求和素养，可总结为以下六大方面。

（一）恪守职业道德

职业道德是指培训师在从业生涯中应该具备的心理意识、行为原则和行为规范的总和，它是培训师在从事职业的过程中形成的一种内在的、非强制性的约束机制，也是市场对优秀培训师的基本要求。高尚的职业道德是培训师的从业之本。培训师职业道德主要内容有专业、敬业、诚信、服务、奉献、热忱、责任等。

（二）正确的从业心态

培训师要发自内心地热爱培训事业。对一名培训师而言，热爱不仅意味着自身的生存和发展，更意味着对学员的责任。优秀的培训师会把培训当作自己的事业，因此他们珍爱自己的职业，能全力以赴地做好自己的事业。优秀的培训师会把传播先进的治理理念、振兴企业的经济等作为己任。端正从业的心态，把培训当作自己的事业，培训师才会有前进的目标和动力。

（三）深厚的知识功底

知识底蕴博大精深，理论研究深刻入微，是培训师必备要件。优秀的培训师会拥有合理的知识结构及渊博的理论知识。他们常常深入浅出，旁征博引，引古论今，滔滔不绝。

（四）丰富的工作经验

优秀的培训师往往也是优秀的实践者。想成为优秀的培训师，要先做出成绩来。持续积存经验，提升技能，使培训讲授更贴近实务。优秀的培训师应该是自己专业领域的专家，培训不是简单的照搬而是对知识、技巧、体会等的综合灵活应用，授课时能旁征博引充分阐释，遇到学员的实际咨询问题也能给予准确的解答。

企业在选择培训师时最重要的是看其是否具有丰富的实践经验。曾经在一些大公司里做过中高层治理工作，则更容易使培训师高屋建瓴。培训师在所培训课程如治理技能、人力资源治理、市场营销等当过部门高层或具有丰富的工作背景，也同样有助于他在培训中游刃有余。

（五）高效的学习能力

现在是知识爆炸时代，全社会都在倡导学习的新理念。终身学习是知识经济时代的要求，作为从事知识传播与创新工作的培训师更是如此。

作为培训师，要比学员学得更快，要明白"给学员一瓢水，自己必须拥有一桶水"，但又并非"一桶死水"，而是时时更新的"清洁、鲜活"之水。学习不仅是向书本学习，更要向专业人员学习、向同行学习。善于吸纳新知识是优秀培训师的重要特质，这不仅意味着培训师自身的生存和进展，更意味着培训师对社会、客户、学员的责任。

（六）影响学员思维的能力

培训师传授知识，要潜移默化影响学员，让学员领会培训内容的要领。培训师要具备影响学员的能力，首先是要树立权威性，只有树立权威，学员才认为培训师说的是对的。其次是具备高超的说服力，采用学员能够听进去的方式。

三、培训师的职业资格认证

为提高企业职工教育和培训工作人员的素质，培训师一般需要获得经专业机构认证的职业资格证书。下面简单介绍几种国际和国内的培训师资格认证。

（一）国际培训师职业资格认证

目前国际上存在四种被广泛认可的培训师资格认证，它们分别是：①英国伦敦城市行业协会的国际培训师资格认证；②剑桥大学职业/专业资格认证中心的剑桥国际培训师专业资格认证；③美国培训认证协会和美国培训与发展协会的培训师资格认证；④澳大利亚的培训师资格认证。

1. 英国的国际培训师资格认证

英国伦敦城市行业协会的国际培训师资格（City and Guilds Teachers and Trainers），是针对国际市场专门开发的系列资格认证体系，着重于向世界各地的教师和培训师提供通用的培训技巧和知识，既能使已入行的教师及培训师为顺应国际职业培训技巧和潮流而更新相关知识和技能，也能使那些新手获得具有国际认可的培训师资质。这个项目共有两种不同级别的专业资格，即证书评级资格和职业评级资格，证书评级资格适用于初入行者，职业评级资格则适合于对教学及培训方面有更高要求的教师和培训师。在证书评级资格中，学员通常将接受课时为 90 小时的培训计划，在培训师指导下学习较为广泛的基本技巧。这些技巧包括如何为培训实施做准备，如何实施培训教学，如何评估和审核培训效果。在职业评级资格中，学员会在证书评级资格的基础上继续提高，接受 300 学时的教育和培训计划，进一步提升专业培训技术理论方面的广度和深度，具体包括：①确定学生学习要求；②计划和准备培训；③实施教学和训练；④评价和审核培训效果；⑤自我评价和确定个人进一步发展的需求。

2. 剑桥国际培训师专业资格认证

剑桥国际培训师专业资格认证（Cambridge International Examination）是一个以实践为基础的资格认证体系，专注于持续的专业发展和相关的所有教学和学习情境。参加资格考核者要参与各种机构，包括学校、学院、培训机构和公司，以及学习者的不同年龄、不同阶段，从学前、小学直到大学、成人教育的教育和培训工作。资格认证符合全球的课程标准设计、实践、评估和评价教学与学习活动。

3. 美国的培训师资格认证

美国的培训师资格认证分为美国培训认证协会认证、美国培训与发展协会认证两种。

（1）美国培训认证协会认证。美国培训认证协会（American Association for the

Certification of Training Program，AACTP）是国际上第一家专注培训项目与管理者资质的互动研究和资格认证的非营利性组织，也是国际上首创终身制继续教育跟踪服务的专业机构。美国培训认证协会致力于整合全球范围内的优秀教学资源和专业认证机构，为全球化浪潮下的各国企业管理者和专业人士提供权威的培训认证服务和终身制继续教育跟踪服务。

美国培训认证协会已在中国设立办事处，并与其在中国的授权培训机构众行管理顾问有限公司联合办公。中国国内获得美国培训认证协会授权的职业资格认证包含职业经理国际认证和培训专家国际认证两大体系。其中，培训专家国际认证分为国际教练、培训管理师、培训师三个专业。国际教练负责企业内部的人力资源开发，并且有 CEO 担任总教练的内部教练团，成为企业提升核心竞争力的趋势。培训管理师负责提高企业员工的素质和能力，为企业设定员工培训流程，并且致力于提升企业培训技术。培训师是专业的商业培训师，为帮助推动和建立培训师市场的专业人员。

（2）美国培训与发展协会认证。美国培训与发展协会（American Society for Training & Development，ASTD）成立于1944年，是企业培训和绩效评估领域的最大职业协会。ASTD的会员致力于工作绩效的实务或研究，遍及世界 100 多个国家和地区，总数超过了 70 000多个。它的主要领导人和会员任职于 15 000 多个跨国公司、中小企业、政府机构和大专院校。

4. 澳大利亚的培训师资格认证

澳大利亚的培训师资格认证（Pan Pacific Training College，PPTC）是澳大利亚著名的培训机构，其所颁发的培训资格证书按照澳大利亚国家资格证书框架的标准实施。澳大利亚国家资格证书是澳大利亚唯一具有法定效力的资格证书。PPTC 的职业资格培训与认证得到英联邦国家的广泛承认，且该证书已得到上海紧缺人才培训事务服务中心的认可，学员完成课程之后，可以颁发双证。

（二）国内培训师职业资格认证

1. 国内培训师职业资格认证的发展

自 1981 年起，我国开始正式以政府名义倡导和督促企业开展职工教育和培训工作。近些年，随着市场经济的深化和企业间竞争的加剧，企业愈发重视和加强职工培训工作，并建立了自己的职工培训机构和组织体系，但对于企业培训师的基本素质要求、能力评估及职务晋级等却不太明确，从而造成企业职工培训师队伍不稳定、人员流失严重的现象，对企业职工培训工作产生了严重的不良影响。因此，建立企业培训师的职业资格体系，成为广大企业培训师的迫切愿望，也是我国职业资格制度建设的迫切需要。

2000 年，作为我国开展职工教育培训的国家级专业协会，中国职工教育和职业培训协会开始着手研究和筹划我国的企业培训师职业资格体系建设。企业培训师职业资格体系和制度方案形成后，中国职工教育和职业培训协会正式推出了我国的企业培训师职业资格证书。2002 年 5 月，劳动和社会保障部（今人力资源和社会保障部）更进一步明确要求，中国职工教育和职业培训协会着手开发有关培训师的职业标准和相关教材。

2. 国内主要的培训师认证和考试

目前，职业培训师考试主要分为以下类别。

（1）职业培训师培训（Professional Trainer Training，PTT）。PTT旨在为专/兼职培训师、人力资源源管理者、培训管理者、演讲型领导者等提供国内最先进的理念、培训师技能技巧提升训练。PTT由中商国际管理研究院杨思卓教授和数十位专家组成的研发团队研发升级而成，至今开课10余年，已培养出一大批知名职业培训师，被喻为"中国职业培训师的摇篮"。

（2）师资培养计划（Trainer Development Programe，TDP）。为规范职业教育市场，弥补职业讲师不足的现状，同时提高国内职业讲师业务能力，人力资源和社会保障部中国就业技术指导中心联合国内培训企业共同推出了"师资培养计划"。该计划通过4～6个月的系统性学习，将具备较高职业素养的从业者（本科以上学历，1年以上工作经历）培养成兼具理论知识与实操经验的合格职业讲师。

（3）培训师培训（Training The Trainer，TTT）。它主要针对已经从事培训工作的人群。课程经过翻译引入中国，按照国际职业标准教程对经理人、培训者进行全面、系统、专业训练，让培训师更专业，让管理者提升领导力和影响力。

（4）企业培训师培训（Enterprise Trainer Training，ETT）。企业培训师共分三个等级，分别为助理企业培训师（国家职业资格三级）、企业培训师（国家职业资格二级）、高级企业培训师（国家职业资格一级）。目前尚未开展全国统一鉴定，部分地区开展国家职业资格三级、二级的全省统一鉴定。

▓ 本章小结

1. 员工培训是指企业在其战略指导下，针对本企业员工完成现在或未来工作的需要，而去传授与其工作相关的知识、技能和态度的过程。员工开发是依据员工需求与组织发展要求对员工的潜能开发与职业发展进行系统设计与规划的过程。员工培训与员工开发之间既有区别又有联系。

2. 员工培训有如下特征：（1）培训主体的企业主导性；（2）培训目标的统一性；（3）培训内容的丰富性；（4）培训方法的多样性；（5）培训时间的灵活性；（6）培训效果的时效性。

3. 员工培训的作用有：（1）全面提升企业内员工的整体素质；（2）有效提升企业绩效产出；（3）优化企业内的人才配置与组合；（4）助力企业文化的形成与发展。

4. 员工培训按照培训对象分为基层员工培训、管理人员培训，按照培训内容分为知识培训、技能培训、态度和观念培训，按照培训形式分为入职培训、在职培训、脱岗培训、轮岗培训。

5. 直线经理在培训中的职责包括：（1）协助进行本部门的培训需求分析；（2）担任专业项目培训的内部培训师；（3）负责部门内员工的态度培训。

6. 西方企业员工培训的发展阶段可分为早期的在职辅导阶段、早期的学徒培训、早期的职业技术教育、工厂学校、培训的职业化发展以及企业大学的发展。

7. 培训的发展趋势：（1）培训目的演变为对企业人和现代人的塑造；（2）企业开始注重学习型组织的打造；（3）培训的方式越来越灵活多样；（4）培训逐渐走向社会化、合作化；（5）深层次、全员培训和资格证书培训盛行；（6）注重适应企业的发展和国际化趋势；（7）注重科学化、程序化和经济效益。

8. 职业培训师的职业素养主要有：（1）恪守职业道德；（2）正确的从业心态；（3）深厚的知识功底；（4）丰富的工作经验；（5）高效的学习能力；（6）影响学员思维的能力。

本章习题

一、简答题

1. 请简述培训与开发的异同。
2. 请简述培训的特征。
3. 如何理解培训活动中直线经理的角色？
4. 员工培训的发展趋势有哪些？
5. 职业培训师必备的职业素养有哪些？

二、案例分析

IBM 公司培训对企业发展的重要性

IBM 公司绝不让一名未经培训或者未经全面培训的人到销售第一线去。销售人员说些什么、做些什么、怎样说和怎样做，都对公司的形象和信誉影响极大。因此，该公司用于培训的资金充足、计划严密、结构合理。IBM 公司的销售人员和系统工程师要接受为期 12 个月的初步培训，主要采用现场实习和课堂讲授相结合的教学方法。销售培训的第一期课程包括 IBM 公司经营方针的很多内容，如销售政策、市场营销实践以及计算机概念和 IBM 公司的产品介绍。第二期课程主要学习如何销售并模拟销售。在课堂上，IBM 公司的学员了解了公司有关后勤系统以及怎样应用这个系统后，研究竞争和发展一般业务的技能。学员们在课堂上经常扮演销售角色，教员扮演用户，向学员提出各种问题，以检查他们处理问题的能力。学员们在逐渐成为一个合格的销售代表或系统工程师的过程中，始终坚持理论联系实际的学习方法。

（资料来源：MBA 中国网，2012）

思考讨论题：

1. 为什么针对销售人员的培训对 IBM 来说是十分重要的？
2. IBM 为什么要为员工设计这样的培训方式？

三、实训练习

5～7 人一组，选择一家公司，对直线经理在培训中的角色与职能进行调研，将调研资料汇总整理，选派一名代表进行课堂汇报。

第二章 成人学习理论

学习目标

1. 了解成人学习者的特点；
2. 掌握成人学习者的优势和劣势；
3. 了解成人学习理论。

案例分享

设计持久性的学习活动班

2008 年 6 月 11 日到 13 日，一个为期三天的"设计持久性的学习活动培训班"在上海国家会计学院开设。这个培训班是亚太财经与发展中心同世界银行学院共同策划和实施的"设计持久性的学习活动"系列培训的一部分，旨在帮助学员灵活整合现代信息技术和混合型学习方法，开发适合成人学习者的有效培训课程。学员分别来自国家财政部培训机构和省级财务部门机构，以及中国西部开发远程学习网的 12 个省级学习中心、国家开发银行干部培训局、清华大学教育扶贫办公室、农业广播电视学校网络教育中心、中国城市规划学会等单位。

在三天的培训当中，每天都能听到的一个高频词是"学习设计"，这是贯穿整个培训的主题。世界银行学院咨询顾问 Adnan Qayyum 认为，"学习设计"这个概念的兴起是个非常好的现象。很多人有这样一种假设，如果学员在学习活动中感到比较满意，那就是成功的学习活动。但实际上，很多情况下，人们即使对学习活动不太满意，也能学到东西。还有，人们在学习活动中学到了东西，就能把它转化为绩效提升。人力绩效提升的侧重点在绩效，而非学习成绩。教学设计是把重点放在教师身上，把教师放在学习的中心，而"学习设计"则是把重心放在学习环节。这就引出了另一个趋势——知识管理。把学习放在中心位置，主要是因为对知识的需求越来越强烈。有些知识光靠单纯的教学活动是无法完成传授的，我们要设法管理这些知识，让后来的人有渠道获取。与"学习设计"概念相关的，还有一个趋势——非正式学习，主要是指学习者偶发的非意识的学习。

（资料来源：郝丹，张爱文. 成人学习者能力建设的案例与启示——访"设计持久性的学习活动培训班"的组织者[J]. 中国远程教育，2008.）

引例中"设计持久性的学习活动培训班"在一定程度上反映了成人学习的一些理论。那么，什么是成人学习者？成人学习者有哪些心理特点？关于成人学习的理论有哪些呢？本章将着重探讨这些问题。

第一节　成人学习者

员工培训的对象是企业内的员工，他们不同于学校里的学生，不论是从年龄还是生理或心理特点、工作经历等都与学生存在区别，因此员工培训与教育也存在区别。从培训的对象看，企业的员工往往是成人学习者。

一、什么是成人学习者

学习是个体在特定情境下由于练习和反复经验而产生的行为或行为潜能的相对持久的变化。进一步的理解是：学习实质上是一种适应活动，是有机体后天习得经验的过程，并且学习的过程可以是有意的也可以是无意的，学习引起的是相对持久的行为或行为潜能的变化。

成人学习者（Adult Learner/Learning in Adulthood）是指已完成基本教育或第一阶段教育，再参与有组织的学习活动者，其一目的在增长新知、获得技能或改造态度。他们是离开正规学校教育、工作一段时间后，再回到学习行列的人。这种再学习可能是全时的，也可能是在完成基础教育后，再以部分时间参与有组织的学习活动。

二、成人学习者的特点

成人与青少年相比有许多特点，成人的心理较为成熟，具有较强的独立性和自我指导性。这些特点是成人学习的优势，但是成人学习也有劣势。了解成人学习者的特点，以及明确他们的优势和劣势，有助于更好地对成人的学习进行指导。

美国著名成人教育理论家马尔科姆·诺尔斯（Malcolm Knowles）对成人学习进行了深入的研究，认为成人学习者具有四个特点：一是随着个体的不断成熟，其自我概念将从依赖性向独立性转化；二是成人从社会生活中积累的经验为成人学习提供了丰富的资源；三是成人学习的计划、目的、内容、方法等与其社会角色密切相关；四是随着个体的不断成熟，学习目的逐渐从为将来工作准备知识向直接应用知识转变。

在总结国内外学者的研究基础上，本书总结出成人学习的五大特点，具体如下。

（一）具有一定的阅历和经验，个性化突出

成人作为社会的一员，已经拥有比较稳定的生活，对许多事物都有亲身的体验或者间接的经历。这些经验是成人学习者的学习背景，是区别于普通学习者的重要特征，直接影响成人学习活动的有效开展。成人学习活动通常会以个人经验为指导，并且会根据相关经

验，判断学习价值，制订学习计划并独立完成。他们以自己已有的知识和生活经验为依据和前提，迅速对新的知识进行选择并重新组合。成人原有的知识和经验有助于对现有学习内容的理解和把握，立足于调动过去的经验积累以激发联想、比较、思考等心理过程来接受和理解现在的学习内容。因此，已有经验是新知识同化、改组的基础，是成人学习者的重要资源。

成人学习者承担了不同的社会角色和社会责任，因其年龄、职业、环境的影响而形成了特定的生活阅历和工作经验。成人教育是在原有的知识和经验基础上的再学习、再教育。成人学习者所具有的专业知识、技能和不同的生活、工作阅历是影响学习效果的重要因素。

（二）学习动机来源于内部而非外部

动机是指激发、引导、维持并使行为指向特定目的的一种力量。学习动机分为外部动机和内部动机，外部动机是指因学习活动的外部后果引起的动机，而内部动机是指因学习活动本身的意义和价值引起的动机。成人学习通常都出于自愿，参加学校或培训提高工作技能、获得职业提升都是个人选择。这个激励因素是成人学习者的动力，因此，使用一些引人深思的教学材料，挑战常规理念、激发思维，能够激发学习者的内在动力。

（三）学习目的明确，以解决实际问题为核心

成人学习者来自现场，具有一定的工作资历和经验，有些人还是骨干员工。他们出于提高生活工作待遇、获取学历、解决工作实际问题等动机参加学习活动。学习的主要目的是适应社会和生活变化，提高和改造自己的职责能力。这一目的使成人学习者在学习过程中表现为以解决问题为核心，追求学习的直接性和实效性。

（四）自我管理能力较强，学习能力较差

成人与青少年由于生理、心理的差异而形成不同的学习特点。首先，成人学习者对知识的理解、意义记忆、逻辑思维能力较强，对管理的理解较深，自我约束、控制能力也较强。因此，成人学习者对与工作有直接关系的专业知识表现出兴趣和良好的接受能力，在管理上容易形成沟通。但是，成人学习者由于年龄等因素对理论知识的接收能力、记忆能力下降。尤其是对于与工作没有直接关系且内容抽象的理论知识感到无从下手，力不从心，从而产生畏难、排斥心理。部分成人学习者会在学习过程中感叹自己学习能力下降，如记忆力衰退、对复杂动作的协调性较差。

成人的学习能力在 30 岁时达到顶峰，30~50 岁是平稳期，50 岁以后开始下降。专家估计，成人大脑未曾利用的潜力高达 90%。但是有关成人认知特点和潜能的研究表明，成人学习者虽然在机械记忆方面的能力不如青少年、儿童，但是他们在感知、理解能力以及对知识的整合能力方面却具有独特优势。

（五）对学习环境和条件的要求相对较高

教学环境包括教学媒体、教室的布置，以及集体的气氛、学员间的关系、社会舆论，甚至是培训师的授课风格。鲍西埃（Boshien）认为，成人学习的过程实质上是学习者个人与教育环境间相互制约和影响的过程，当二者相吻合、协调一致时，教与学才会发生，而需要和兴趣与教学进程之间就会形成良性的循环。反之，潜在的学习者，即使存在学习需要和兴趣，如对教育环境不满，包括对教师、教学方法、大纲内容及其创造性水平、价值取向乃至其他同学的行为不满意，都会产生学习障碍甚至中途辍学。

三、成人学习者的劣势

成人学习者由于在社会中的身份多重化，有相当一部分已婚，且大部分是在岗人员，因此他们在生活中同时扮演学生、丈夫（妻子）、父母、子女、员工等社会角色。角色的转换、沉重的负担、对理解和尊重的渴望，或者对物质条件的强烈追求，使得成人学习者在学习的过程中困难重重。成人学习者的劣势主要表现在以下几个方面。

（一）时间紧张或不规律

成人学习者的学习与青少年儿童的全日制学习可谓大相径庭，成人学习者不同的角色不但占用学习时间，还占用了学习的精力，如果不合理分配和兼顾，就会顾此失彼，得不偿失。在这种压力下学习，成人学习者很容易产生焦躁和烦闷情绪，一旦受挫，就极易中断学习，形成学习失败的负面经验。

在互联网时代，企业培训趋于碎片化、移动化、游戏化和社区化。现代人提倡"碎片化学习"，把整体的学习内容和时间划分成若干小份，每次只学其中一段，一段的学习时间为 5～15 分钟。碎片化学习的时间和场地不受限制，培训更有灵活性、针对性和高效性，因此碎片化学习被广泛应用于企业培训。然而，碎片化信息通常会简化推演过程、变复杂为简单，从而出现逻辑性不强、不严谨全面等现象，而利用碎片化时间进行间断性学习会造成学习者思维变简单、思路变窄、知识网络不系统等问题。成人学习者的学习需要适应碎片化学习的特点。

成人在生活和工作中经常会感到时间不够用。学习与工作要求以及家庭事务之间的冲突，会使成人学习者难以进行合理的注意力分配和转移。由于角色的转换，他们通常感觉坐立不安，很难及时从工作状态转换到学习状态，或者学习不了多长时间就得去应付学习以外的事情，难以有整块的时间进行系统的学习。

（二）学习的自信心不足

成人由于生理功能的老化，记忆力下降，感知能力下降，常常不能及时捕捉外界信息和对信息进行加工、整理、分析、综合、评价和总结，从而产生自己学习能力已经不如青少年的想法，甚至怀疑自己的学习能力。另外，许多成人再次学习时，都已经放下课本多年了，因此对自己的学习能力充满了疑惑，即使有很高的学习愿望，也有惧怕心理。

（三）需要进行多因素和多重身份的平衡

社会对人的要求越来越高，人与人之间的竞争愈演愈烈，工作压力越来越大，生活节奏越来越快。许多成人生活在工作与学习的夹缝中，工作要做好，否则就会被炒鱿鱼，学习也不能放松，否则就失去竞争力，难以保住优势地位。但许多人常常顾此失彼，当工作与学习发生矛盾时首先放弃的就是学习。成人学习者有很多事情需要平衡，如家庭、交友、工作、公益，以及个人时间等。成人很难挤出时间学习，而多数学习是在业余时间进行的，要做到工作、生活与学习兼顾易使他们产生疲劳感，这种感觉不仅会影响成人学习时注意力的集中，还会让他们以为自己学习能力下降，从而降低自信，削弱学习的积极性。

四、成人学习者的培训方法

成人学习有一定的特点，只有根据成人学习者的特点寻找相宜的方法，培训才更容易产生应有效果。针对成人学习者的特点，一般而言，实现有效成人学习者培训的方法主要有四种。

（一）使用案例

成人已经有一定经历、体验、世界观，会用现有标准来分析、解决问题，因此，成人学习的强项不是记忆，而是思考、分析、逻辑、对比等。成人培训常用 MBA 案例，这是非常有效的方式。成人培训要结合成年人的特点和强项，扬长避短，利用适当的经验、方法和工具，结合实际案例，而不是让学员死记硬背。

（二）挖掘潜力

一般而言，人类的大脑多开发 0.1%，都会产生无穷的创造力。培训就是要帮助学员寻找挖掘大脑潜力的方法，成年人的潜力都是可以挖掘的。

潜力得不到开发的原因包括：毅力不够，没有方向和规划，缺少指点，惰性太强，抗干扰能力差，目标管理意识弱等。人固有的缺点致使本来很有潜力的人很难成功。挖掘潜力是取得成功的重要环节，最有效的方法就是使用大脑，勤于思考，不断学习，在保证大脑正常运转的同时不断开发大脑，更好地挖掘其潜力。

（三）刺激大脑

一般而言，培训师讲课的速度为每分钟 120～200 个字，但中间可能存在理解的误差。误差是客观存在的，即便是加快语速也不能使误差减少很多，反而获得信息的效果更差。所以培训师面对成人学习者要学会刺激其的大脑。对于培训师而言，如果讲课声音很平淡，又不会激发学员兴趣，也没有幽默感，学员就会很容易感到疲乏，甚至昏昏欲睡。相关数据显示，人的大脑在 10 分钟内没有刺激就会自动关闭，处于浅睡眠状态。

（四）回顾总结

德国心理学家艾宾浩斯认为"保持和遗忘是时间的函数"，并研究出了记忆遗忘曲线来归纳记忆的规律。因此，针对记忆规律，相应的培训方法就是回顾总结。

优秀的培训师会帮助成人学习者把每天学到的东西按照记忆遗忘曲线规划回顾总结的时间，以达到事半功倍的效果，实现牢固记忆，把学习内容变为自身的积累。

拓展阅读

成人怎样有效学习

有人说真正的学习，是从走出校门开始的。而大部分成人在开始学习前，都没习得"学习能力"这项技能，学习能力低下，导致出现"伪学习"状态。

什么是"伪学习"？又怎样提高"学习能力"呢？成人学习是以自己为中心的学习，主要是为了解决实际问题、选择性提升某方面能力。买了很多课程，是不是都躺在手机里还没有学完呢？学完了也没学到所需，没法实际运用，没能解决实际问题。书柜里摆着一本本精心挑回的专业书，是不是很多根本没翻过，有的读到一半就读不下去了，厘不清、记不住？包括你制订的减肥计划、运动规划、读书目标、学习目标……是不是大部分没坚持下来？这就是"伪学习"的结果。

伪学习的具体表现：追逐各类"干货"，就一直干放着没有消化、实践；追捧各类

"大神"，没有自己的分辨力，不能做出正确的选择；崇拜各种"新知"，遇到销售大王的"秘笈"就觉得自己可以挑战，看到教练的健美身材就励志成为另一个他；沉迷于解决不了现实问题的努力，只是一种自我感动、自我陶醉。

我们知道了什么是"伪学习"，那么就可以避免成为一个"伪学习"者。当然，"伪学习"也不是全无益处，至少是个学习者，偶尔也会碰出火花，成就自己。但如果一个学习者，在有明确学习方法的情况下花费同样的时间精力，取得的成绩肯定是不同的。有效学习的五大公理，就是很好的方法，它强调主体内在思想主导、外在经验实践，侧重于解决问题。具体如下。

第一，自我向导。成年学习者不再像学生一样由学校、老师、父母等共同培育，而是自己主导学习需求、规划、实施和评价。成人学习者必须强调主观能动性，主动参与、主动深入交流、主动实践、主动内化。既然成人已具备自我导向型人格，成人学习假如采取被动接受的方式，肯定是开展不了的。比如，成人自学考试是全凭自己自律，自己选定专业、自己规划课程、自己主动学习、自己安排时间、自己设定学习目标等，即使你报班学习，以上也得自己实施。所以，成人学习的第一大公理就是"自我导向"，首先你得是个能动性强、积极性高的人，才有可能成为有效学习者。

第二，聚焦于解决实际问题。成人学习的目的、方向，应该锁定解决遇到的实际问题，或习得某个领域的专业技能，成就自我。

成人学习者不必追求理论深入、知识细节的研究，学习者在解决问题的过程中成长，习得的技能在实践中巩固。举例说明，自己做饭不好吃，端给老公、孩子都没信心，怎么办？自己学呀。为了家人每次吃饭一扫光，你得向菜市场里卖菜的大妈学，向做饭好吃的同事取经，或者挑一本适合自家口味的家常菜谱学习，从而解决做饭不好吃的实际问题，提升生活幸福指数。同样，要解决工作中遇见的问题，或为实现梦想而学的专业，都是有明确目的。

第三，关联经验。成人学习较青少年的优势非常明显的一点是：有丰富的工作生活经验，这些已有的不断增长的经验可供学习使用，是不错的学习资源。

有效的经验与学习结合，获得的效果比想象的更显著，也能更快捷地取得成效。还是以学习做饭为例，成人学习做饭是在她本身会做的基础上精进，比起没有生活经验的人优势是显而易见的，学习提升更容易。

第四，强调实践。成人学习聚焦于解决实际问题，所以强调实践，就是边学边用，理论结合实际，在发现问题、解决问题中快速进步。"纸上得来终觉浅，绝知此事须躬行。"学做家常菜的核心不是抄写制作流程，而是开火去实践，在实践中把握火候、掌握调料分量，反复实践得以精进。所以，成人学习者在选择学习内容上，首先要考虑"是否用得上"，检验学习效果的标准是"用上了没"？

第五，内在驱动。心理学家认为，所有能够令人专注、持久的坚持，都是来自内驱力。开启内心渴求学习的机制，将知识转化为自身能力。成人学习者受内在因素的驱动，希望能解决问题、提升能力和实现自我。自愿接受挑战的过程中可获得成就感，体会到乐趣，学习后的收益也是丰厚的。

（资料来源：琅琅，简书网，2020）

第二节 成人学习理论

成人学习理论的研究始于20世纪30年代。1928年美国心理学家桑代克(Thorndike)《成人学习》(*Adult Learning*)一书的出版标志着西方成人学习理论的诞生。随后,由于成人学习和成人教育运动的广泛开展,成人学习理论越来越受到重视。

员工培训实质上是被培训人员的学习过程。心理学界多年来对人类的学习规律进行了大量的科学研究,提出了一系列的理论和原则。了解和掌握心理学的学习原理,分析人员的心理状况,探索和总结员工学习的特点和规律,并将其运用到员工培训的实际工作中去,对于提高培训效益、增强培训效果具有重要的意义。学习理论是有效培训的重要基础。心理学的学习理论有着丰富的内容,其中与培训相关的、有代表性的学习理论有行为主义学习理论、认知主义学习理论、人本主义学习理论、建构主义学习理论、社会学习理论等。

一、行为主义学习理论

美国心理学家约翰·华生(John Waston)在1913年引入"行为主义"这名词。他对内省技术进行了深入研究。内省是当时一种广泛应用的心理学研究方法,被用来发现在人们的大脑内发生的事情,它以尽可能讨论知觉经历和思想过程的方式去探索和发现人们的行为和结果。华生认为,内省并不能提供处理人类行为及其原因结果的可观察的科学的方法。这一点使他和其他心理学家放弃了无形的、不可见的大脑,转而研究可见的、刺激与反应之间的关系。因此行为心理学家以前又被称为"刺激—反应心理学家"。

行为主义理论又称刺激—反应(S-R)理论,是当今学习理论的主要流派之一。1954年,程序教学创始人、美国心理学家斯金纳在《学习的科学和教学的艺术》一文中指出了传统教学的种种弊端:学生在学习中受到的刺激或所得到的控制不能使学生产生愉悦感,甚至令学生反感;学生在学习中受到的强化次数太少且强化的时机不适宜;学习过程不是逐步递进达到学习目标的,缺乏合理的学习过程。根据当时的教学现状,斯金纳认为,使用教学机器可以解决其中的许多问题,因而许多人开始对教学机器和程序教学感兴趣,立志克服传统教学的弊端。行为主义主要的代表人物及理论有以下几个。

(一)桑代克的试误说

桑代克是美国的一位极有声望的心理学家,他曾担任过美国哥伦比亚大学师学院的心理学教授,被公认为联结理论的首创者。他从1896年起对动物的学习进行实验研究,后又研究了人类的学习及其测量方法,并出版了《人类的学习》《学习心理学》《教育心理学》等著作。他在这些方面的研究和著作都曾在西方心理学界产生重大的影响。下面介绍他的主要学习理论。

1. 桑代克把学习归结为刺激(S)—反应(R)的联结形式

在桑代克看来,"学习即联结,心即人的联结系统""学习是结合,人之所以长于学习,即因他形成这许多结合"。在猫学习打开疑难笼的过程中,经过多次尝试与失败,在复杂的刺激情境中发现门闩作为打开笼门的刺激(S)与开门反应(R)形成了巩固的联系，这时学习便产生了。所以在实验中可以把学习看作是刺激与反应的联结，即 S-R 之间的联结。因此，人们又称各种联想主义的理论为 S-R 理论。这种学习过程是渐进的，是通过"尝试与错误"直至最后成功的过程，故桑代克的联结说又称尝试与错误说（简称试误说）。桑代克的谜笼实验如图 2-1 所示。

图 2-1　桑代克的谜笼实验

2. 一定的联结是通过试误而建立的

桑代克认为一定的联结是通过试误而建立的。

3. 试误学习成功的条件

桑代克认为，试误学习成功的条件有三个：练习律、准备律、效果律。

（1）练习律。练习律指学习要经过反复的练习。练习律又分为应用律和失用律，应用律是指一个联结的使用（练习），会增加这个联结的力量；失用律是指一个联结的失用（不练习），会减弱这个联结的力量或使之遗忘。

（2）准备律。这个规律包括三个组成部分：①当一个传导单位准备好传导时，传导而不受任何干扰，就会引起满意之感；②当一个传导单位准备好传导时，不得传导就会引起烦恼之感；当一个传导单位未准备传导时，强行传导就会引起烦恼之感。此准备不是指学习前的知识准备或成熟方面的准备，而是指学习者在学习开始时的预备定势，简而言之，联结的增强和削弱取决于学习者的心理调节和心理准备。

（3）效果律。效果律是指，凡是在一定的情境引起满意之感的动作，就会和那一情境发生联系，其结果是当这种情境再现时，这一动作就会比以前更易于重现；反之，凡是在一定的情境引起不适之感的动作，就会与那一情境发生分裂，其结果是当这种情境再现，这一动作就会比以前更难于再现。

这也就是说，当建立了联结时，导致满意后果（奖励）的联结会得到加强，而带来烦恼效果（惩罚）的行为则会被削弱或淘汰。

桑代克后来对此律进行了修改，认为从效果看，赏与罚的作用并不等同，赏比罚更加有力。并补充说明，准备律、练习律以及效果律，只靠单纯练习，不充分导致进步，要把练习和练习的结果和反馈联结起来，才能进步。

（二）巴甫洛夫的经典条件反射说

巴甫洛夫（Ivan Petrovich Pavlov）是俄国著名的生理学家。他曾担任俄国科学院院士。

1904 年，他由于在消化生理学方面的卓越研究而荣获诺贝尔奖。在这个研究过程中，他发现与食物不同的刺激也可以引起唾液分泌，这就导致了他对心理学的研究，尤其是对条件反射的研究。他利用条件反射的方法对人和动物的高级神经活动做了许多研究，他的条件反射学说被公认为是发现了人和动物学习的最基本机制的理论。其主要著作有《消化腺机能讲义》《动物高级神经活动(行为)客观研究 20 年实验》《大脑两半球机能讲义》等。

1. 巴甫洛夫认为学习是大脑皮层暂时神经联系的形成、巩固与恢复的过程

巴甫洛夫认为，所有的学习都是联系的形成，而联系的形成就是思想、思维、知识。他所说的联系就是指暂时神经联系。他说："显然，我们的一切培育、学习和训练，一切可能的习惯都是很长系列的条件的反射。"巴甫洛夫利用条件反射的方法对人和动物的高级神经活动做了许多推测，发现了人和动物学习的最基本机制。

例如，一定频率的节拍器声响(条件刺激 CS)与肉粉(无条件刺激 US)多次结合，原先只由肉粉(US)引起狗的唾液分泌(无条件反应 UR)，现在节拍器单独出现可以引起类似的唾液分泌反应(CR)。也就是说，当 CS-CR 之间形成巩固的联系时，学习出现了。我们可以说，在此情境中狗学会了听一定频率的节拍器声响。

2. 巴甫洛夫指出了引起条件学习的一些基本机制

(1)习得律。有机体对条件刺激和无条件刺激(如狗对灯光与食物)之间的联系的获得阶段称为条件反射的习得阶段。这一阶段必须将条件刺激和无条件刺激同时或近于同时地多次呈现，才能建立这种联系。巴甫洛夫称这是影响条件反射形成的一个关键变量。无条件刺激，在条件反射中起着强化作用，强化越多，两个兴奋灶之间的神经联系就越巩固。如果反应行为得不到无条件刺激的强化，即使重复条件刺激，有机体原先建立起的条件反射也将减弱并且消失，这称为条件反射的消退。

(2)泛化。条件反射一旦建立，那些与原来刺激相似的新刺激也可能唤起反应，这称为条件反射的泛化。

(3)分化与辨别。分化是与泛化互补的过程。泛化是指对类似的事物做出相同的反应，辨别则是对刺激的差异的不同反应。只对特定刺激给予强化，而对引起条件反射泛化的类似刺激不予强化，这样条件反射就可得到分化，类似的不相同刺激就可以得到辨别。

(三)斯金纳的操作条件作用学习理论

斯金纳(Burrhus Frederic Skinner)是美国当代心理学家，曾担任美国印第安大学、哈佛大学的教授。斯金纳在巴甫洛夫经典条件反射理论和桑代克的学习理论影响下，于 1937 年提出了操作条件反射学说，根据操作条件反射的强化观点提出了自己的学习理论，并把在动物学习实验研究中所确定的一些规律用于教学，提倡程序教学与机器教学，以改革传统教学方式。他的理论得到广泛的支持。其主要著作有《有机体的行为》《科学和人类行为》《教学技术》《学习的科学和教学的艺术》《教学机器》等。

斯金纳在 20 世纪 30 年代发明了一种学习装置。箱装上一操纵杆，操纵杆与另一提供食丸的装置连接。把饥饿的白鼠放进箱，白鼠偶然踏上操纵杆，供丸装置就会自动落下一粒食丸。白鼠经过几次尝试，会不断按压杠杆，直到吃饱为止。这时我们可以说，白鼠学会了按压杠杆以取得食物的反应。按压杠杆变成了取得食物的手段。所以操作条件反射又叫工具条件反射。在操作条件反射中的学习，也就是操纵杆(S)与压杆反应(R)之间形成了固定的联系。斯金纳箱实验如图 2-2 所示。

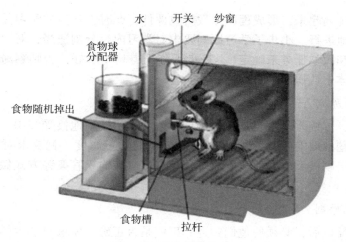

图 2-2 斯金纳箱实验

斯金纳宣称自己的学习理论是一种描述性的行为主义，他认为一切行为都是由反射构成的。斯金纳认为，行为分为两类，一类是应答性行为，是由已知的刺激所引起的反应；一类是操作性行为，是没有可观察的材料，而由有机体本身发出的自发反应。上述实验中的白鼠按压杠杆，这种反应就是由有机体自发发出的。前者是刺激型条件反射，后者是反应型条件反射。他通过实验，研究了动物和人的行为，总结出了习得反应、条件强化等规律。他把学习的公式概括为：如果一个操作发生后，紧接着给一个强化刺激，那么其强度就会增加。斯金纳认为，教育就是塑造人的行为。有效的教学和训练的关键就是分析强化的效果以及设计精密的操纵过程，也就是建立特定的强化机制。这种理论运用到教学和程序教学中去是有积极作用的，但他把意识的作用排除在科学之外是不可取的。

我们比较一下经典条件反射与操作条件反射二者之间的不同。在经典条件反射中，强化伴随条件刺激物，但它要与条件刺激物同时或稍后出现，这样条件反射才能形成。在操作条件反射中，强化物同反应相结合，也就是有机体必须先做出适当的反应，然后才能得到强化。这就是两种条件反射的根本区别。有的心理学把经典条件反射式的学习称作刺激替代。

（四）行为主义学习理论基本原则

行为主义学习理论认为，人类的思维是与外界环境相互作用的结果，即"刺激—反应"，刺激和反应之间的联结叫作强化；认为通过对环境的"操作"和对行为的"积极强化"，任何行为都能被创造、设计、塑造和改变。在教学中，对学生理想的行为要给予表彰和鼓励，还要尽量少采取惩罚的消极强化手段，只有强化正确的反应，消退错误的反应，才能取得预期的效果。行为主义学习理论把强化看作是程序教学的核心，认为只有通过强化，才能形成最佳的学习环境，才能增强学生的学习动力。

行为主义学习理论认为，只有将教学内容分解为一系列小的教学单元，在强化的帮助下对教学单元的内容进行学习，才能使强化的频率被最大限度地提高，将出错带来的消极反应降到最低。在斯金纳条件反射实验的基础上，根据刺激（提问）—反应（回答）—强化（确认）的原理，制定了程序教学的基本原则。

1. 小步子原则

小步子原则指把学习内容按其在逻辑关系分割成许多细小的单元，分割后的小单元按一定的逻辑关系排列起来，形成程序化教材或课件，此时，学生的学习是由浅入深、由易到难、循序渐进地进行。小步子学习原则要求对学习内容分割适当，对单元的划分要根据具体的教学内容和教学任务来确定（不是步子分割得越小越好，否则容易使学生厌倦，也不利于学生从整体上认识事物）。

2. 积极反应原则

斯金纳认为，传统教学主要是教师传授知识，学生被动地接受知识，很少有机会对教师提出的每个问题都要有反应。要改变这种消极的学习态度，就要求对每一单元的学习容，都让学生做出积极反应，使学生通过选择、填空和输入答案等方式做出反应，以保持积极的学习动机。

3. 及时强化原则

当学生做出反应后，必须使他们知道其反应是否正确。要求对学生的反应给予及时强化或及时确认，特别要注意对学生所做出的正确反应给予及时强化，以提高其操作能力。

4. 自定步调原则

传统教学中学生的学习进度是一致的，这限制了学生的自由发展。为了让每个学生都能自由发展，必须由他们根据自己的特点自定学习进度和速度。学生在以适宜速度进行学习的同时，通过不停地强化得到进一步学习的动力。

5. 低错误率原则

在教学中应由浅入深，由已知到未知，使学生每次都尽可能做出正确反应，将学习的错误率降到最低限度，提高学习效率。

上述五项原则对教学设计也有重要的指导意义。

（五）行为主义学习理论的局限性

行为主义心理学及程序教学理论在历史上有很大影响，对帮助教师克服当时教学中缺乏的强化（反馈）、忽视学生个体特点等弊病有积极的作用。行为主义学习理论同其他理论一样不可能没有缺点和局限性，它的主要问题是，没有考虑动物和人类学习的本质区别。此外，比较刻板，缺乏灵活性，不利于学生提高独立思考和独立解决问题的能力。它的小步子原则容易使学生厌倦，也不利于学生从整体上认识事物。特别是在当今的信息时代，行为学习理论的局限性越来越明显。但它的积极反应、及时反馈等原则今天仍被计算机辅助教学所采用。

二、认知主义学习理论

1957年，乔姆斯基（Noam Chomsky）对斯金纳的《言语学习》（*Verbal Learning*）提出了尖锐的批评，之后，学习心理学经历了一场科学的变革。学习理论从运用行为主义原则，转移到运用认知科学的学习理论和模型。认知理论不仅认识到了大脑的作用，而且研究了大脑的功能及其过程。

1. 认知主义学习理论的兴起

认知理论最早的提出者可追溯至瑞士心理学家皮亚杰（J. Piaget）。他是认知发展领域最有影响的心理学家，他所创立的关于儿童认知发展的学派被人们称为日内瓦学派。皮亚杰的理论充满唯物辩证法，他坚持以内因和外因相互作用的观点来研究儿童的认知发展。

他认为，儿童是在与周围环境相互作用的过程中，逐步建构起关于外部世界的知识，从而使自身认知结构得到发展的。一般认为，认知主义学习理论的真正形成是以美国心理学家奈塞尔（U. Neisser）1967年发表的《认知心理学》为标志的。人的认知过程是认知主义理论的主要研究对象，其研究目标是要说明和解释人在完成认知活动时是如何进行信息加工的，包括信息的获取、存储、加工和转换等方面。

认知主义学习理论认为，学习个体本身作用于环境，人的大脑的活动过程可以转化为具体的信息加工过程。生活在世界上的人既然要生存，必然要与所处的环境进行信息交换；人作为认知主体，相互之间也会不断交换信息。人总是以信息的寻求者、传递者，甚至信息的形成者的身份出现，人们的认知过程实际上就是一个信息加工过程。人们在对信息进行处理时，也像通信中的编码与解码一样，必须根据自身的需要进行转换和加工。

随着计算机技术的发展，以西蒙（H. A. Simon）为代表的一些学者开始研究运用计算机模拟的方法来模拟人类解决问题的过程，也就是借助计算机及计算机语言来描述人类信息加工的过程。他们认为，计算机硬件类似于人的生理活动过程（包括中枢神经系统、神经元、脑的活动），运用计算机语言可以模拟人对信息的初级加工过程，而通过编写计算机程序则可以模拟人类的思维活动。西蒙与纽厄尔（Allen Newell）设计了一个被称为"逻辑理论家"的程序。此程序可以用来证明形式逻辑中的各种定理，成功地模拟了人类的思维过程。后来他们又设计了一个称为"通用问题解决者"的程序，这个程序运用了人类解决问题时所运用的策略，使其涉及面更为广泛。

2. 认知学习理论的基本概念

或许是从计算机的工作原理中得到启发，大多数认知理论采取大脑信息加工的理论假设，由此形成一系列基本概念。

（1）短时记忆与长时记忆。人的记忆系统由三个存储器组成：感觉寄存器、短时记忆和长时记忆。来自环境的刺激经过过滤首先进入感觉寄存器，通过选择性知觉，信息被临时存入短时记忆（STM）。STM是一个过渡性的记忆缓冲器，其容量有限，只能记录7 ± 2个信息组块，且只能保持15～30秒钟。STM中的信息经过复述和编码过程转化为长时记忆（LTM），长时记忆是一个相当持久的容量极大的信息库。

（2）知识表征。认知学习理论假定LTM中的信息有多种知识表征方式。

命题：是最小的信息单位，用于表示概念之类的叙述性知识。

产生式：类似于计算机语言中if-then语句，用于表示过程性知识。多个产生式可以联结为产生式系统，成为推理系统的基础。

心象：是知觉的信息表征。

图式：是先验知识组成的网络。

（3）编码与提取。大多数认知心理学家认为，信息一旦被编码并存入LTM就不会丢失。接下来的问题是如何从LTM成功提取（检索）信息，这取决于信息编码的质量和检索方法的好坏。对编码和检索起关键作用的认知过程有细化（Elaboration）、组建（Organization）和活性扩散（Spread of Activation）。细化过程将已存于STM中的知识加强、扩充或修正STM中的新信息，或将它转化为LTM；组建过程将LTM中的信息进行有意塑造，形成有意义的部件，在网络结点间添加路径。

活性扩散：拓展和组建过程都作用于信息的初始编码存储阶段，而活性扩散过程则是在信息检索时，在LTM中有关的命题之间建立联系线索。因为检索是依靠为数不多的特别提示或暗示进行的，为使活性扩散，必须在命题间建立直接联系。

（4）认知负担。认知负担是学习时学生必须加工的信息量，它取决于学生的 STM 容量、先验知识和课程内容的含义，也与课程的教学步调、编码要求以及学生对课程内容的熟悉程度有关。

（5）元认知。元认知（Metacognition，或译为"超认知"）是学习者对自己认知过程的自觉意识，是通过对自己所用认知加工策略效验的不断监测来选择、评价与修正认知策略的能力。这种能力允许学习者检出那些无效策略，评估特定任务的认知加工要求，以及修正当前策略，甚至产生全新的策略。

（6）知识状态。认知学者力图使学习达到可持久、可迁移和自我调控，促成从生手向专家的转变。在这一转变过程中要经历增生（Accretion）、重建（Restructuring）和调整（Tuning）三种知识状态，学习活动的安排应尽可能与学习者的知识状态相符。增生本质上属事实和新知识的积累阶段；重建是将新获得的事实进行蓄意组构，从而沟通新信息和先验知识之间的联系；在调整阶段，学习者增加他们的知识储备，基本达到反应自动化的程度。

3. 认知主义的教学设计原则

有人对行为主义教学设计思想与认知主义教学设计思想之间的差别进行了简单的概括：认知主义致力于寻求教学事件与学习结果二者之间的关系，而认知主义则力图寻求教学事件、记忆结构和学习结果三者之间的关系。

认知主义学习理论在形成之初就从与行为主义不同的角度来探讨学习。在他们看来，环境的刺激是否受到注意或被加工，主要取决于学习者内部的心理结构。个体在以各种方式进行学习的过程中，总是在不断地修正自己的内部结构。认知主义学习理论促进了 CAI（Computer Aided Instruction，计算机辅助教学）向智能教学系统的转化，人们通过对人类的思维过程和特征的研究，可以建立起人类认知思维活动的模型，使计算机在一定程度上完成人类教学专家的工作。以认知主义学习理论为依据，专家们提出了一系列指导教学设计的原则，我们将它们归并如下：①用直观的形式向学习者显示学科内容结构，应该让学习者了解教学内容中涉及的各类知识元之间的相互关系；②学习材料的呈示应适合于学习者的认知发展水平，按照由简到繁的原则来组织教学内容，这儿所说的由简到繁是指由简化的整体到复杂的整体；③学习以求理解才能有助于知识的持久和可迁移。

三、人本主义学习理论

人本主义学习理论建立在存在主义哲学和现象的基础之上，它立足于人本主义人性观，强调充分发挥人的学习潜能和价值，探索怎样使一个人成为具有完美人格的人。人本主义心理学认为，学习的实质是形成与获得经验，学习的过程实际上就是经验的过程。它可以说是与行为主义的联结说及认知主义的认知结构说直接抗衡的结果。它反对行为主义不重视人类本身的特征，认为心理学应该探讨的是完整的而不是认知过程、情绪等割裂开来的人，同时它也强调人的价值，强调人的发展潜能，因而主张自我发生的学习是最符合人类天性的学习，强调了人的自我发展。

美国心理学家罗杰斯（Rogers）认为，我们正在面临一个全新的教育环境，在这个多变的环境中，要把学生教育成能够充分发挥潜能的人。"只有学会如何学习和如何适应的人，只有意识到没有任何可靠的知识、唯有寻求知识的过程才是可靠的人，才是有教养的人。"他的学习观认为，人的学习以自主学习的潜能发挥为基础，以学会自由和自我实现为目的，以自主选择的自认为有意义的知识经验为内容，以"自我、主动学"为特征。这种学习过程不仅包括认知过程，还包括情意过程，并涉及学习者个性的发展，其影响非常广泛，包括学习者的态度、认知、情感、意志、行为和个性等方面。这种学习理论突出了以人为本的理念，重视学习者在学习过程中的主动性和自主性，强调学习内容的社会实践意义。

罗杰斯所倡导的学习的核心就是让学生自由学习，从而在学习过程中形成适应自己风格的、促进学习的最好方法。他在《学习的自由》一书中详细地总结了他所坚持的 10 个学习原则，具体如下。

（1）人生来就有学习的潜力。

（2）学习者觉察到材料有意义而且学习内容与自己的目的相关时，意义学习就发生了。

（3）涉及改变自我组织（自我看法）的学习是具有危险性的，往往受到抵制。

（4）当外部的威胁降到最低时，就比较容易察觉并同化那些威胁到自己的学习内容。

（5）对自我的威胁很小时，学习者就会用辨别的方式来知觉经验，学习就会取得进展。

（6）大多数意义学习是从做中学的。

（7）主动自发并全身心投入的学习才会产生良好的学习效果。

（8）涉及学习者整个人的自发学习才是最持久、最深刻的。

（9）当学生以自我批判和自我评价为主要依据时，独立性和自主性才会得到促进。

（10）在现代社会中，最有用的学习是了解学习过程、对经验持开放态度，并将自己结合进变化过程的学习。

罗杰斯还提出教育的目的在于促进学生的发展，要求学生掌握科学家"探究—发现"式的研究方法，同时要求教师真诚一致、无条件积极关注，要有同情心，即设身处地与学习者感同身受。

罗杰斯虽然非常不愿意指南式的教学方法，但他还是针对他所坚持的 10 种自由学习的原则，提出了 10 种在他看来有助于学习者自由学习的方法，具体如下。

（1）创设真实的情境。学习者面临对他们有个人意义的问题时就会全身心地投入学习。

（2）提供学习资源。这样有助于学习者学习的投入和兴趣的培养。

（3）使用合约。有助于学习者在自由的学习氛围中有责任地学习。

（4）利用社区。可以提供真实的情境，以及一些有用的人力、物力资源。

（5）同伴教学。使双方都有更强的自信和学习动机。

（6）分组学习。学习者也应该辅之以被动的学习。

（7）探究训练。变化是当今社会的性质，应该让学习者自主地发现变化。

（8）程序教学。有助于学习者直接体验到满足感，理解学习过程，掌握学习内容。

（9）交流小组。有助于形成一种意义学习的气氛，使每个交流者都面临与人坦诚交流的情境。

（10）自我评价。学习者只有在负责自己决定评价的准则和目的以及达到目的的程度时，他才是真正地在学习，才会对自己的学习负责。

总之，整个教学的过程就是要以学生为中心，教师为学生提供学习的手段，学生最终要知道怎么去学，怎样成为一个完美的学习者。

四、建构主义学习理论

严格地说，建构主义学习理论仍属于认知主义学习理论，它是认知主义学习理论在科学技术高度发展时代的发展。多媒体计算机和基于互联网的网络通信技术所具有的多种特性特别适合于实现建构主义学习环境，换句话说，多媒体计算机和网络通信技术可以作为建构主义学习环境下的理想认知工具，有效地促进学习者的认知发展。因此，随着多媒体计算机和网络教育应用的飞速发展，建构主义学习理论正愈来愈显示出其强大的生命力，并在世界范围内日益扩大其影响。

建构主义（Constructivism）也译作结构主义，它源自关于儿童认知发展的理论。由于个体的认知发展与学习过程密切相关，因此利用建构主义可以较好地说明人类学习过程的认知规律，即能较好地说明学习如何发生、意义如何建构、概念如何形成，以及理想的学习环境应包含哪些因素等。总之，在建构主义思想指导下可以形成一套新的比较有效的认知学习理论，并在此基础上实现较理想的建构主义学习环境。下面从三个方面简要说明建构主义学习理论的基本内容。

（一）关于学习的含义

建构主义学习理论认为，知识不是通过教师讲授得到的，而是学习者在一定的情境即社会文化背景下，借助其他人（包括教师和学习伙伴）的帮助，利用必要的学习资料，通过意义建构的方式获得的。由于学习是在一定的情境即社会文化背景下，借助其他人的帮助即通过人与人之间的协作活动而实现的意义建构过程，因此建构主义学习理论认为，情境、协作、会话和意义建构是学习环境中的四大要素。

1. 情境

学习环境中的情境必须有利于学习者对所学内容的意义建构，这就对教学或培训设计提出了新的要求。也就是说，在建构主义学习环境下，教学或培训设计不仅要考虑教学目标，还要考虑有利于学习者建构意义的情境创设的问题，并把情境创设看作教学或培训设计最重要的内容之一。

2. 协作

协作发生在学习过程的始终。协作对学习资料的搜集与分析、假设的提出与验证、学习成果的评价直至意义的最终建构均有重要作用。

3. 会话

会话是协作过程中不可或缺的环节。学习小组成员之间必须通过会话商讨如何完成规定的学习任务；此外，协作学习过程也是会话过程，在此过程中，每个学习者的思维成果（智慧）为整个学习群体所共享，因此会话是达到意义建构的重要手段之一。

4. 意义建构

意义建构是整个学习过程的最终目标。所要建构的意义是指事物的性质、规律以及事物之间的内在联系。在学习过程中帮助学习者建构意义就是要帮助学习者对当前学习内容所反映的事物性质、规律以及该事物与其他事物之间的内在联系达到较深刻的理解。这种理解在大脑中的长期存储形式就是前面提到的"图式"，也就是关于当前所学内容的认知结构。

由以上所述的"学习"的含义可知，学习的质量是学习者建构意义能力的函数，而不是学习者重现教师思维过程能力的函数。换句话说，获得知识的多少取决于学习者根据自身经验去建构有关知识的意义的能力，而不取决于学习者记忆和背诵教师讲授内容的能力。

(二)关于学习的方法

建构主义学习理论提倡在教师指导下的、以学习者为中心的学习，也就是说，既强调学习者的认知主体作用，又不忽视教师的指导作用。教师是意义建构的帮助者、促进者，而不是知识的传授者与灌输者。学习者是信息加工的主体、意义的主动建构者，而不是外部刺激的被动接受者和被灌输的对象。学习者要成为意义的主动建构者，就要在学习过程中从以下几个方面发挥主体作用。

(1)用探索法、发现法去建构知识的意义。

(2)在建构意义过程中要求学习者主动搜集并分析有关的信息和资料，对所学习的问题提出各种假设并加以验证。

(3)要把当前学习内容所反映的事物尽量与自己已知的事物相联系，并对这种联系加以认真的思考。联系与思考是意义构建的关键。如果能把联系与思考的过程与协作学习中的协商过程(即交流、讨论的过程)结合起来，学习者建构意义的效率就会更高，质量就会更好。协商可分为自我协商(也叫内部协商)与相互协商(也叫社会协商)两种，自我协商是指和自己争辩什么是正确的，相互协商则是指学习小组内部相互之间的讨论与辩论。

(三)教师要成为学习者建构意义的帮助者

教师要在教学或培训过程中，从以下几个方面发挥指导作用。

(1)激发学习者的学习兴趣，帮助学习者形成学习动机。这是培训准备阶段必须特别注重的环节。

(2)通过创设符合教学内容要求的情境和提示新旧知识之间联系的线索，帮助学习者建构当前所学知识的意义。利用计算机数据库与互联网关键字检索能高效地做到这一点。

(3)为了使意义建构更有效，教师应在可能的条件下组织协作学习(开展讨论与交流)，并对协作学习过程进行引导使之朝有利于意义建构的方向发展。引导的方法包括：提出适当的问题以引起学习者的思考和讨论；在讨论中设法把问题一步步引向深入以加深学习者对所学内容的理解；启发诱导学习者自己去发现规律，自己去纠正和补充错误或片面的认识。

五、社会学习理论

社会学习理论认为，人们通过观察他们认为值得信赖且知识渊博的人(示范者)的行为而进行学习；那些被强化或被奖赏的行为会再次发生，人们会不断向那些被奖励过的行为或技能的示范者学习。根据社会学习理论，学习新的技能或行为需要借助以下两种方式：①直接获得使用某种行为或技能的成果；②观察别人的行为及行为成果的过程。

　　根据社会学习理论，学习还受个人自我效能的影响。自我效能这一概念是社会学习理论的创始人班杜拉（Albert Bandura）在1982年提出的，用以解释在特殊情景下动机产生的原因。自我效能感是个人对自己完成某方面工作能力的主观评估。评估的结果将直接影响一个人的行为动机。对于培训而言，自我效能是一个人对自己能否学会知识或技能的判断，是培训准备的一个决定因素。自我效能程度高的受训者会全力以赴参加培训项目的学习，即使在环境不利时他们也最有可能坚持下去。相反，自我效能程度低的人会对自己能否掌握培训内容产生怀疑，他们最有可能由于心理或生理上的某些原因而退出培训。

第三节　学习迁移

一、什么是学习迁移

　　学习迁移被心理学家定义为"一种学习对另一种学习的影响"，也就是已获得的知识、技能、学习方法或学习态度对学习新知识、新技能和解决新问题所产生的影响，或者说是将学得的经验有变化地运用于另一情境。

二、学习迁移的类型

（一）根据迁移的性质划分

　　按照迁移的性质可将学习迁移分为正迁移与负迁移。正迁移指一种迁移的获得对另一种学习起促进作用；负迁移是指一种经验的获得对另一种学习起干扰或阻碍作用。

（二）根据迁移的方向划分

　　按照迁移的方向可将学习迁移划分为水平迁移（横向迁移）和垂直迁移（纵向迁移）。水平迁移是指学习的知识或技能等在相同水平上的迁移，是处于同一层次（抽象与概括程度相同）的学习间的相互影响，其学习内容之间是并列的，即在难度和复杂程度上大致属于同一水平；垂直迁移主要指处于不同层次（概括与抽象的程度不同）的各种学习间的相互影响，即上位的较高层次的经验与下位的较低层次的经验之间的相互影响。

（三）根据迁移的内容划分

　　按照迁移的内容可以将学习迁移划分为一般迁移（普通迁移）和具体迁移（特殊迁移）。一般迁移指一种学习中所习得的一般原理、原则和态度对另一种具体内容学习的影响，即将原理原则和概念具体化，运用到具体的事例中。具体迁移指学习之间发生迁移时，学习者原有经验的组成要素没有发生变化，即抽象的结构没有变化，只是将一种学习中习得经验的组成要素重新组合并用于另一种学习之中。具体迁移的范围仅限于有限的情景中，不如一般迁移广泛。

（四）根据迁移发生的学习情境划分

　　按照迁移发生的学习情景可将学习迁移分为远迁移和近迁移。个体能将所学的经验迁移到与原来学习情景极不相似的其他情景中时，即产生了远迁移；近迁移即把所学的经验迁移到与原来的学习情境比较相似的情境中。

三、学习迁移的作用

凡是有学习的地方就会有迁移，孤立的彼此互不影响的学习是不存在的，学校中的学习迁移是无所不在的。学习迁移对个人来说有重要作用。

(一)对提高解决问题的能力有直接促进作用

学习的正迁移量越大，说明学生通过学习所产生的适应新的学习情景和解决新问题的能力越强，教学的效果也就越好。

(二)对学生毕业后的适应社会生活的间接作用

现代教育的一个重要特征是面向未来，即认为学生能够将他在学校中学到的东西应用到学校以外的情境和问题上去，能够对新的问题情境产生最大的适应。

四、学习迁移的基本理论

(一)形式训练说

形式训练说起源于 18 世纪德国心理学家沃尔夫。形式训练说认为，迁移是通过对组成心的各种官能的训练，以提高各种能力，如注意力、记忆力、推理力、想象力等而实现的。迁移的产生是自动的。形式训练说把训练和改进心的各种官能，作为教学的最重要目标。它认为学习的内容不甚重要，重要的是所学习内容的难度和训练价值。它重视形式的训练，不重视内容的学习，因为形式训练是永久的。

(二)相同要素说

相同要素说由桑代克提出。相同要素说同形式训练说相对抗，认为能通过某种活动加以训练而普遍迁移的注意力、记忆力、观察力是不存在的。相同要素说后来被伍德沃斯修改为共同成分说，意指只有当学习情境和迁移测验情境存在共同成分时，一种学习才能影响到另一种学习，即产生迁移。

(三)关系转换理论

关系转换理论认为，迁移不是由于两个学习情景具有共同成分、原理或规则而自动产生的，而是由于学习者突然发现两个学习经验之间存在关系的结果。根据这一迁移理论，关系转换理论强调个体的作用，认为学习的主体对事物之间的关系认识得越清楚，并能加以概括化，则越容易产生迁移，迁移的作用也就越普遍。

(四)认知结构迁移理论

认知结构迁移理论认为，一切有意义的学习都是在原有认知结构的基础上产生的，不受原有认知结构影响的有意义学习是不存在的。无论是在接收学习还是解决问题学习中，凡有已形成的认知结构影响新的认知功能的地方，就存在着迁移。"为迁移而教"实际上是塑造学生良好认知结构的问题。

该理论主要内容：首先，学生的认知结构是影响学习迁移的重要因素，一方面强调先前的学习经验是新知识学习的一个关键因素，另一方面认为过去的经验对当前学习的影响不是直接发生的，而是通过引起认知结构的变化而间接发生的。其次，认知结构就是学生头脑里的知识结构。广义上，它是某一学习者的观念的全部内容和组织；狭义上，它是学习者在某一特殊知识领域内的观念的内容和组织。教学的目标就是使学生形成良好的认知结构。

拓展阅读

探索人类认知：自然教育学假说

一般认为，人类具有一种基于交流情境的社会学习系统。2009 年，布劳奇和杰尔杰伊等人基于目的论明确提出了自然教育学（Natural Pedagogy）假说，主张人类存在一套独特、与生俱来的认知适应性，可以通过有目的的教与学来实现知识的传授。示范、交流与共享构成了自然教育学的发生机制。人类婴儿是最明显的受益者，他们对明示信号敏感，会产生指向性期望，并倾向于将信息理解为具有概括性的通用知识。作为初学者，他们在一次成人的示范行为中就能够有效学习认知上"不透明"的知识，因为他们已经准备好将这种行为识别为交流性示范，而且存在一种默认的期望，即示范的内容代表着共享的文化知识，并且可以沿着某种相关的维度泛化到其他对象、场合或个人身上。无论是可观察到的行为，还是不可观察的知识、技术或文化，都能通过自然教育学的机制实现代代相传。

首先，自然教育学假说认为，其认知适应性机制很可能是人类种系特有的。人类从生命早期开始就拥有专门的认知机制，使自身能够接受这种文化传播，促进有效率的文化学习。人类通过交流向初学者传递文化知识，但自然教育学不一定适合于解释其他动物的社会互动。其他动物中虽然也存在教学的例子，但目前尚未发现通过交流完成社会学习的行为或认知机制。人类婴儿对明示信号的敏感性，或许是人类独有的，其他动物可能不会产生或利用这些交流信号。贝蒂尔和罗萨蒂以对婴儿的有关研究为模型，通过研究 206 只恒河猴对交流线索的敏感性来检验这些进化预测。人类演员在猴子面前与其进行眼神接触，发声（社交线索）或挥舞一个水果并发出敲击声（非社交线索），然后演员要么看向某个物体，要么看向别处（没有任何物体的空旷之处）。结果发现，年幼和年长的猴子在整个发展过程中表现出相似的反应模式。迪昂—兰贝茨等人指出，人类的认知能力超越其他灵长类动物的认知，因为社会认知、语言以及象征性思维共同发展的倍增优势，从生命的第一个月开始就可以观察到。这些结果为自然教育学假说提供了支持，同时也强调了人类对交流信号的敏感性。

其次，自然教育学在不同文化中普遍存在。尽管不同文化中的育儿实践千差万别，但几乎所有人类文化都依靠交流向初学者传递文化知识。从生命早期开始，人类就会优先关注来自他人的交流信号，能够接受文化传播，从而促进快速的文化学习。对此，尼尔森和托马塞利认为，即使是一些不强调教学重要性的传统文化中的儿童，当在交流语境中向他们展示新奇动作时，也表现出与其他儿童相似的学习偏差。这说明自然教育学的认知机制在不同文化的人类群体中普遍存在。

最后，从个体发生的角度来看，自然教育学的机制，很可能在全面的语言能力发展之前就已出现，是一种相对独立的适应性认知系统，而不是其他一些人类特有的适应性认知系统的副产品（如语言）。布劳奇和杰尔杰伊等人的研究显示，婴儿在 14 个月之前就对教育学情境敏感。人类婴儿在开始理解和表达语言之前，就已经与他人进行了交流互动，即使是完全的初学者，也能在互动中观察并领悟到成人对自己的示范。示范动作的明确交流性质，表明该知识很可能是行动中涉及的对象种类的类属通用知识。他们能够通过交流进行学习，模仿、注意、情绪表达、手势、嘴唇和舌头的动作等都是最初交流的组成部分。如果语言不是必要的，那么人类交流的一般能力也许是自然教育学出现的关键，在某种环境下的进化过程中不可避免地出现了人类之间的广泛合作，如自然教育学在早期的类人猿文化中可能就已经发挥作用。早期类人猿独特的漫长童年时期和合作繁殖实践的共同进化，是由一种交流系统的出现所补充的，这种交流系统为儿童在新陈代谢、大脑信息接收上提供了"思想的食物"。换言之，自然教育学的认知机制可能与技术、神经生物学和社会因素等一起演化而来，使这种适应具有必要性与可能性。后期的语言能够促进概念的获得和使用，而此前婴儿与成人的主体间互动能够更早地启动获得和使用概念的能力。

（资料来源：徐慧艳，陈巍. 探索人类认知：自然教育学假说［N］. 中国社会科学报，2022-3-22.）

五、提高学习迁移的效果

（一）克服学习高原现象，提高学习效果

在培训中，学员的学习效果并不是呈不断递增的直线形状，而是呈曲线状。在培训学习的初期，学员会因掌握并运用新的知识与技能而明显进步，但随后的一段时间中，常常出现学员的表现停滞不前、学习绩效不再提升的现象，这会给学员的学习积极性带来一定的影响。这就是所谓的学习高原现象，如图2-3所示，这种现象在学习技能的培训中表现得尤为明显。

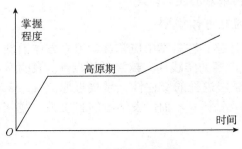

图 2-3　学习高原现象

这里，我们以文字编辑的技能培训为例，说明学习高原现象的存在。在学习文字编辑技能的过程中，假设学员变得熟练，绩效达到最高点需要6个月，最大的成果是一天大约编辑加工30页书稿，那么，学员的能力最初发展缓慢，可能在第三个月快速增长，而在培训的第四个月碰到高原现象。从学习原理的角度看，这是一种正常的现象，应该让学员认识到这是从量变到质变的必经之途，学员的技能水平此时正在发生某种质的变化。此时需要考虑的是通过改进学习方法或辅以其他培训，帮助学员跨过这个学习高原进入更高阶段的学习。

一般而言，克服学习高原现象需要双方的共同努力，一方是培训方，包括培训组织、设计者和培训师，另一方是学员自身。前者涉及培训目标的确定、培训计划的设计、培训

活动的安排和培训师的选择等，这些在本书的其他章节将做探讨。这里，我们集中讨论学员个人应如何克服学习高原现象。

学员主要从掌握学习方式的角度来考虑如何克服学习高原现象。在学习进程中，要不断探索和掌握适合自己的学习方式，更好地适应新的环境。事实上，一个训练有素、不断取得成功的人往往能自己学会所需的知识和技能。

国外学者的研究认为，学会如何学习的人通常有两个特点：一是能够掌控自己的学习进程；二是具有一些关键的学习能力。

1. 学习的自我控制

具有学习的自我控制能力的人将学习看作内在需要的自觉行为。通常，他有个人的学习和培训计划，并加以严格执行。在学习中，他懂得如何学才能学得最好，如何才能达到预先设定的学习目标。

2. 关键的学习能力

在学习进程中，为避免停滞不前的高原现象，在具备学习的自我控制能力的同时，还需具备持续学习的关键学习能力。学员的相关能力越强，达成其学习目标的可能性越大。国外学者的研究指出，这些相关能力包括以下几项。

（1）渴望学习的习惯。

（2）自我激励的能力。

（3）使用信息资源的能力。

（4）很强的交流沟通能力。

（5）解决问题的能力。

（6）抽象思维的能力。

（7）为学习做出计划、规定目标的能力。

（8）知道自己如何学得最好的能力。

（二）构建和应用学习立方体模型

为了实现学习效果的迁移，在教学中应掌握学习立方体模型。在如图 2-4 所示的模型中，X 轴代表学习（培训）内容的实践性，越接近原点 A，表明学习内容抽象化和概念理论化的程度越高；Y 轴代表学习进程的交往性，越接近原点 A，表明与他人的交流、切磋和讨论越少，越注重个人独立钻研；Z 轴代表学习的自主性，越接近原点 A，表明学习中外界的指导与讲授越多。

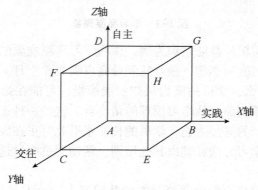

图 2-4　学习立方体模型

在学习立方体模型中，A、B、C、D、E、F、G、H 八个点是自主性、实践性和交往性三种因素的不同组合点，它代表八种不同的学习方式，其中点 A 和点 H 代表的是两种截然不同的两种学习方式。点 A 所代表学习方式的特点是：学习内容重抽象理论，学习方式是学员个体被动，依赖教师讲授或阅读教材。点 H 所代表学习方式的特点是：学习内容重实际应用技能和具体操作方法，学习方式是个体积极参与、共同讨论和相互学习。

在学员积极参与、互动的学习方式中，学员通常需要经历接触期、反应期、交战期、归纳期和行动期五个阶段。在接触期，学员在学习交流中接触新信息、新知识、新观点和新技能。在反应期，学员讨论各自所学的东西，进行互动式学习。在交战期，学员基于互动学习的提升，新旧知识、经验等的碰撞或冲突，在碰撞中经过培训师的指导和学员的思考获得新知识、新经验。然后进入学习的归纳期，学习归纳学到的新知识、新经验、新原则等。最后进入行动期，即学员将学到的东西应用于工作实践，实现学习效果的迁移。在行动期，随着时间的推移、工作的变化，学员可能会遇到新问题，发现已有的知识、技能不能解决出现的新难题，于是又会进入新一轮的学习培训，重复前面的学习各阶段。

本章小结

1. 成人学习者的特点有：(1)具有一定的阅历和经验，个性化突出；(2)学习动机来源于内部而非外部；(3)学习目的明确，以解决实际问题为核心；(4)自我管理能力较强，学习能力较差；(5)对学习环境和条件的要求相对较高。

2. 成人学习者的培训方法：(1)使用案例；(2)挖掘潜力；(3)刺激大脑；(4)回顾总结。

3. 成人学习理论有：(1)行为主义学习理论；(2)认知主义学习理论；(3)人本主义学习理论；(4)建构主义学习理论；(5)社会学习理论。

4. 学习效果的迁移理论：(1)形式训练说；(2)相同要素说；(3)关系转换理论；(4)认知结构迁移理论。

5. 如何提高学习迁移的效果：(1)克服学习高原现象，提高学习效果；(2)构建和应用学习立方体模型。

本章习题

一、简答题
1. 简述成人学习者的劣势。
2. 成人培训的原则有哪些？
3. 什么是学习高原现象？如何克服？

二、案例分析

西门子公司的员工培训

百多年来，"西门子"这个名字早已超出其产品品牌本身的含义，成为一个成功的标志。是什么造就了西门子一百多年的辉煌？高质量的产品、完善的售后服务、不断的创新，以及高效的员工培训被认为是西门子成功的关键。

在员工培训方面，西门子创造了独具特色的培训体系。西门子对员工进行培训的根本目标是使他们能够从容应对各方面的挑战。为此，西门子为员工设计了各种各样的有效培训。

1. 新员工培训

新员工培训又称第一职业培训。西门子公司在这方面投入甚多，以保证企业发展有足够的一流技术工人。在第一职业培训期间，学员要接受双轨制教育：一周中三天在工厂接受工作培训，两天在职业学校学习知识。这样，学员不仅可以在工厂学到基本的熟练技巧和技术，而且可以在职业学校受到相关基础知识教育。西门子早在1992年就拨专款设立了专门用于培训工人的"学徒基金"。现在，公司在全球拥有60多个培训场所，如在公司总部慕尼黑设有西门子学院，在爱尔兰设有技术助理学院，它们都配备了最先进的设备，每年培训经费近4亿欧元。目前共有1万名学员在西门子接受第一职业培训，大约占员工总数的5%。第一职业培训（新员工培训）保证了员工进入公司后具有很高的技术水平和职业素养，为西门子的长期发展奠定了坚实的基础。

2. 大学精英培训

西门子平均每年接收全球大学毕业生3 000名左右，并为他们制订专门的培训计划。进入西门子的大学毕业生首先要接受综合考核，考核内容既包括专业知识，也包括实际工作能力和团队精神，公司根据考核的结果安排适当的工作岗位。在此过程中，西门子从每批大学生中选出30名尖子生进行专门培训，培养他们的领导能力，培训时间为10个月，分三个阶段进行。

第一阶段，让他们全面熟悉企业的情况，学会从互联网上获取信息；第二阶段，让他们进入一些业务领域工作，全面熟悉本企业的产品，并强化他们的团队理念；第三阶段，将他们安排到下属企业（包括境外企业）承担具体工作，在实际工作中获取实践经验和知识、技能。

目前，西门子拥有400多名这样的"精英分子"，其中有1/4正在接受海外培训或在国外工作。大学精英培训计划为西门子储备了大量管理人员。

3. 员工在职培训

西门子努力塑造学习型企业。为此，西门子特别重视员工的在职培训，每年的培训经费中，有60%用于员工在职培训。西门子的员工在职培训中管理教程培训尤为独特和有效。西门子员工管理教程培训分五个级别，各级培训以前一级别培训为基础，从第五级别到第一级别所获技能依次提高。具体培训内容大致如下。

第五级别：管理理论教程。培训对象是具有管理潜能的员工。培训目的是提高参与者的自我管理能力和团队建设能力。培训内容是西门子企业文化、自我管理能力、个人发展计划、项目管理、满足客户需求的团队协调技能。培训日程是与工作同步的一年培训、每次为期三天的研讨会两次和开课讨论会一次。

第四级别：基础管理教程。培训对象是有较高潜力的初级管理人员。培训目的是让参与者准备好从事初级管理工作。培训内容是综合项目的完成、质量及生产效率管理财务管理、流程管理、组织建设及团队行为、有效的交流和网络化。培训日程是与工作同步的一年培训、每次为期五天的研讨会两次和为期两天的开课讨论会一次。

第三级别：高级管理教程。培训对象是负责核心流程或多项职能的管理人员。培训目的是开发参与者的企业家潜能。培训内容是公司管理方法、业务拓展及市场发展策略。技术革新管理、西门子全球机构、多元文化间的交流、变革管理、企业家行为及责任感。培训日程是与工作同步的一年半培训、每次为期五天的研讨会两次。

第二级别：总体管理教程。培训对象是具备下列条件之一者：(1)管理业务或项目并对其业绩全权负责者；(2)负责全球性、地区性服务的管理者；(3)至少负责两个职能部门者；(4)负责某些全球性、地区性产品或服务的管理人员。培训目的是塑造领导能力。培训内容是企业价值、前景与公司业绩之间的关系，高级战略管理技术、知识管理，识别全球趋势，调整公司业务，管理全球性合作。培训日程是与工作同步的两年培训、每次为期六天的研讨会两次。

第一级别：西门子执行教程。培训对象是已经或者有可能担任重要职务的管理人员。培训目的是提高领导能力。培训内容根据参与者的情况特别安排。培训日程根据需要灵活掌握。培训内容根据管理学知识和公司业务的需要而制定，随着二者的发展变化，培训内容需要不断更新。

西门子通过管理教程培训，增强了企业和员工的竞争力，达到了开发员工管理潜能、培养公司管理人才的目的。

西门子的员工培训计划涵盖了业务技能、交流能力和管理能力的广泛领域，为公司储备了大量的生产、技术和管理人才，提高了公司的整体竞争力，成为西门子成功的重要保证。

（资料来源：石金涛，唐宁玉．培训与开发[M]．5版．北京：中国人民大学出版社，2021：55.）

请思考：

1. 通过对西门子公司培训案例的学习，你可以体会到现代培训中的哪些学习理论？

2. 几种学习理论的主要内容是什么？对于现代培训与开发有哪些指导意义？

3. 什么是学习迁移？结合学习立方体模型谈谈有没有对应的人才或专业方向的立方体模型。

三、实训练习

结合学习迁移理论，分组讨论如何将所学知识更好应用于实践？各小组形成统一的表述并进行小组分享。

第三章　培训需求分析

学习目标

> 1. 了解培训需求的含义和意义；
> 2. 掌握培训需求的理论模型；
> 3. 掌握实施培训需求的方案设计与实施过程。

案例分享

培训需求分析的重要性

有一家区域性医药连锁公司，成立于2001年，相较于国内大多数连锁企业，成立的时间也不算短。经过5年的发展，该企业在当地区域市场确立了龙头老大的地位，但是与老百姓、海王星辰等国内医药连锁巨头相比，无论是企业规模还是盈利能力都无法相提并论。该企业负责人不甘于现状，于2006年到2008年开始进行外部区域的扩张。为了配合企业的拓展，该企业负责人在企业内部进行了大大小小不下于100场的培训，既有内部的培训，也有外部的培训。但是随着扩张不断进行，企业面临的问题仍是接踵而至。企业当地市场经过几年的深度挖掘，业务规模趋于饱和，业务量以及毛利率都很难再继续提高。新兴市场不断亏损，业务量无法提升，利润也不能补偿企业拓展而产生的成本。此时企业上下都在不断深思，为什么做了如此多的培训，却不能取得预期的效果。

于是这家公司找到专家组，进行了基于集团管控、组织模式、薪酬及绩效管理等方面的管理咨询。在咨询的过程中，专家组对企业培训现状进行了调查。人力资源资源经理介绍说，该企业培训管理做得相当规范，培训需求调查、培训计划制订、培训实施、培训现场管理、培训效果评估等都按流程做了。专家组也参加了该企业举办的几场培训，培训现场气氛热烈，主持人与员工也进行了大量的互动，现场反应很不错。问题出在什么地方呢？专家组调阅了该企业培训需求调查的相关资料。顿时豁然开朗，发现问题就出于此。

每年该企业在做年度培训计划之前，人力资源部会发一个通知，让总公司各部门与各事业部把本年度的培训需求上报。由人力资源部简单汇总后，制订本年度公司培训计划，上报总裁办公会审议通过后执行。从以上过程看，该企业在进行员工培训时，犯了企业员工培训中的大忌，就是培训需求分析环节没有做好，培训需求不明确。培训没有从企业的发展战略、行业特点、岗位能力要求、员工绩效表现出发，培训不是有的放矢。这样的培训必然是吃力不讨好的，最终导致企业浪费了金钱，员工浪费了时间与精力。

基于以上认识，专家组提出了要从公司组织视角、岗位视角、员工视角来进行培训需求分析，使培训紧扣公司战略，抓住岗位要求与员工需求，使培训既对企业发展有利，又对员工职业发展有利。

（资料来源：改编自百度文库案例）

从以上案例中，我们看到了培训需求确定的重要性，那么什么是培训需求？怎样才能收集完整准确培训需求的信息，撰写一份合格的培训需求报告呢？本章将对培训需求的内容进行相关介绍。

第一节　培训需求分析概述

培训与开发是为了弥补员工在知识、技能、素质等方面的短板。要达到预期效果，首先要知道短板在哪里，这样才能有的放矢地组织培训。很多企业是为了培训而培训，而不考虑为什么要培训、通过培训要解决什么问题。这就是盲动，效果不可能好。培训与开发工作是一项非常复杂的活动，为了保证顺利实施，第一个步骤就是分析培训的需求，然后才是根据这些培训需求确定所要达到的具体目标，制订详细的培训计划。

一、培训需求分析的概念

无论是个人还是组织，做任何事情之前都需要明确做事的必要性和实施方法。培训与开发是人力资源管理中的重要一环，在实施前，组织需要对是否有必要进行培训与开发以及如何进行培训与开发加以分析。这一过程属于培训与开发的事前控制，称为培训需求分析。

史蒂夫·库克（Steve Cook）认为，培训需求分析就是寻找理想的绩效标准与实际绩效表现之间的差距，是有效培训的前提条件，既有助于培训计划的制订，又是检验培训计划实施效果的标准。虽然组织在人员招聘与选拔中做了很大的努力，但仍然无法避免员工的绩效水平与期望水平之间出现某种程度的不匹配和差距。为了使员工能胜任相应的职位，达到组织的期望绩效，必须缩小这些差距，而确定差距的过程就是培训需求分析。

培训需求分析实际上是一个组织确定是否有必要进行培训以及需要什么样的培训的过程。培训需求分析源于绩效现状和期望绩效之间的差距，在一定程度上反映了员工和企业对培训的期望，具体来说就是在规划与设计每一项培训活动之前，组织采用各种方法与技术，对组织及其成员的目标、知识、技能和能力等进行系统的鉴别与分析，以确定组织是否需要培训以及培训的内容和方法。培训需求分析由组织的培训部门、主管部门以及其他相关工作人员负责，通常建立在企业培训需求调查的基础之上，采用全面分析与绩效差距等多种分析方法进行。

二、培训需求分析的作用

企业的培训与开发活动并不是盲目进行的，只有当企业存在相应的需求时，培训才有必要实施，否则进行培训是没有意义的。培训需求分析是培训活动的首要环节，是制订培训计划、设计培训方案、实施培训活动和评估培训效果的基础。培训需求分析的意义主要体现在以下几个方面。

（一）有助于了解受训员工的全面信息

一方面，培训需求分析有助于了解员工现有信息，包括可能参加培训的人数，员工的年龄范围，工作、生活的地点，职业、兴趣，以及员工的知识、技能等情况。对员工现有情况掌握得越多，对培训活动越有利。

另一方面，培训需求分析有助于了解员工的培训态度。员工的培训态度对培训的成败有着至关重要的作用，如果员工不积极、不配合，培训效果多半很糟糕。通过培训需求分析，可以了解员工对培训究竟持什么态度，同时还可以借机向有关人员强调培训的重要性并灌输某种观念，从而增强培训效果。

（二）可以获得管理者和员工的支持

培训需求分析可以让管理者及员工知道企业对培训的重视程度，同时使管理者充分听取员工的意见，了解员工究竟需要什么样的培训。培训需求分析需要与多个部分接触，增强培训部门和管理者、员工之间的交流、理解和信任。

（三）量体裁衣，有助于使培训更有针对性

培训需求分析能够确定员工的培训需求，比如需要的是知识培训还是技能培训。例如，岗前培训的需求分析应确定新员工应进行哪些调整，面临哪些困难，进而能确定相应的培训内容。

有的培训方式是需要在各个部门去收集相关材料的，比如案例研究和角色扮演。通过培训需求分析，可以收集到相当丰富的材料，包括工作手册、组织流程图、岗位介绍、各部门的形式和工作程序以及工作实例等。有了这些材料，培训就可以做到更有针对性，对员工解决实际的工作问题就更有帮助。

培训的目的就是能让员工提高工作业绩，因此它具有服务性。怎样才能更好地为员工服务呢？培训需求分析使培训部门能够在了解员工的实际情况的基础上，为员工提供量体裁衣式的培训。

（四）有助于估算培训成本

在确定培训内容的时候，需要分析一些与培训成本有关的问题，比如培训需要多少工作人员，培训需要多少时间，培训需要哪些相关教材、设备，等等。这些都是可以计算出成本的。通过培训需求分析，培训部门心中就先有了底，真正培训实施的时候就能按照既定的标准去进行，节约培训经费。

（五）有利于避免浪费

有的企业没有进行培训需求分析，不管某种培训是否合适自身情况，都跟着潮流去

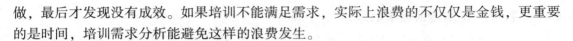

做，最后才发现没有成效。如果培训不能满足需求，实际上浪费的不仅仅是金钱，更重要的是时间，培训需求分析能避免这样的浪费发生。

（六）能够提供测量培训效果的依据

培训评估的一个重要环节就是制定评估标准，培训需求分析能为培训评估标准的制定提供有用的资料。员工现状通过需求分析可以了解，再和培训后的状况进行对比，就能看出培训的效果。

三、培训需求分析的流程

培训需求分析是一个复杂的系统，它涉及人员、工作、组织及组织所处的环境，其流程主要分为五步。

（一）前期准备工作

在进行培训需求分析之前，培训管理者要做以下三个方面的准备工作：第一，收集员工资料，包括培训档案、员工的人事变动情况、绩效考核资料、个人职业生涯规划以及其他相关资料等。第二，及时掌握员工的现状，培训管理者要和其他业务部门保持密切联系，及时更新和补充员工培训资料。第三，建立收集培训需求信息的通道，可以通过建立培训信箱、培训信息公告牌、培训申请表格等方式与员工和部门交流培训信息，有条件的公司可以利用公司内部网络搭建培训信息交流平台。

（二）制订培训需求分析计划

在正式开展培训需求分析之前，培训管理者有必要制订培训需求分析计划，计划应当包括三方面的内容。第一，制订工作计划。工作计划包括培训需求分析工作的时间进度，各项具体工作在执行时可能会遇到的问题及应对方案，应当注意的问题等。第二，设立工作目标。培训需求有三个层次：组织层次、任务层次和人员层次。在计划中，应当明确培训需求分析在哪个层次上进行，应当达到什么目标。第三，确定分析方法。培训需求分析方法种类非常多，其常用方法的特点、适用范围也各有不同，在实际应用时要根据具体情况来选择合适的分析工具。

（三）实施培训需求分析计划

培训需求分析的实施主要是按照事先制订的工作计划依次展开，但在分析培训需求的时候，也要根据实际工作情况或遇到的突发情况随时对计划进行调整。例如，培训计划中选择的分析方法如果在实施时遇到阻力或不能反映调查对象的真实需求，就要及时增加或更换调查方法。

按照培训需求分析计划开展工作，主要的工作程序为：征求培训需求，培训管理者向各有关部门发出征求通知，要求现状与理想状况有差距的部门或员工提出培训需求；审核汇总培训需求，培训管理者将收集来的各类需求信息进行整理汇总，并向相关主管部门进行汇报；分析培训需求，对申报的培训需求进行分析；确认培训需求，通过对汇总来的各类培训需求加以分析和鉴别，培训管理者参考有关部门的意见，根据重要程度和迫切程度排列培训需求，为制订培训计划奠定基础。

（四）分析总结培训需求数据

各部门或员工上报来的培训需求信息往往会受到外在或内在因素的影响而真伪共存，因此，培训管理者需要对收集来的培训需求信息进行数据分析，加以鉴别。同时，由于组织的培训资源有限，不可能满足所有的培训需求，因而也需要培训管理者对培训需求做优先程度的排序，加以取舍。这一阶段的工作包括培训需求信息归类、整理和培训需求信息分析、总结两方面。在数据整理分析时应认真审查培训需求信息的一致性和准确性，全面核实相关的信息和数据。

（五）撰写培训需求分析报告

培训需求分析报告是培训需求分析工作的成果表现，它的目的在于对各部门申报汇总的培训需求做出解释和评估结论，并最终确定是否需要培训和培训内容。培训需求分析报告是确定培训目标、制订培训计划的重要依据和前提。

第二节　培训需求信息的收集方法

培训需求分析方法，指的是培训需求调研过程中常用的具体分析方法。本节主要介绍五种常用的培训方法：观察法、访谈法、问卷调查法、关键事件法与工作日志法。

一、观察法

观察法是通过到工作现场，观察员工工作表现，记录某一时期该员工工作的内容、形式、过程和方法，以发现问题、获取信息的一种数据收集方法。例如，有一个文员最近在发通知、整理文件时频繁出错，公司对他进行了相关业务培训，以提高他的文字处理能力与计算机应用水平，但是他接受培训后工作效率并未提高。对他的行为进行观察，发现他没有充足的资源支持，同时缺乏激励措施来提高他的绩效，那么更应该参加培训的是管理层。

运用观察法，需注意以下事项。

（1）被观察者的工作应相对稳定。

（2）所观察的工作行为样本具有代表性，对那些在观察时可能未表现出来的行为，要通过其他方式获取相关信息。

（3）观察人员尽可能不要引起被观察者的注意，不要干扰被观察者的工作。

（4）观察前明确观察目的，准备好详细的观察提纲和行为标准。

观察法适用于观察分析那些在一段时间内，工作内容、工作程序、对工作人员的要求不会发生明显变化的岗位，特别是工作内容主要是由身体活动来完成的岗位，例如，前台接待员、保安人员等；不适用于难以直接通过行为特征判断的脑力劳动成分较多的岗位，例如，高层管理者、会计等。使用观察法分析培训需求，必须对要观察的员工所进行的工作有深刻的了解，明确其行为标准。

观察者既可以参与也可以不参与员工的工作。与其他方法相比，观察法的优点是收集的资料更加真实，并能获取及时的和非言语的信息。但是这种方法对观察人员提出了较高的要求，观察人员应具有被观察岗位的工作经验以及熟练的观察技巧。观察法的缺陷有两方面：一是观察法的适用范围有限，一般适用于易被直接观察和了解的工作，不适用于技术要求高的复杂工作；二是当被观察者意识到自己正在被观察时，他们的一举一动可能会与平时不同，这就会使观察结果产生很大的偏差。因此，观察时应该尽量隐蔽并多次观察，以提高观察结果的准确性。当然，这样做又要考虑时间是否允许。

培训需求分析观察提纲如表3-1所示。

表3-1 培训需求分析观察提纲

观察岗位：酒店前台接待员		被观察对象：	地点：	日期：	观察人：	
观察项目	很好	较好	一般	较差	很差	培训需求(有/无)
礼貌服务规范及服务态度						
订房及入住程序熟练程度						
寄存物品及结账退房处理技巧						
应急处理及团队合作表现						

说明：请按符合程度根据观察结果在最贴切的选项处打"√"，并对每一个观察项目，选择是否有培训需求。

资料来源：吴小立，唐超. 培训与开发理论、方法及实训[M]. 北京：中国人民大学出版社，2021.

二、访谈法

访谈法是通过与被访谈者进行面对面的交流来获取培训信息的一种数据收集方法。为确保信息的全面性，访谈的对象应包括高级管理人员、直线经理人员、一线职员等。访谈分为结构性访谈和非结构性访谈。结构性访谈在访谈前就访谈的过程、访谈内容、提问顺序、访谈时间等都进行了明确的规定，访谈时依据事先制定的访谈提纲逐步进行。非结构性访谈针对不同的对象提出不同的开放式问题。一般情况下，采用两种方式结合的方法，以结构式访谈为主，非结构式访谈为辅。

正式访谈通常分为准备、实施和收尾三个阶段。

（1）准备阶段。访谈法需要专门的技巧，在进行访谈之前，一般要对访谈人员进行培训。之后，确定面谈的时间、地点、人员，确定面谈的目的、面谈提纲，预约面谈对象。

（2）实施阶段。告知被访谈者相关信息，设计并使用合适的开场白，建立融洽的气氛；访谈过程中应注意启发和引导被访谈者讨论与主题相关的信息，并对个别问题进行追问，提问的同时也要回应对方的疑问；结束时使用亲切的结束语，也可以向被访谈者表示感谢或赠送小礼物。

（3）收尾阶段。面谈结束后，及时整理访谈内容并补录遗漏部分，然后撰写面谈报告，对访谈结果进行总结分析，为下一次访谈提供改进建议。

访谈法的优点是非常灵活，通常可以直接收集所需要的信息，访谈过程也有利于了解员工的感受、问题的症结并提出合理的解决方法。不过，单独使用访谈法，难以获取更有针对性的培训需求信息，所以，访谈法经常与其他分析方法一起使用，例如与问卷调查法有时结合使用，通过访谈来补充或核实调查问卷的内容，讨论填写不清楚的地方，探索较深层次的、较详尽的原因。

培训需求分析访谈提纲如表3-2所示。

表 3-2　培训需求分析访谈提纲

访谈岗位：酒店前台接待员	访谈对象： 地点：	日期：
分析指标	访谈提纲	访谈记录
绩效分析	个人当前绩效与目标水平的差距在哪里？	
	个人绩效有哪些问题？	
	问题的产生原因是什么？是否能通过培训解决？（如果回答是，继续下面的问题）	
培训内容	哪些绩效问题可通过培训解决？具体建议是什么？	
培训时间	培训多长时间？是利用工作时间还是休息时间？	
培训方式	对培训课程的形式有什么要求？	
	个人偏好的学习方式是什么？	
	对老师的培训方法有什么要求？	

资料来源：吴小立，唐超. 培训与开发理论、方法及实训[M]. 北京：中国人民大学出版社，2021.

三、问卷调查法

问卷调查法是采用标准化问卷的形式来收集培训需求信息的一种方法。当需要进行培训需求分析的人员较多，并且时间较为紧迫时，就可以准备一份问卷，采取传真、邮件、信函、现场调查等多种方式，以节省时间、人力和物力。应用问卷调查法进行培训需求分析，通常有两种形式，一种是针对具体企业的培训需求专门设计问卷，另一种是采用某些专业机构设计的通用指导性需求问卷。

1. 问卷调查法的实施环节

一般而言，问卷调查法要经历设计问卷、培训调查人员、正式实施调查、整理问卷和分析数据几个环节，其中问卷设计是整个过程的关键，需要专业人士参与，要花费较长的时间。

（1）设计问卷。把所需了解的事项转化为问题，再确定问题顺序，对已经设计好的问卷进行预测试，发现问题，进一步修改完善。

（2）培训调查人员。针对调查内容及调查对象的特点，对调查人员进行基础性调查方法培训与专业技能性培训，必要的时候开展真实的现场训练。

（3）实施问卷调查。实施过程中能准确理解答题的主要内容，确保填写的资料信息齐全、正确、有效，如果发现问题，及时补救、更正，尽可能避免人为错误。

（4）整理问卷。将问卷整理汇总，录入问卷数据信息，进行数据清理，不让有错误或有问题的数据进入统计分析，包括对数据质量的抽查、对数据有效范围及数据逻辑一致性的清理。

（5）统计分析。进行统计分析得出分析结果。

2. 问卷调查法的优势

运用问卷调查法有其优势，也有其不足。其优势主要表现在以下几个方面。

(1)灵活的形式和广泛的应用面，可以以普查或抽检的形式面向不同层次的对象征求意见，如可以同时征求管理层和员工对同一次培训的需求意见。专业培训调查可以限定在某一部门，而通用调查可以在全公司范围内进行。

(2)多样的提问方式，如可采用多项选择、填写、简短回答、优先排序等样式。

(3)自主性。填写者可以随时随地在有时间的情况下完成，培训部门不必投入大量人力进行控制、解释和管理。

(4)成本较低，与访谈法等其他方法相比，所投入的时间、人力和资金较少。

(5)便于总结和报告，因为调查问卷的内容简短明确，容易对收集到的数据进行统计和汇总。

3. 问卷调查法的不足

问卷调查法的不足主要表现在以下几个方面。

(1)缺少个性发挥的空间，调查问卷的形式统一，不能照顾到每一个回答者的特性。

(2)要求科学的问卷内容设计和明确的说明，在准备设计阶段要耗费一定的精力。

(3)深度不够。因问卷的简明性而不适用于探索深层次、较详尽的原因。

(4)返回率可能较低。回答者需要通过邮寄等形式返回问卷，或者回答者对题目不感兴趣，或者设计说明不清晰等，都可能造成较低的返回率。不过，随着互联网和组织内部网的不断发展，这一不足将会逐渐得到改善。

4. 培训需求调查问卷示例

培训需求调查问卷因每家企业存在的问题不同而内容不一，没有固定的模板，现举一示例，以明确培训需求调查问卷的基本内容。

培训需求调查问卷

第一部分 个人基本信息

亲爱的同事：

　　为了更好地匹配您的培训需求，使年度培训更具针对性和实用性，切实帮助到您的日常工作，特附上本调查问卷，敬请惠予宝贵意见。我们将在对您的反馈进行细致分析的基础上，结合公司战略、业务模式制订本年度培训计划。您的信息、意见和建议将得到充分的尊重，我们会认真阅读并对您提供的信息严格保密。请于20××年×月×日前填妥并交还至人力资源部，以便整理统计。

　　感谢您的协助与支持，祝您工作愉快！

填写人姓名：_____　　填表日期：_____

在本公司工作年限：_____

所属部门：_____　　现任职务：_____

在加入本公司以前工作的公司性质：□ 国有企业　　□ 外商独资企业
　　　　　　　　　　　　　　　　　□ 合资企业　　□ 私营企业

请您以一句话简单描述您的主要工作职责：_____

第二部分 培训认同度

1. 您认为公司对培训工作的重视程度如何？

○非常重视　　　○比较重视　　　○一般　　　○不够重视　　　○很不重视

2. 您认为，培训对于提升您的工作绩效、促进个人职业发展能否起到实际帮助作用，您是否愿意参加培训？

○非常有帮助，希望多组织各种培训　　○有较大帮助，乐意参加

○多少有点帮助，会去听听　　　　　　○有帮助，但是没有时间参加

○基本没有什么帮助，不会参加

3. 目前您所接受的公司或部门组织的培训在数量上您认为怎么样？

○绰绰有余　　　　○足够　　　　○还可以　　　　○不够　　　　○非常不够

4. 最近两年参加过的培训有哪些，效果如何？请列举(包括公司培训、部门培训、个人深造、参加外部培训班等)：

培训时间	培训项目	授课方式	培训效果

5. 鉴于公司的业务特点，您认为最有效的培训方法是什么？请选出您认为最有效的三种。

○邀请外部讲师到公司进行集中讲授　　○安排受训人员到外部培训机构接受系统训练

○由公司内部有经验的人员进行讲授　　○部门内部组织经验交流与分享讨论

○拓展训练　　　　　　　　　　　　　○建立网络学习平台

○光碟、视频等声像资料学习　　　　　○建立公司图书库，供借阅

○其他：_____

6. 公司在安排培训时，您倾向于选择哪种类型的讲师？

○实战派知名企业专家，有标杆企业经验　　○学院派知名教授学者，理论功底深厚

○职业培训师，有丰富的授课技巧和经验　　○咨询公司高级顾问，有丰富的项目经验

○本职位优秀员工，对公司业务很了解　　　○其他：_____

7. 以下讲师授课风格及特点，您比较看重哪一点？

○理论性强，具有系统性及条理性　　○实战性强，有丰富的案例辅助

○知识渊博，引经据典　　　　　　　○授课形式多样，互动性强

○语言风趣幽默，气氛活跃　　　　　○激情澎湃，有感染力和号召力

○其他：_____

8. 您认为，对于某一次课程来讲，多长的时间您比较能接受？

○2~3小时　　　　○7小时(1天)　　　　○14小时(2天)　　　　○14小时以上

○无所谓，看课程需要来定　　　　　○其他：_____

9. 您认为培训时间安排在什么时候比较合适？

○上班期间，如周五下午2~3小时　　○工作日下班后2~3小时

○周末1天　　　　　　　　　　　　○双休日2天

○无所谓，看课程需要来定　　　　　○其他：_____

10. 您希望的或者所能接受的培训频率是怎样的？

○每周一次　　　　○半月一次　　　　○每月一次　　　　○两月一次

○每季度一次　　　○半年一次　　　　○每年一次　　　　○其他：_____

11. 您希望的培训地点是哪里？

○公司培训教室/会议室　　○公司外专业培训教室　　○酒店多功能厅/会议室

○无所谓　　　　　　　　　○其他：_____

第三部分 培训需求信息

1. 您认为个人 2022 年培训需求重点在哪个方面?

○岗位专业技能　　　　　○个人自我管理技能　　　　○企业文化

○职业道德与素养　　　　○职业生涯规划　　　　　　○行业、市场及产品信息

○人际关系及沟通技能　　○通用基本技能　　　　　　○其他:＿＿＿＿＿＿＿＿＿

2. 您认为,您部门的主管 2022 年的培训需求重点在哪个方面?

○领导艺术　　　○管理理念　　　○管理工具　　　○角色认知　　　○职业道德

○管理理论　　　○职业化　　　　○人员管理技能　　○其他:＿＿＿＿＿＿＿＿

3. 为了更好地帮助您完成 2022 年的业绩目标,请根据自身的实际情况,挑选出您最希望在 2022 年接受的培训(可多选)。

□ Excel 函数使用技巧	□ PPT 演示文档制作	□ 公司财务流程	□ 公司内控管理
□ 公司客服流程	□ 公司产品及市场	□ 商务礼仪	□ 压力与情绪管理
□ 沟通技巧	□ 时间管理	□ 积极心态	□ 商务英语口语与写作

4. 除本问卷所涉及的内容,您对公司培训还有哪些建议和期望?或者是您还期望学到哪些方面的知识?

感谢您填写此问卷,感谢您的大力支持!　　　　　　　　　　　　人力资源部　2021.11.10

（资料来源：百度文库）

四、关键事件法

关键事件法是对工作中出现的对组织绩效和目标起关键作用的事件进行记录的一种数据收集方法。企业通过对员工关键事件制度化的观察、记录和整理存档,利用积累的记录做出培训需求的判断和评价。

关键事件是指工作过程中发生的对组织绩效产生重大影响的特定事件,既包括对绩效有利的事件,也包括对绩效造成负面影响的事件。在使用关键事件法时,所选用的事件一定要具有代表性,而且事件数目及调查次数不能太少,调查期限也不宜过短,正反两方面都要兼顾,不能有所偏颇。关键事件的记录应包括事件发生的原因和背景、员工应对事件的行为(包括有效的和无效的),以及行为的后果等。关键事件法有利于对影响绩效的原因进行分析和总结,以确定培训的必要性。其优点是聚焦行为,可观察,可测量,便于做出判断和评价;缺点是需要花费大量时间收集事件信息,可能忽略不显著的方面。

进行关键事件分析时应注意以下两方面。

(1)制定保存重大事件记录的指导原则并建立记录媒体(如工作日志、主管笔记等)。

(2)对记录进行定期的分析,明确员工在能力或知识方面的缺陷,以确定培训需求。

关键事件描述记录单如表3-3所示。

表3-3 关键事件描述记录单

行为者	小林	地点	公司市场部	时间	×月×日	观察者	总经理
事情发生的背景		17：30左右，公司市场部接到提交的一个营销策划方案（该策划方案主要是针对"十一"长假设计的促销方案）被公司总部驳回的通知单					
行为者的行为		市场部核心骨干小林下班后，重新认真地研究了提交的那份营销策划方案，发现了方案的不足之处，并提出了一份较为完善的新策划方案，直至21：30完成工作后才离开公司					
行为后果		市场信息瞬息万变，小林快速地解决公司遇到的问题，抓住商机，为公司创造了更多的价值					

（资料来源：百度文库）

五、工作日志法

工作日志法是指任职者按照时间顺序详细记录下自己的工作内容和工作过程，然后经过归纳提炼所需工作信息的一种方法。这是一种由员工本人自行进行的职务分析方法，它要求员工在每天的工作过程中记下工作的各种细节，由此来了解员工实际工作的内容、责任、权利、人际关系及工作负荷。

工作日志法的优点是：信息可靠性强，适于确定有关工作职责、工作内容、工作关系、劳动强度等方面的信息；所需费用较低；对于高水平与复杂性工作的分析，比较经济有效。其缺点是：注意力集中于活动过程，而不是结果；使用这种方法要求从事这一工作的人对此项工作的情况与要求非常清楚；使用范围较小，只适用于工作循环周期较短、工作状态稳定无大起伏的职位；信息整理的工作量大，归纳工作烦琐。

工作日志记录单如表3-4所示。

表3-4 工作日志记录单

序号	工作活动名称	工作活动内容	工作活动结果	时间消耗	备注
1	复印	协议文件	4页	6分钟	存档
2	起草公文	贸易代理委托书	8页	1小时15分钟	报上级审批
3	贸易洽谈	玩具出口	1次	40分钟	承办
4	布置工作	对日出口业务	1次	20分钟	指示
5	会议	讨论东欧贸易	1次	1小时30分钟	参与
…	……	……	……	……	……
16	请示	货代数额	1次	20分钟	报批
17	计算机录入	经营数据	2屏	1小时	承办
18	接待	参观	3人	35分钟	承办

第三节 培训需求分析模型

一、三要素分析模型

三要素分析模型是应用广泛的培训需求分析模型。20 世纪 80 年代，戈尔茨坦（I. L. Goldstein）、布雷弗曼（E. P. Braverman）、戈德斯坦（H. Goldstein）三人经过长期的研究将培训需求评价方法系统化后构建提出三要素分析模型，该模型主要围绕组织、工作及人员三个层面展开培训需求分析，如图 3-1 所示。

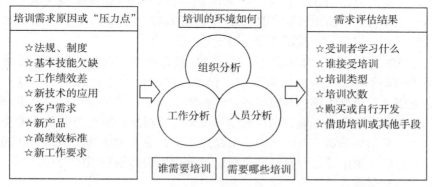

图 3-1 三要素分析模型

组织、工作和人员三个层面的培训需求分析构成培训需求分析系统的主体部分，其具体流程如图 3-2 所示。

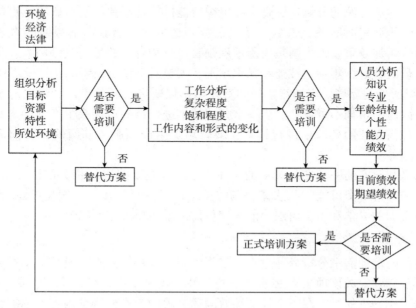

图 3-2 培训需求分析流程

（资料来源：石金涛，颜世富. 培训与开发 [M]. 4 版. 北京：中国人民大学出版社，2019.）

1. 组织分析

有培训需求的组织依据组织目标、结构、内部文化、政策、绩效及未来发展等因素，分析和找出组织存在的问题与问题产生的根源，以确定培训是不是解决这类问题的有效方法，同时确定整个组织中哪些部门、哪些业务需要实施培训，哪些人需要加强培训或储备培训。

具体而言，组织层面分析包括以下几方面内容。

(1)组织目标。明确的组织目标既对组织发展起决定性作用，也对培训计划的制订与执行起决定性作用。组织目标分析主要围绕组织目标的达成、政策的贯彻是否需要培训，或者组织目标未达成、政策未得到贯彻是否与没有培训有关等展开。比如，如果一个组织的目标是提高产品质量，培训活动就必须围绕这一目标进行。由此需要考虑三个问题：问题一，为达到某个特定的组织目标，是否需要相应的培训？问题二，是否有具体的规章制度来确保培训活动？问题三，高层领导是否支持培训？

(2)组织特性。组织特征对培训能否取得成功也有重要的影响，组织特性决定了所处的产业环境中的竞争势态及对技术的要求。例如，高新技术企业的技术环境不确定性较强，要求企业创建学习型组织以与时俱进；广告传媒企业面对快速变化的技术环境和信息文化环境，行业特性决定了企业必须拥有学习型员工；相反，某些资源依赖型企业，如农产品加工企业，对培训的需求短时间内相对稳定，不会有太大变动。组织所处的行业特征或组织本身的特性，决定了是否有必要进行培训。当培训计划和组织的特性不一致时，培训的效果很难得到保证。

(3)组织资源。组织是否拥有足够的实施培训活动的人力、财力和物力资源，对于培训至关重要，会影响到培训的可行性、培训内容的深度和项目的辐射面。如果没有明确可被利用的人力、物力和财力资源，就难以确立培训目标。组织资源分析包括对组织的资金、时间、人力等资源的分析。资金是指组织所能提供的经费，它将影响培训的宽度和深度。对一个组织而言时间就是金钱，培训需要相应的时间保证，如果时间太紧或安排不当，就会影响培训效果。人力则是决定培训是否可行和有效的另一关键因素。组织的人力状况包括人员的数量、年龄、技能和知识水平，人员对工作与组织的态度及工作绩效等。

(4)组织所处的环境。市场竞争使许多公司不仅要进入新的市场，还要从事全新的行业或业务，因此，培训不可或缺。当一个公司计划进入新的市场或生产新的产品时，就需要培训员工如何在新的环境中进行销售，或者培训生产和服务部门的员工如何生产新产品、提供新服务等。

每当国家和政府的一项涉及劳动的法律生效时，组织要进行相关的法律培训，比如，请一位专家来向每一个可能受此法律影响的员工进行解释工作，以避免可能产生的问题。这里需要将培训的成本和由于对法律的无知可能造成的损失进行比较。

2. 工作分析

工作层面的培训需求分析是通过查阅工作说明书或具体分析完成某一工作需要哪些技能，了解员工有效完成该项工作必须具备的条件，找出差距，确定培训需求，弥补不足。培训需求的工作分析的目的在于了解与绩效问题有关的工作的详细内容、标准，以及完成工作所应具备的知识和技能。

工作层面的培训需求分析需要了解以下几方面内容。

（1）工作的复杂程度。这主要是指工作对思维的要求，是抽象性还是形象性抑或兼而有之，是需要更多的创造性思维还是按照有关的标准严格执行等。

（2）工作的饱和程度。这主要是指工作量的大小和工作的难易程度，以及工作所消耗的时间长短等。例如，行政部的工作大多琐碎繁杂，工作时间相对固定；而技术开发部的工作更为具体复杂，工作时间弹性大。如果对这两个部门的员工进行培训，培训内容应不同。

（3）工作内容和形式的变化。随着组织战略调整和业务的改变，有些部门的工作内容和形式必然会发生相应的变化。例如，市场部的工作会随着公司业务的发展迅速变化，财务部的工作则变化较小。这就需要在进行培训需求分析时，注意配合大环境的改变，使培训内容更加灵活且具有前瞻性。

3. 人员分析

人员层面的培训需求分析是从培训对象的角度分析培训的需求，通过人员分析确定哪些人需要培训以及需要什么培训。人员层面的培训需求分析一般需要对照工作绩效标准，分析员工目前的绩效水平，找出员工现实与标准的差距，以确定培训对象、培训内容和培训后需取得的效果。

培训对象一般有三种：担任某一职务的组织成员、以后将担任某一特定职务的组织成员、以后将担任某一特定职务的非组织成员（如公司的实习人员等）。通常，企业的培训在前两种对象中展开。培训需求人员分析主要是对人员自身和工作绩效的分析，具体分析以下因素。

（1）员工知识。对员工知识结构的分析，可以帮助组织准确制定培训方案，针对员工的不足合理安排培训内容和培训方式，切实提高员工的绩效。员工的知识结构一般包括文化教育、职业教育培训和专项短期培训三方面。通过对这三方面全方位的考察，组织可以对员工的知识背景有较为准确和细致的了解。

（2）员工专业。在组织中，有些员工并没有从事与自己所学专业相关的工作。进行专业结构分析主要应该解答以下问题：有多少员工在从事与自己专业对口或不对口的工作？有多少员工在从事自己喜欢或不喜欢的工作？有多少员工认为自己有必要调换岗位并认为这样会有更多的能力发挥余地？对员工专业进行分析，在一定程度上有利于解决人岗不匹配的问题。

（3）员工年龄结构。培训是一种投资，员工年龄越小，组织预期的投资回收期就越长。同时，年龄的大小和个人的接受能力也有非常直接的关系。因此，在进行培训需求分析时应该考虑员工的年龄结构，并以此决定岗位的培训内容。虽然低年龄层的培训可能增加回报率，但这并不意味着较大年龄的员工不需要培训。对于那些工作年限较长的员工，他们的知识落后程度可能更大，在技术变革和组织有重大调整的情况下更是如此。因此，培训应该兼顾全体年龄阶段，并设置合理的年龄结构。

（4）员工个性。员工个性分析主要应该明确某一岗位的工作特点要求任职者具备什么样的个性。对于很多工作而言，员工个性也许不是一个必须考虑的因素，但是在有些工作中，为了提高工作效率，就必须考虑员工的个性。例如，对于需要员工极其细致、稳定的财务会计这一岗位，应该尽量避免使用那些性格较为豪爽、不注重细节的人；而对于一些需要不断创新的设计开发类工作，就应该使用逆向思维较好、有创新精神而不是墨守成规的人。

（5）员工能力。员工能力分析即分析员工实际拥有的能力与完成工作所需的能力之间的差距。只有找出这些差距，才能针对这些差距制订合理的培训计划。

（6）工作绩效。如果员工的工作绩效不能达到组织提出的效益标准，就说明存在着某种对培训的需求。可以通过绩效数据分析的方式，了解员工的工作绩效差距；也可以通过现场观察与实地访谈等方法，更真实、贴切地了解员工对培训的需求。在明确绩效差距的基础上，思考如何通过培训缩小差距。

二、绩效分析模型

绩效分析模型是由美国学者汤姆·W. 戈特（Tom·W. Gott）提出的，指的是通过发现理想状态与现实状态的绩效缺口来确定培训需求，而培训活动的目的就是填补现有的技能和希望达到的技能之间的绩效缺口。用公式来表示，为

$$期望绩效 - 实际绩效 = 培训需求$$

具体来看，绩效分析模型的操作过程有三个步骤：一是评价当前的绩效水平，发现问题；二是预先分析，找到绩效的缺口；三是分析产生这种缺口的原因。一般有两种情况：第一，实际绩效偏离了正常标准，例如，企业业绩下滑、顾客满意度下降、产品质量缺陷、员工离职率上升等；第二，产生新的期望绩效，例如，增加了新业务、引进了新项目、拓展了新渠道、业务流程改革等。以上两种情况都可以通过需求问题化、问题课程化来思考，分析是否能够通过培训课程来解决缺口问题。

绩效分析模型如图 3-3 所示。

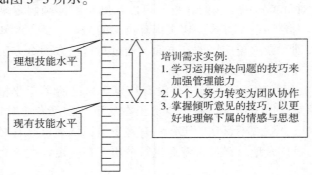

图 3-3　绩效分析模型

绩效分析模型的优点在于，将培训需求的差距分析进行重点提炼，提高了培训需求分析的可行性，较好地弥补了三要素分析模型在任务分析和人员分析方面操作性不强的缺陷。绩效分析模型也存在一定的缺陷，首先是该模型没有关注企业战略对培训需求的影响，另外，该模型的有效性依赖于一个假设前提，即"培训活动等同于绩效提高"，事实上，绩效问题产生的原因不只是缺乏知识与技能，而且仅靠培训是无法解决所有问题的。

我们以某公司某职位员工计算机培训需求缺口分析为例进行具体说明。首先查找职位说明书，明确该职位实际所需的计算机技能为 4，即"能用 COEOL，Assembler，JAVA，UNIX 或其他语言编程，有软硬件的知识和实际工作经验，能为台式电脑系统提供软硬件支持"。同时，通过问卷调查、访谈法或观察法，发现该员工的实际计算机技能只达到 2，即"能制作基本/标准的输出（如文字、图形、电子数据表、基本的或递归的 DSS 报告等）"

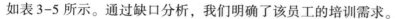

如表3-5所示。通过缺口分析,我们明确了该员工的培训需求。

表3-5 计算机技能等级

1. 在清楚的指令和程序下运用计算机(如收发电子邮件、输入基本数据及列示数据信息等)
2. 能制作基本/标准的输出(如文字、图形、电子数据表,基本的或递归的DSS报告等)
3. 能制作复杂的输出(如高级的电子数据宏、数据库报告、HTML编码、唯一的非递归的DSS报告等),在工作经验/知识的基础上定义输入分析程序的功能及使用手册
4. 能用COEOL、Assembler、JAVA、UNIX或其他语言编程,有软硬件的知识和实际工作经验,能为台式电脑系统提供软硬件支持
5. 能解决大型的或工作站-服务器系统技术问题(如软硬件和数据库交流)
6. 能编写大型的或工作站-服务器系统程序详细说明书(不仅仅是用户使用功能说明)
7. 设计/升级操作系统软件,大型多用户平台系统、大型/主机系统的性能和容量模块,文件系统、程序和数据库,为商务问题设计完整的硬件/软件/数据库方案
8. 能设计并执行公司的信息技术策略,为销售产品的软件或硬件升级

资料来源:石金涛,颜世富. 培训与开发[M]. 4版. 北京:中国人民大学出版社,2019.

三、胜任力分析模型

胜任力由哈佛大学教授戴维·麦克利兰(David C. McClelland)于1973年提出,是指能将某一工作中的表现优异者与普通者区分开来的个人表层特征与深层特征,它可以是知识、技能、态度、价值观等任何可以被可靠测量或计算的能显著区分优秀与一般绩效的个体特征。胜任力的培训需求分析模型如图3-4所示。

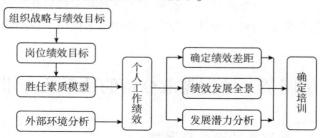

图3-4 胜任力的培训需求分析模型

胜任力的培训需求分析模型引入了胜任力的概念,模型详细地描述了员工工作所需的行为、通过分析员工现有的素质特征,分析需要进一步学习和发展的部分,增强了需求分析的可操作性和科学性。基于胜任力的培训需求分析,主要是通过对组织环境、组织变量的判断,识别出企业的核心胜任力,并在这个基础上确定企业关键岗位的胜任素质模型,即优秀员工胜任力特征。同时,对比员工的能力水平现状,找出培训需求。

胜任力的培训需求分析模型有以下几个特点。

(1)以组织分析统领其他层次的分析。基于胜任力的培训需求分析重视组织环境和组织变量对员工绩效的影响,充分考虑了组织所面对的内外部环境,培训目的在于培育组织的核心能力。

(2)调整培训与组织的长期匹配,并与组织经营目标和战略紧密联系。胜任力是战略管理的核心概念，基于胜任力的培训需求分析能够增强培训与组织战略目标的契合度，将员工个人发展和组织发展有效结合。

（3）充分关注胜任力等积极因素，改变以往的"缺点分析"。以往的培训需求分析更多关注员工的绩效差距和能力缺陷等消极因素，而基于胜任力的培训需求分析实现了从传统的缺点分析向关注胜任力的积极因素分析转变，可以有效地激励员工，使员工获得自信和动力。

（4）强调优秀员工的关键特征，具有较高的表面效度，易被培训对象接受。一般的培训需求分析仅仅建立在弥补员工能力不足上，不能真正激发员工参与培训的热情。基于胜任力的培训需求分析可以让员工有更高的预期，因为参与培训意味着自己正迈向绩优员工的队伍，而绩优员工能够获得组织更多的认可和奖赏。因此，这种培训激励作用更大，更容易被培训对象接受。

（5）注重培训方法分析，提倡内隐学习。内隐学习强调通过个人的经验积累进行学习，与成人学习的特点相吻合，可能会产生更好的培训效果。此外，内隐学习倡导了一种观念，就是将培训孕育于工作中，在工作中学习，在学习中工作，将培训变成一种组织自觉学习、持续学习的过程，为建立学习型组织奠定基础。

胜任力的培训需求分析模型有助于描述工作所需的行为表现，以确定员工现有的素质特征，同时发现员工需要学习和发展哪些技能。同时，模型中明确的能力标准，也使组织的绩效评估更加方便。另外，胜任特征模型也使员工能容易理解组织对他的要求，确立行动导向。然而，该模型同样未能足够重视企业战略对培训需求的影响。企业经营战略的变化会产生新的胜任特征需求或改变原有的胜任特征要求，给企业员工培训需求带来变化。另外，由于胜任特征是个复杂的概念，胜任特征的确定需要长时间的资料积累以及丰富的专业经验，建立胜任特征模型要求相当专业的访谈技术和后期分析处理技巧，而且耗时费力成本高，因此该模型的运用对企业的人力资源管理水平提出了较高要求。

第四节　培训需求分析的结果及应用

一、培训需求分析结果的确认与调整

通过观察法、面谈法、问卷调查法等方法获取培训需求信息后，需要进一步汇总、分类、整理，并确认培训需求，以确保培训切合企业或员工的实际需求。培训需求确认主要有三种方法：绩效面谈确认、主题会议确认和正式文件确认。

1. 绩效面谈确认

绩效面谈确认指的是和培训对象面对面沟通交流，听取意见，进行培训需求确认。首先，要与员工谈工作业绩的综合完成情况、工作态度、工作能力等行为表现；然后，分析绩效不佳的原因及新的工作目标，针对未完成的绩效计划或新的标准，提出新的绩效计划及可能的培训需求。

2. 主题会议确认

主题会议确认是指通过召开主题会议，了解参会的员工代表和部门经理的意见，修改完善培训需求，确保依据培训需求制订的培训计划能落地。会议结束后，为避免实施环节发生推诿扯皮，与会者需要在培训需求确认会签表上签字。

3. 正式文件确认

当参加培训的各方人员对培训需求问题达成共识时，就要拟定一份正式文件对培训需求加以确认。通过培训需求确认记录表对相关信息进行确认，也为之后的培训决策和培训计划的确定提供信息支持。

二、撰写培训需求分析报告

确认培训需求之后，在对各类培训需求进行汇总、分类、整理的基础上，编制培训需求分析报告。培训需求分析报告不但可作为某一培训项目开发前的培训需求分析预测工作的总结材料，而且是企业总体培训计划确定前的调研报告。

(一)培训需求分析报告

培训需求分析报告主要包括：

(1)报告概要，主要阐明背景和概况；

(2)培训需求分析的目的与性质；

(3)确认培训对象；

(4)培训需求分析的方法与流程；

(5)培训需求分析的结果及建议；

(6)附录，包括收集和分析信息时所用的图表、原始的佐证资料等。

(二)撰写培训需求分析报告应注意问题

撰写培训需求分析报告应注意问题有：

(1)报告中各项情况的分析和说明，必须有出处、有依据，不能主观臆造；

(2)报告内容要全面，基本上涵盖以上六项内容；

(3)表述要准确，尤其是成果部分的表述，要准确无误，避免发生歧义；

(4)简明扼要，具有很强的说服力；

(5)报告最后要标明撰写时间及执笔人、负责人。

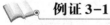 **例证 3-1**

> **中层管理人员技能培训需求分析报告**
>
> **一、培训需求分析实施背景**
>
> 20××年××月，通过对中层管理人员进行年度培训需求调查，了解到企业现任的中层管理人员大部分在现任的管理岗位上任职时间较短，并大多是从基层管理职位或各部门的业务骨干中提拔上来的。
>
> 通过需求调查分析，把管理技能的提升列为中层管理人员培训的重点内容之一。
>
> **二、调查对象**
>
> 企业各职能部门主要负责人(共计40人)。

三、调查方式及主要内容

1. 调查方式：访谈、问卷调查

(1)访谈：由人力资源部经理作为培训需求分析的主要负责人，同企业各职能部门负责人(共计40人)分别进行面谈，并与企业部分高层分别就这40人的工作表现进行沟通。

(2)问卷调查：问卷调查共发出40份，回收有效问卷35份。

2. 调查的主要内容及其分析

(1)岗位任职时间：从表3-6可以看出，50%的中层管理者到现任职位的任职时间都不足1年，这足以说明其管理经验尚待提高。

表3-6　岗位任职时间调查表

任职时间	1～6个月以内	6个月至1年	1～2年	2年及以上
中层管理者人数	4	16	8	12
所占比例	10%	40%	20%	30%

(2)管理幅度：从表3-7中可以看出，20%的中层管理者的直接管理人员在10人及以上，40%的中层管理者的直接管理人员在4～6人。目前有8个管理者没有直接管理下属，但这只是暂时的，因为企业对这部分业务正在进行调整或重组，所以管理者角色认知是其必备的管理知识之一。

表3-7　管理幅度调查表

管理幅度	无	1～3人	4～6人	7～9人	10人及以上
中层管理者人数	8	0	16	8	8
所占比例	20%	0	40%	20%	20%

(3)制订工作计划：从在访谈及回收问卷中获得的信息来看，大多数中层管理者以月度或者季度为制订计划的时间单位，很少有长期规划。从与他们访谈的信息中得知，在具体制订计划的过程中，在如何围绕总目标制订具体的可行性计划、如何确保计划的实现等问题上，他们存在诸多不足之处，因而制订工作计划是其培训的重要内容。

(4)有效授权与激励：授权和激励是管理者的重要管理技能之一，根据培训需求调查的结果来看，35人都表示自己会授予下属一定的权限并激励员工，但在工作中具体如何操作，40%的人员表示希望得到此方面的培训。

(5)高效团队的建设：团队作用发挥得好，就能产生1+1>2的效果，至于如何带领及组建一支高效的团队，60%的人员表明自己缺乏这方面的技巧。

(6)员工培训：所有此次培训对象的管理者都会对员工进行培训，但只有10%的人员制订了员工培训计划且认真执行，10%的人员认为没有时间对下属进行培训。由此可以看出，他们大都意识到对下属进行培训的重要性，但真正能落实的人比较少，而且对于培训技巧还需要学习。

四、培训计划建议

(1)时间安排。培训时间：××月××日至××日，共计××天。

（2）课程设置安排。

中层管理人员培训课程安排一览表如表3-8所示。

表3-8 中层管理人员培训课程安排一览表

培训课程	培训课时
管理者的角色定位与主要工作职责	2
部门工作计划的制订与执行	4
有效的授权	4
员工激励	4
高效团队的建设	4
培训技巧	3
如何与上级领导进行有效沟通	2
如何与下属员工进行有效沟通	2

资料来源：百度文库

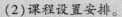 **课外阅读一**

某酒店行政主管赵先生迫于副手的竞争压力而开始考虑"充电"，但是他选择学习的是电脑知识和曾经修过的法语，结果当他刚有点收获的时候，就已经被重重地击倒在地，而对手已扬长而去。

培训需求的产生首先源自员工个人。但是赵先生并没有进行仔细的调查分析，没有能够对自我进行正确的定位，而盲目地进行所谓的"充电"，不仅没有使自己变得更强大，相反却被对手击倒在地。

不管从培训的主体来看，还是从培训的客体来看，都必须对培训的需求进行仔细的调查分析，明确为什么要进行培训，培训的内容是什么，怎么样进行培训，培训应该达到什么样的效果等问题。企业必须结合战略经营目标与所处的战略环境进行详细的调查和分析，从组织、工作和员工三个层面上进行培训需求的分析，以确定培训方案；那么就个人决定对自我进行"充电"而言，也应当对自我进行深刻的反思，明确为什么要培训，培训的内容是什么，怎样进行培训，培训应该达到什么样的效果等问题。

第一，从培训需求分析的核心来看。是否需要培训、谁需要培训、何时需要培训、需要何种培训是培训需求分析最核心的问题。只有明确了它们，整个培训项目才有明确的方向，才具有实施的可能。对个人充电而言也一样，也必须明确是否需要培训、谁需要培训、何时需要培训、需要何种培训。

赵先生在强劲的对手面前知道自己需要"充电"，这是值得肯定的，但是他所进行的"充电"并没有明确他到底需要什么的培训，培训对他的实际工作或者参加竞争是否更有利等，这都导致了他"充电"的盲目性，而选择与自己工作没有多大关联的计算机编程和法语，这是他最大的失误。

　　第二，从组织层面的需求分析来看。组织层面的需求分析需要结合组织的目标和环境准确找出组织中存在的问题与问题产生的根源，以确定培训是否是解决这类问题的有效方法，确定在整个组织中哪个部门、哪些业务需要实施培训，哪些人需要加强培训。可见，加强员工个人的培训必须符合组织的特定需要，能够使员工个人提高绩效水平。

　　赵先生进行充电没有充分考虑自己所处的组织环境和自我工作的需要，虽然他取得了一定的成绩，但这并不是企业所需要的，因为他是在为一个酒店工作，而不是一家计算机的企业；酒店需要的是一个优秀的行政主管，而不是一个优秀的计算机程序员。从组织的视角来看，赵先生作为该酒店的行政主管，应该从酒店的需要出发，为酒店解决实际的问题。

　　第三，从工作层面的需求分析来看。工作层面的培训需求分析就是通过查阅工作说明书或具体分析完成某一工作需要哪些技能，了解员工有效完成该项工作必须具备的条件，找出差距，确定培训需求，弥补不足。这一分析的目的在于了解与绩效问题有关的工作的详细内容、标准和完成工作应具备的知识与技能。赵先生作为该酒店的行政主管，应该加强管理方面的学习，而不是学习与自己工作没多大关联性的知识。

　　第四，从员工个人的需求分析来看。培训需求的人员分析是对照工作绩效标准，分析员工目前的绩效水平，找出员工现实与标准的差距，以确定培训对象、培训内容和培训后应达到的效果。这让员工个人更容易发现问题所在，也使培训更具针对性。

　　赵先生决定进行自我的充电，是从自我的实际出发的，但是他选择的学习内容与他的工作绩效没有太大关联——选择的培训内容错了，那么通过培训自然也无法达到提高绩效水平的目的。如果赵先生还想能够在自己的职业生涯中得到发展的话，他应该结合自己酒店的经营目标和经营环境，学习一些能够解决该酒店实际问题的知识。

　　启示：从培训需求分析来看，赵先生最大的失败就在于没有能够对组织、工作和自我进行深刻的调查分析，没有正确地选择培训的内容，而导致他虽付出了努力，但仍被对手重重击倒在地。因此，不管是组织还是个人，在决定进行培训之前都应进行广泛的调查分析，拟出培训需求分析的可行性报告，明确是否需要培训、谁需要培训、何时需要培训、需要何种培训以及培训应该达到什么样的效果。

课外阅读二

　　D公司自1996年成立以来发展很快，效益很好。公司领导意识到企业要发展，企业管理水平的提高，领导干部的管理理念的转变与更新非常重要。有效的方法就是培训。于是公司2000年就专门成立了培训中心，总经理亲自监督，很快完成了培训中心的硬件建设，确定了培训中心组织机构、人员、资金、场地、设备，同时完善了公司培训工作制度、培训方针，编制了《员工培训流程指导手册》，详细规定了培训流程管理工作各环节的程序、控制点、责任边界，并且给出了适用于各个环节的制度、流程、表单等管理工具，在制度层面规范了公司及各部门主办培训班的具体流程，从调查需求、培训计划的制订、组织实施、经费管理、培训评估，一直到培训档案的管理及考核都做出了较为细致且可操作性很强的规定。《员工培训流程指导手册》解决了D公司过去在开展培训需求调查工作中存在的问题，如调查时间、进度随意化；表单不齐全，不规范；操作者的随意性强，不便于督导其过程和结果，并与十多家咨询公司建立了关系，使公司培训走上比较规范的道路，实现了培训流程管理的制度化、标准化、规范化。

2005年年底，D公司又到了制订年度培训计划的时间，人力资源部高度重视，按照 ISO 10015 流程中的"培训需求确定控制程序"和"培训计划形成与确定控制程序"两个子流程，花了三周的时间进行 2006 年的培训需求调查工作。首先人力资源部确定了年度培训需求分析的方案，通过三种方式来获得需求：1. 全体员工问卷调查。调动全员参与培训计划制订工作。经过动员，全体员工积极性较高，感觉到自己的需求被重视，经统计汇总分析后形成《2006年度员工培训需求调查问卷报告》。2. 高管需求访谈。设计访谈提纲，对高管和部门经理进行访谈，访谈内容包括对公司战略的理解、对员工能力的要求、课程的重点、对培训的期望等，访谈记录整理分析后形成《2006年度高管培训需求访谈报告》。3. 集体研讨。在前面工作完成后，人力资源部结合公司 2006 年度的工作重点、绩效情况等确定初步的培训需求，召集部门经理和高管召开年度培训计划研讨会，对培训草案进行讨论，会后修正形成年度培训计划。

D公司人力资源部总结分析在做培训需求调查工作中的经验教训，发现存在以下问题。一是运用工具获取培训需求分析的来源有困难。比如说要从企业战略目标、绩效考核、胜任素质、个人发展与生涯规划等来获取需求，这些来源基本上都很清楚，可是在实际应用进行需求来源筛选分析时还缺乏相应的可量化工具，对重要的、紧迫的需求不能准确把握，各部门上报的培训需求太多太散。二是人力资源部严格按《员工培训流程指导手册》流程规定，花了很大精力和时间填报、汇总的全体员工培训需求，其价值并不是非常大，无法较好地转化为培训计划；而对高管和部门经理进行的访谈结果，在制订培训计划时却起到了重要作用。三是《员工培训流程指导手册》虽然明确界定了专业部室、直线经理、部门培训联系人的职责，但是在实际操作中，由于专业部门比较忙，加之觉得培训是人力资源部的事的观念一时不能改变，因此有些职责不能完全落实下去，有些岗位培训需求调查表应由直线经理在沟通后负责填写，但基本上由员工个人根据自己的意向来填写，这样就导致培训需求较散，有些个人还随意填写，在培训需求的正确把握上给人力资源部带来了较大困难。而且员工个人在填写需求时站的高度较低，基本上都是来自本岗位的提升需求，如对维护人员来说基本上是提升维护能力的，对营销人员来说基本上是提升营销能力的，每年开展需求调查时几乎都出现雷同的需求结果。四是部门培训联系人的作用不能有效发挥。部门培训联系人作为人力资源部与部门的联系人，他们的作用非常重要。流程虽然明了培训联系人的诸多职责，但在实际运作中部门培训联系人基本上只负责发放、收齐相关表格，而在部门内解释说明表格、分类整理和详细分析培训需求的职责并没有真正落实下去。

（资料来源：百度文库）

本章小结

1. 培训需求分析是整个培训过程的起始环节，这个环节奠定了之后的培训设计与培训实施。培训需求分析反映了员工和企业对培训的期望。只有有效的培训需求分析才可以帮助企业改进绩效。

2. 培训需求分析的方法很多，主要有访谈法、问卷调查法、观察法、关键事件法和工作日志法等。培训需求分析要激发员工自主性，增强员工对培训需求的表达能力，从而让培训更加符合实际需要。

3. 培训需求分析模型很多，不同分析模型的侧重点不同。三要素分析模型在组织层次的培训需求更多围绕目标、资源、特性、所处环境展开，在任务层次的培训需求则是从工作的复杂程度、饱和程度、内容和形式等方面入手，而在个人层次的培训需求则强调员工的知识、专业、年龄结构、个性、能力和工作绩效等。绩效分析模型目的就是填补现有的技能和希望达到的技能之间的绩效缺口，较好地弥补了三要素分析模型在任务分析和人员分析方面操作性不强的缺陷。胜任力分析模型将工作胜任的实际需求与培训相结合，使培训更符合实际需要。

4. 确认培训需求之后，在对各类培训需求汇总、分类、整理的基础上，编制培训需求分析报告。

本章习题

一、简答题
1. 简述培训需求分析的作用。
2. 简述员工层面培训需求分析的内容。
3. 简述组织层面培训需求分析的内容。

二、案例分析
2012年年底，武汉某高新技术企业进行了年度工作总结。在总结过程中，总经理张飞对技术部工作很不满意，技术部年初设定的考核目标，基本都没有完成；部分重点工作任务，也没有及时完成。新上任的技术部经理李默然，是公司的技术"大牛"，但在管理上却有很多不足。目前，技术部的问题主要表现在以下几方面。

(1)不重视部门建设，部分关键岗位人员一直未能到位。

(2)部门没有明确的工作目标，考核工作不落地。

(3)项目管理无序化，项目无立项即上马，项目进度滞后，人员管理松散。

(4)项目组长的能力不足，项目成员不服从项目组长的管理。

经过管理人员沟通，考虑到2013年的销售压力更大，技术部的研发工作一定要规范、及时、有效，保障产品上市，充分支持产品销售。人力资源部必须在两周内，确定技术部的培训需求，制订培训计划。请问，如何确定培训需求，设置培训课程？

三、实训练习

1. 实训内容

了解大一新生入学教育培训需求，设计培训需求调查问卷，撰写大一新生的入学教育培训需求分析报告。

2. 步骤方法

(1)10 人组成一个小组，对培训需求的调查问卷进行确定并发放，收集数据。

(2)以小组为单位，撰写大一新生的入学教育培训需求分析报告。

(3)每个小组派一名代表在课堂上汇报交流。

3. 实训考核

(1)对调查问卷及需求分析报告给予成绩认定。

(2)对汇报交流的成果给予点评。

第四章 培训计划与项目设计

 **学习目标**

1. 掌握培训计划的概念和内容；
2. 掌握培训项目设计的原则与内容；
3. 了解培训项目设计的过程。

案例分享

　　一想到明天就要正式到公司报到，李阳内心别提多高兴了。这家公司是业内很有实力的新兴企业，名牌大学毕业的他要到该公司网络中心开始自己人生的第一份工作。想到在最后一轮面试时总经理对他的欣赏，李阳认为明天公司肯定会为他们这几个新人安排一些"精彩节目"，比如高层管理者的接见与祝贺，同事的欢迎，人事部对公司各种情况的详细介绍和完整的员工手册等。

　　他首先来到人事部，人事部确认李阳已经来到公司，就打电话告诉网络中心的王经理让他过来带李阳到自己的工作岗位。过了一段时间，王经理才派自己的助手小陈来，小陈客气地伸出手，说："欢迎你加入我们的公司！王经理有急事不能来，我会先安排你。"来到网络中心，小陈指着一个堆满纸张和办公用品的桌子对他说："你的前任前些天辞职走了，我们还没有来得及收拾桌子，你自己先整理一下吧！"说完，小陈自顾自忙了起来。到中午，小陈带李阳去餐厅用餐，告诉他下午自己去相关部门办一些手续、领一些办公用品。在吃饭时，李阳从小陈那里了解了公司的一些情况，午休时与办公室里的一些同事又谈了一会儿，但他感到很失望，公司并没有他想象中那样热情接待他、重视他。

　　第二天，王经理把李阳叫到自己的办公室开始分派任务。当王经理说完之后，李阳刚想同他谈一下，一个电话来了，李阳只好回到自己的电脑前。他的工作是网络制作与维护。他知道，他需要同不少人打交道，但他还不知道谁是谁，只好自己打开局面了。

　　这几天里，令李阳感到好受一点的是另外两个同事对自己还算热情。李阳曾经问过他俩："难道公司总是这样接待新员工吗？"他们的回答是："公司就是这种风格，让员工自

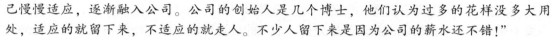

已慢慢适应，逐渐融入公司。公司的创始人是几个博士，他们认为过多的花样没多大用处，适应的就留下来，不适应的就走人。不少人留下来是因为公司的薪水还不错！"

第一周过去了，李阳望着窗外明媚的阳光，感到有些茫然……

通过这个案例，我们来分析一下，为什么李阳感到茫然？假设你是企业培训主管，你认为该公司存在什么问题呢？如果找到了问题所在，又应该怎么做呢？

（案例来源：MBA 智库，https://doc.mbalib.com/view/e7e76219572415f414bdf2dcbcee45da.html）

第一节　培训计划概述

在完成培训需求分析之后，组织就可以明确以下几个方面的问题：谁需要接受培训？需要接受什么样的培训？是应当从培训公司或咨询公司购买培训服务，还是利用内部资源自行开发和实施培训计划？等等。通常情况下，培训需求明确之后，组织需要制订一个比较完备的培训计划。

一、培训计划的概念

计划作为对未来工作的指导和规划，很大程度上决定了未来工作的成功与否。缺乏培训计划不仅会影响培训的效果，也容易造成资源浪费、效率低等不良后果。为了保证培训活动的顺利实施，在经过培训需求分析，明确员工和企业的需求后，即可设计具体有效的培训方案来达成目标。

培训设计是在培训需求分析的基础上，从企业总体发展战略出发，根据企业各种资源的配置状况，对计划期内的培训目标、培训对象和内容、培训的范围和规模、培训时间和地点、培训评估的标准、负责培训的机构和人员、培训讲师的指派、培训费用的预算等一系列工作所进行的统一安排。

培训设计主要包括确定培训目标、确定培训内容、选择培训参与者及培训方法等。一个好的培训设计应该同企业的发展目标相一致，立足于培训项目目标，并反映员工的发展需要。培训设计是培训管理的首要工作，是培训实施的依据。

二、培训计划的类型

培训计划按照不同的角度可以分为不同的类型。

(一)按时间跨度分类

以培训计划的时间跨度为分类标志，可将培训计划分为长期、中期和短期三种。这三种是一种从属的包含关系，中期培训计划是长期培训计划的进一步细化，短期培训计划则是中期培训计划的进一步细化。

1. 长期培训计划

长期培训计划一般指时间跨度为 3～5 年的培训计划。时间过长有些变数无法做出预测，时间过短就失去了长期计划的意义。长期培训计划的重要性在于明确培训的方向性、目标与现实之间的差距和资源的配置，此三项是影响培训结果的关键因素。长期培训计划需要明确的事项包括组织的长远目标分析、个人的长远目标分析、外部环境的发展趋势分析、目标与现实的差距、人力资源开发策略等。

 例证 4-1

培训就是智力的储蓄

福建东百集团股份有限公司（简称"东百集团"）位于福建省省会福州市最繁华的东街口，是一家创建于 1957 年的大型商贸企业。1992 年东百集团开始进行规范化股份制改革，并于 1993 年 10 月公开发行股票。东百集团自在上海证券交易所上市以来，已由单一的经营百货业发展成集国内贸易、广告、租赁、进出口、高新技术为一体的大型企业集团。东百集团将"以市场为导向"作为企业经营理念之一，努力营建"一流商品、一流服务、一流环境、一流管理"的服务体系。面对激烈的市场竞争，不论是商品、服务、环境还是管理，归根结底是员工综合素质水平的竞争。随着公司的不断发展和壮大，老员工要跟上新的形势，更新知识，而不断充实进来的新员工亟须提高业务技能和了解企业文化，迅速融入企业，使企业团结向上、充满活力和希望，所有这些成为东百集团人力资源管理的首要课题。公司领导从实践中领悟到，通过培训，可以帮助员工充分发挥其潜能，更大程度上实现自身价值，增强对企业的责任感；也可以提高工作效率，增强企业的活力和竞争力。

员工的培训和教育是企业抓根本、管长远、打基础、上水平的大事。因此，在实际工作中，东百集团由总经理亲自挂帅，工会主席具体分管职工教育培训中心，形成以培训中心为主体、各职能部门分工协作、齐抓共管的立体交叉的人才培训网络系统。为了将培训工作落到实处，把教育与培训工作作为单项指标列入经理任期目标责任制，进入公司重要议事日程，集团围绕"全面提高企业职工素质，服从服务企业经营发展"这一职教目标，认真制定职工教育培训长远规划和短期目标，建立健全了一整套保证职教目标实现的规章制度。其中规定，一般员工每年要保证 10 天的培训时间，中层以上领导干部培训时间不少于 20 天。为使培训不流于形式，实行"两挂钩制度"，即职工培训与岗位技能工资挂钩，考核成绩与晋级、升资、职务挂钩。一系列规章制度均提交工会职代会审议通过，使教、学、用、考、奖走上有章可循的道路。

（来源：百度文库）

2. 中期培训计划

中期培训计划是指时间跨度为 1~3 年的培训计划。它起到了承上启下的作用，是长期培训计划的进一步细化，同时又为短期培训计划提供了参照，因此它并不是可有可无的。中期培训计划需要明确的事项包括培训中期需求、培训中期目标、培训策略、培训资源分配等。

3. 短期培训计划

短期培训计划是指时间跨度在 1 年以内的培训计划。在制订短期培训计划时，需要着重考虑的两个要素是可操作性和效果。没有短期计划的落实，组织的中期、长期培训目标就会成为空中楼阁。短期培训计划需要明确的事项包括培训的目的与目标、培训时间、培

训地点、培训者、培训对象、培训方式、培训内容等。

(二)按级别分类

从培训的级别来看，培训计划可以分为公司总培训计划和单项培训计划。公司总培训计划是对整个组织在一年当中的总体培训安排所做的计划，这种计划具有较强的约束力，基本上决定了组织当年的主要培训活动安排和培训开支计划。单项培训计划一般由相关责任部门负责制订，主要是针对某次培训活动或某个培训项目所做的规划，可操作性强，基本上是一整套培训活动指南。

三、培训计划的作用

1. 确保培训项目零缺陷

培训计划可以帮助培训实施人员核实每一步的培训环节，避免因为缺漏而造成培训效果打折扣。

2. 确定培训各方面的职责

培训计划可以将具体责任落实到各个职位，培训相关部门和相应培训师的职责一目了然，便于培训的管理，保证培训每一步都能够得到监督，确保培训的顺利进行。

3. 为培训结果评估设立标尺

培训计划会做出对培训结果的预期，由此为培训实施人员设立目标，让培训实施得更有方向性。

四、培训计划的主要内容

(一)培训目标

在培训与开发项目实施之前，需要明确基本目标。培训目标应该建立在培训需求分析的基础上，它是对一个或几个培训需求要点的细化，反映了组织对该培训的意图和期望。培训目标对于整个培训与开发项目起到指引作用，具有重大的现实意义。

1. 培训目标是确定培训内容和培训方法的基本依据

一个培训通常只能承担某一特定的培训需求工作，不要指望通过一次培训活动满足多个培训需求。因此在确定培训目标时，一方面，要明确指出培训对象接受培训之后所应掌握的知识和技能；另一方面，指明培训对象在接受培训之后，在特定的环境条件下，能够表现出某种特定的行为，产生组织期望的业绩。这样一来就便于员工明确组织期待，掌握相应的知识和技能，实施组织期待的行为。

2. 培训目标是对培训与开发活动效果进行评估的主要标准

明确的培训目标有利于引导培训对象集中精力完成学习任务。培训计划反映了组织对培训对象参与培训的基本意图和期望。因此，目标要明确，要清晰地阐述培训对象在接受培训后应该达到的效果——能够做什么、在什么条件下做以及做到什么程度。换句话说，培训目标就是关于培训对象在完成培训之后应该表现出来的行为、行为发生的特定环境条件以及组织可以接受的业绩标准。另外，培训目标是培训效果评估中培训目标达成度的标杆，因此这个目标必须是明确的、可实现的并且能被所有人理解。

（二）培训对象

培训计划需要确定的一个重要内容是谁来参与培训。在培训需求分析这一章，我们已经有所涉及，这里只是想强调，有时选择谁来接受培训是一目了然的，比如有些培训计划就是专门针对新员工接受入职培训而制订的，但是在有些情况下就必须非常谨慎地选择受训人员，比如，当接受培训的人很可能会因为培训而得到晋升或加薪时，选择受训者的过程与雇用的过程类似。

（三）培训时间

培训的时间主要取决于一个组织的经营活动特点和其他具体情况。比如，很多企业会选择生产淡季实施培训计划，有些组织则采取定期集中的方式对管理人员进行培训。当然，如果一个组织刚刚采用了一种信息技术或安装了一套新的生产设备，培训可能在此后就必须马上跟上。

（四）培训地点与材料

培训地点的选择主要服从于培训的目的、培训方法和培训要求等。比如，一些组织为了避免在公司办公地点培训可能对受训者造成的干扰，会将培训地点选择在远离工作场所的度假村或会议中心。如果培训员工要使用公司的某种机器设备，培训必须在公司的工作现场举行。有些跨国公司或跨地区经营的公司不断在各个分支机构所在地之间变换培训地点，以促进本公司员工之间进行跨国或跨地区的交流，增强组织的整体意识，同时便于大家在将来的工作中沟通和交流。

另外，还要有完备的培训材料，并确认是否需要打印和分发培训资料，如果需要，要提前确认好流程。

（五）培训课程内容

培训计划中应包含培训课程内容的设置。以培训目标为依据，培训团队对培训课程的内容进行选择和划分，设置课程的具体门类及每门的教授内容，并安排好各种课程的合理次序及授课工具（如教材、教学模具等）。培训课程内容可以是科学领域内的概念、原理、方法和技能技巧，也可以是工作过程、程序、步骤、规范和标准，要求具有相关性、有效性和价值性。另外，培训还应考虑企业不同发展时期的不同特点，匹配相应的课程内容。

（六）培训方法选择

培训方法要立足于组织的培训目标与内容。培训目标与内容通常有更新知识、培养技能和改变态度等。当培训目标与内容是让学员获取理论方面的知识时，专家讲授、让员工自学或者通过网上课程学习是比较合适的方式。当培训目标与内容是改变学员的态度和提高人际交往能力时，比起单纯讲授的方式，参与性强的培训方法就更加有效。因此，培训方法的选择要与培训目标与内容相匹配。

（七）培训者选择

在选择培训者（或培训师）时同样要非常谨慎。从某种意义上说，培训计划的成功实施取决于能够找到正确执行培训计划的人。在选择培训者时，培训者的个人特征（知识、经验和能力）是一个非常重要的选择依据。为了确保培训的有效性，一方面，培训者必须在培训主题方面具有足够的知识，同时具有丰富的培训经验和培训技巧（在有些情况下，培训者本人还应当具有与受培训者在相同或类似领域工作的丰富经验）；另一方面，培训者必须具有良好的个人品质和人格魅力，同时具有出色的沟通、协调、激励等方面的能力，比如口头表达能力、组织和协调受培训者共同完成培训任务或参与讨论和学习的能力、激励受训者取得更大成就的能力等。

选拔培训师一般有两个渠道：一个是从内部选拔有经验的管理者、员工；另一个是从外部选聘专家。虽然比较正规的培训通常是由职业培训师来完成的，但在很多情况下，组织内部各种业务的主管人员可能是最好的培训师，因为这样可以有效避免在培训时没问题、等回到工作中培训内容又毫无用处的情况。因此，很多组织非常重视建立组织内部专职和兼职的培训师队伍，并且开设专门的培训者培养课程。

（八）受培训者情况

受培训者(有时也被称为受训者)的职务特征、心理成熟度和个性特征等因素都会影响培训内容与培训方法。例如，就受培训者职务特征来看，分为基层操作者、中层管理者和高层管理者。基层操作者的培训多与日常事务性工作有关，往往通过专业人士授课的方式进行；中层管理者要培养协调能力和分析解决问题的能力，案例研究、讨论等实战性的方式应用较多；高层管理者由于工作的不确定性大，且需做出战略决策，更适合采用研讨会的方式。就受培训者的心理成熟度来讲，成熟型受培训者已经不太愿意接受别人的观点，对事物有自己的分析和理解，对他们的培训应更多采用视听的方式；对于不成熟型受培训者，讲授的方式效果更好，便于他们更快地掌握基本的技术和知识。受培训者的个性特征也是影响培训内容和方式选择的一大因素。对于积极主动型学员，可以采用讨论、案例法等；反思型学员不适用参与性强的方法，采用讲授的方式比较好；理论型学员适合采用自学、研讨、案例分析和网络学习方法；应用型学员适合采用案例教学和角色扮演法等。因此，在制订培训计划时，要明确受培训者的情况。

（九）培训项目费用预算

在培训计划中，往往还需要列明组织在培训项目上所需的经费预算，其中主要包括培训过程中的食宿费用、租用培训场地的费用、学习材料费用、外聘师资费用、外购培训服务费用等各项与培训有关的直接开支项目。做好培训预算的目的是确保培训活动顺利进行，同时将培训经费控制在组织能够承受的范围之内。

此外，需要指出的是，如果企业决定采取外购培训服务的做法，同样需要制订详细的培训计划，只不过这个计划是以培训招标书的方式提供给培训服务供应商的。在有些培训招标书中不提出培训的经费预算，由投标培训公司自己报价，将其价格作为选择培训公司的一个参考依据。另外一种方式是直接说明本公司在该培训项目上的经费预算，在经费预算一定的情况下重点考察各个培训公司提供的培训服务可能达到的质量和效果。总的来说，购买针对组织的独特要求而量身打造的培训计划要比参与一个以传授一般性的知识和技能为目的的研讨班或培训班的成本高得多。据估计，在培训过程中每讲授 1 小时，通常需要用 10~20 个小时做准备。如果培训所涉及的是高科技内容，还会要求培训课程设计者与专家进行面谈，这可能要再多花 50% 以上的准备时间。

（十）培训考核方式及效果评估

培训计划还应该说明培训结束后的培训考核方式。考核的方式多种多样，可以进行书面考试，也可以总结培训感想；可以参加国家或行业组织的统一考试，也可以由企业自己组织。

对培训效果的评估有多个层面，可以通过问卷调查的方式，了解受培训者对培训的满意度；也可以通过测试、比较受培训者工作态度、工作方法和工作业绩是否改变，来对受培训者的学习成果进行考核。

五、培训计划的制订过程

1. 培训需求分析，了解员工需要参加的培训

培训计划的制订是从需求分析开始的。培训需求分析包括两个层面，一是企业工作计划对员工的要求，二是员工为完成工作目标需要做出的提升，通过两个层面的分析，得出公司年度的培训需求。

2. 选择合适的课程，列出培训目标、课程大纲、培训课时及实施时间

在设计培训课程时，要注意课程的先后逻辑关系，做到循序渐进、有条不紊。在培训方式的选定上，也要根据受培训者的不同，选择最适合的方式。

3. 结合市场行情，确定培训预算

培训预算要经过相应领导的批示。在确定培训预算时要考虑多种因素，如公司业绩发展情况、上年度培训总费用、人均培训费用等，在上年度基础上根据培训工作的进展考虑有比例地加大或缩减培训预算。预算时应与财务沟通好费用问题，一般培训费用包括讲师费、教材费、差旅费、场地费、器材费、茶水餐饮费等。在预算得出后，可在总数基础上上浮 10%～20%，留些弹性的空间。

4. 编写培训计划并提交审批

在以上工作的基础上，编写培训计划，初步确定培训计划并先在内部进行审核，由人力资源部的负责人和主管一起分析，讨论该年度培训计划的可执行性，找出存在的问题，进行改善，确定一个最终版本，提交给培训工作的最高决策机构——总经理办公会（或者董事会）进行审批，批准后的培训计划作为企业工作计划的一部分，就可以开始实施。

 例证 4-2

培训计划书

在春暖花开的时节，我们公司注入了一股新鲜血液，迎来了又一批新同事。在竞争激烈的当下，作为一个广告公司，创新是我们保持旺盛生命力和竞争力的核心因素。此次招收新员工，正是为我公司保持活力提供保障。广告策划的创新要靠团队集思广益，必须让新员工认识到团结合作的重要性，积极融入团队，在团队中施展自己的才华。为此，特举办本次新员工培训。

一、目标

通过此次培训，使新员工增进彼此间的了解，充分认识到团队合作的重要性，加强团结，提高合作意识和凝聚力，以更好地开展工作。

二、参加人员

全体新员工。

三、时间

4月14—15日。

四、地点

公司素质拓展基地

五、培训内容及安排

(1)14日上午，所有新员工于9点前到达公司，先由人力资源部部长带领新员工参观公司，熟悉工作环境和日常考勤流程，并向老员工介绍新员工。然后在会议室向新员工展示我公司的发展历程和优秀成果、获奖作品，以增加新员工对公司的认识和归属感。最后，组织新员工学习公司的规章制度。

(2)14日下午，组织所有新员工在会议室参加讲座，听取由公司副经理关于"团队合作与公司发展"的主旨演讲。

(3)14日晚，组织全公司所有新老员工聚餐，以增进大家互相之间的了解，使新员工尽快融入集体。

(4)15日，所有新员工于8点前到达公司，由人力资源部部长带领大家前往素质拓展基地参与素质拓展。由教练随机分为两队，进行比拼。素质拓展的主题为团队合作与创新，使所有新员工充分发挥主观能动性，通过一系列项目的开展深刻体会到团队合作的重要性，并由教练及时引导大家进行总结和提炼。

(5)15日晚，在公司会议室召开交流会。交流会由总经理主持，大家就当天的素质拓展的感受和体会进行交流，以进一步增强培训效果。

六、总结与反馈

由人力资源部对本次培训进行总结，并以问卷形式对新员工进行调查，通过反馈分析出本次培训的利弊，以书面形式提交给总经理，为未来的新员工培训提供参考。

××公司

年　月　日

 例证 4-3

胜利食品有限公司20××年度培训计划

一、培训目的

为进一步增强全公司干部职工的质量意识和企业整体素质，保证公司质量体系正常运转，并实现持续改进，保证产品质量达到标准，根据各部门需要特制订本计划。

二、培训范围

本公司所有与质量体系有关的人员。

三、培训计划安排

(1)2月底，公司组织全员就公司质量方针与新一年关于食品卫生法、劳动纪律、安全操作、过去一年顾客投诉反馈所采取的纠正/预防措施及其他法规、厂纪等，结合过去一年质量体系运行情况，进行质量强化培训。

(2)3月，公司组织新入职员工参与关于公司质量方针、劳动用工制度、食品卫生法、车间管理制度、员工行为规范等相关方面的培训。

(3)4月，公司组织中层以上质量管理人员进一步学习质量手册、程序文件。

(4)5—6月，各职能部门自行组织对本部门作业文件的学习；同时进行关键岗位人员，包括质检员、化验员、化学药品管理员、样品制作员、制冷工、司炉工、电工、计量员、采购员、物料保管员、设备操作工以及虫害控制人员、其他特殊岗位人员(包括本单位HACCP小组成员)等质量意识及业务技能的培训。必要时聘请检验检疫局专家指导培训。

(5)7—8月，根据各部门特点，结合实际工作，各相关职能部门自行组织HACCP、GMP、SSOP或作业文件中相关卫生质量要求及过敏源控制等公司质量体系文件的学习，进一步强化质量意识培训。

(6)9—10月，公司组织质量管理人员学习ISO 90001:2000标准要求，必要时聘请检验检疫局专家指导。

(7)11—12月，就上级部门指导意见及相关顾客反馈要求，针对本部门存在的问题，自行组织总结与学习，以实现公司质量体系持续改进。

四、培训教材

《ISO 90001:2000标准要求》《HACCP体系及其应用准则》《食品卫生法》《出口食品生产企业卫生要求》《卫生注册登记管理规定》《过敏源控制管理办法》等相关法规要求与规定，质量体系文件《质量手册》《程序文件》及《HACCP计划文件》《作业文件》等相关文件要求，以及其他相关规章制度、技术标准及其他外来文件的学习等。

五、培训方式

外聘专家、公司组织培训、各部门自行组织培训学习、召开会议、外出参观学习等多种形式。

六、授课人

外聘专家、人力资源部、质检部、管理者代表、各部门负责人。

七、培训要求

(1)各部门根据本计划结合实际工作各自组织培训，必要时进行机动性的临时培训。

(2)相关部门按计划要求，积极配合公司组织的集体培训。

(3)培训结束后，由公司统一组织考核，公司组织的每次培训由公司人力资源部做好培训记录、培训档案，各相关部门自行组织的培训由各部门做好培训记录与培训档案并及时将培训内容或制度交人力资源部存档。

编制：　　　　　　　　　　　　　　　　年　　月　　日

审批：　　　　　　　　　　　　　　　　年　　月　　日

(资料来源：百度文库)

第二节 培训项目设计概述

一、培训项目设计的概念

培训项目设计是指根据企业现状及发展目标，系统制订各部门、岗位的培训发展计划。培训部门必须对培训的内容、方法、教师、教材和参加人员、经费、时间等有系统的规划和安排。

培训项目按其组织和控制的严密程度，可以分为结构性项目和非结构性项目。

结构性项目具有较强的专一性和可控性，常常在特定的地点通过特定条件进行，例如离职学习和封闭性培训等。结构性培训项目的优点是目标具体，管理方便，但有局限性，比如应用范围有限，培训成本较高等。

 例证 4-4

> ### 微软：打磨具有"微软风格"的人
>
> 进入微软公司的第一步是接受为期一个月的封闭式培训，培训的目的是把新人转化为真正的微软职业人。光是关于如何接电话，微软就有一套手册。技术支持人员拿起电话，第一句话肯定是："你好，微软公司。"一次，微软全球技术中心举行庆祝会，员工们集中住在一家宾馆，深夜，某项活动日程临时变动，前台小姐只得一个一个房间打电话通知，第二天她惊奇地分享："你知道吗？我给 145 个房间打电话，起码有50 个电话的第一句是'你好，微软公司'。"在深夜里迷迷糊糊地接起电话，第一句话依然是"你好，微软公司"，事情虽小，但微软风格可见一斑。

非结构性项目具有较强的实践性与普适性，常常与实际工作结合在一起，利用工作中的业务联系与管理沟通进行，例如以师带徒、以会代训等。之所以把非结构性项目也归为狭义培训，是因为即使是以师带徒和以会代训，也有专门的工作任务和资源条件。与结构性项目相比，非结构性培训项目简便易行，贴近实践，应用范围更广。

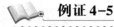 **例证 4-5**

> ### 英特尔：对新员工人情味的帮助和支持
>
> 英特尔有专门的新员工培训计划，比如上班第一天会有公司常识的培训，也会了解各部门规章制度，在什么地方可以找到所需要的东西，等等。然后由经理分给新员工一位"伙伴"，新员工不方便问经理的随时都可以问这位"伙伴"，这是很有人情味的一种帮助。英特尔会给每位新员工一个详细的培训管理计划，第一周、第二周、第一个月、第二个月新员工分别需要做到什么程度，可能需要什么样的支持，都可以照着这个去做，公司也会随时追踪。新员工在三到九个月之间，会有一周关于英特尔文化和在英特尔怎样成功的培训。另外，公司会有意安排许多一对一的会议，让新员工与自己的老板、同事、客户有机会进行面对面的交流，尤其是和高层经理面谈，给新员工直接表现自己的机会。

二、培训项目设计的作用

(一)有助于增强培训项目的可操作性

人力资源培训项目的设计是以学习理论为基础，应用系统的观点和方法，分析培训中的问题和需求，确立目标，明确解决问题的措施与步骤，选用相应的培训方法和培训媒体，分析、评价其结果，使培训的效果达到最佳的过程。在这个过程中，需要针对不同的培训内容及培训对象进行针对性的设计。培训项目设计相对来说是一项比较具体的工作，主要包括以下内容：确定培训的目的或目标，设计课程，确定教学方法，选择培训主体（确定培训师或选择外部供应商），确定培训活动的后勤设计、设施管理等。通过培训项目的设计，企业在安排培训时可以进行反复考虑，确定培训是否是员工所需要的、是否与企业发展目标相一致。

(二)有助于完善培训项目

企业可将培训效果与培训项目计划相比较，以寻找出无法达到培训效果的原因以及培训项目设计过程中出现的纰漏。一流企业重视员工培训项目设计的科学性以及培训项目实施的系统性，并花费巨大的人力、财力、物力开发与企业战略、市场环境、人才环境相互适应的培训项目。特别是欧美的一些大企业，每年仅用于员工培训开发的经费就相当惊人。只有通过对人才加以持续培训，使他们的能力和素质在各种培训中得到提高，企业才能实现人才价值的增值，使企业保持旺盛的生命力和持续增长的经营效益。

三、培训项目设计的原则

(一)培训目标与企业发展一致

在进行企业培训项目设计时仅仅是考虑到业务目标以及开展企业培训后带来的回报，是远远不够的。作为企业培训的负责人，需要了解公司对培训的需求，企业培训的开展能够如何帮助员工的能力获得提升，从而更好地实现企业目标。所以，企业培训项目设计需要充分对企业内部的核心管理层以及部门管理进行了解，对企业的战略发展目标进行了解，明确实现这样的目标需要团队具备哪些能力，在哪些能力上有所提升，目前有哪些能力是欠缺的。当我们了解到企业的目标之后，基于企业或部门的目标，按照部门、岗位的职能，拆解岗位员工所需要做的事，然后基于这样的工作内容结合员工对培训课程内容的学习需求，进行企业培训项目设计。

(二)培训内容和方式符合员工需求

对企业员工培训需求进行科学分析，找出员工的工作能力、绩效与工作要求及标准之间的差距，并通过各种培训缩小这些差距。同时，对员工进行沟通和了解，员工们需要或想要学习哪些技能，以及员工们认为哪些培训课程内容能够帮助他们提升工作效率和工作能力。满足员工需求是设计培训项目的基础和前提。

(三)培训效果最大化，资源使用最优化

企业培训是人力资源战略中一个重要的工作，培训并不是一种形式，更不能只走形式。进行培训项目设计是提升企业培训有效性的关键。进行培训项目设计虽然会花费一定

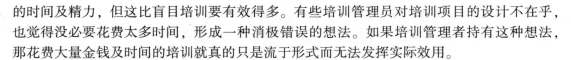

的时间及精力，但这比盲目培训要有效得多。有些培训管理员对培训项目的设计不在乎，也觉得没必要花费太多时间，形成一种消极错误的想法。如果培训管理者持有这种想法，那花费大量金钱及时间的培训就真的只是流于形式而无法发挥实际效用。

（四）培训项目具有可持续性

现代企业已经认识到培训对提高企业核心竞争力重要作用，纷纷加大了培训力度，并且把培训提高到企业人力资本积累的重要高度来认识，一时间各种新的培训方式、培训方法纷至沓来。做好培训项目设计，不断地改进培训内容和方式，提升培训效果，才能使培训项目保持活力，具有可持续性。

四、培训项目设计的内容

企业培训项目设计主要包括以下三方面的内容。

（一）知识培训

通过这方面培训，员工应具备完成本职工作所必需的知识，包括基本知识和专业知识；还应了解公司的基本情况，如公司的发展战略、目标、经营状况、规章制度等，能够较好地参与公司活动。作为培训的第一个层次，知识培训主要解决"知"的问题，对员工所拥有的知识进行更新，增强员工对环境的适应能力。

例证 4-6

广汽传祺：锻造职业"传祺人"

广州汽车集团有限公司（简称"广汽传祺"）为了培养出契合公司文化的员工，让员工顺利完成职业化转变，设计了基于职业发展路径的新员工培养体系。每一位加入广汽传祺的新员工，首先会经历大约为期一年的见习期培养。

见习期主要通过"传祺新动力成长营"实现新员工由应届生到"传祺人"的蜕变，其中最有特色的是由人力资源部负责，依托"传祺新动力成长营"的平台开展的学习竞赛。

广汽传祺在理论集训和军训后安排了闭卷考试、列操比赛等环节。其中，在理论集训环节，还安排了别开生面的"传祺知多少"新员工知识竞赛，通过必答、小组抢答等方式巩固大家对公司文化、产品等相关内容的认知。同样，车间见习环节也通过趣味竞赛和评优等方式，对新员工的学习情况进行考核以及评价，检验学习成果。每一阶段的学习结束后，广汽传祺会让新员工进行 PDCA（计划、执行、检查、处理）总结，审视、分享自己的见习成果，并提出下一步的改善方案。同时，公司分别在集训与车间见习完成后召开阶段性学习成果发表会，邀请相关部门的科长级人员对新员工的学习成果进行打分，并与员工一起交流，给予适当的改善意见。

（资料来源：董克用，李超平．人力资源管理[M]．5 版．北京：中国人民大学出版社，2019.）

（二）技能培训

通过这方面培训，员工应掌握完成本职工作所必备的技术与能力，包括一般技能和特殊技能，如业务操作技能、人际关系技能、计算机运用技能、管理技能等，并开发自身的潜力。作为培训的第二个层次，技能培训主要解决"会"的问题，对员工所具备的能力加以补充，帮助员工更好地胜任工作。

 例证 4-7

字节跳动公司培训

几年前，当我们还在看 BAT(百度、阿里巴巴、腾讯)三大巨头占据中国互联网行业的顶端时，我们无法想象会有一个后起之秀，它不仅仅挤入了中国互联网行业的前列，还成为第一个全球化的中国公司。这家公司总用户数超过 10 亿，创造了一系列火爆的手机 App，如今日头条、抖音等。它就是字节跳动。

字节跳动成立于 2012 年，现已经成为中国互联网行业的巨头之一，也是目前世界上最大的独角兽公司。那么，从 30 人到估值超 1 000 亿美元，字节跳动拿什么挑战腾讯、阿里巴巴呢？它的快速发展离不开前瞻性的商业战略，也离不开强大的人才力量。

对于科技公司来说，员工技能尤为重要。字节跳动公司专为产品、技术、运营等应届生设计培养项目，直接抛出业务中的真实问题，让当天形成的小团队快速设计方案，帮助新人发挥自己的想象力和创造性。字节跳动的 CEO 认为，团队必须定义自己的目标，无论什么工作，都需要在团队协作中提出创造性想法，并探讨最优解。

(资料来源：百度文库)

(三)态度及观念培训

通过这方面培训，员工持有的与外界环境不相适应的观念得以改变，价值观念、思维方式、职业道德、行为规范和工作态度等得到培养。员工的态度及观念对员工士气及公司绩效影响甚大，能建立起公司与员工之间的相互信任，培养员工的团队精神，形成员工应具备的价值观，增强其作为公司一员的归属感和荣誉感，提升员工对组织的忠诚度。作为培训的第三个层次，态度及观念培训主要解决"适"和"创"的问题，使员工更好地适应组织文化和职业发展的需要。

具体培训项目内容应该根据培训目标确定。

 例证 4-8

华为致新员工书

您有幸加入了华为公司，我们也有幸获得了与您合作的机会。我们将在相互尊重、相互谅解和共同信任的基础上，一起度过在公司工作的岁月。这种尊重、理解和信任是愉快地进行共同奋斗的桥梁与纽带。

华为公司共同的价值体系，就是要建立一个共同为世界、为社会、为祖国做出贡献的企业文化。这个文化是开放、包容的，不断吸纳世界上优良文化和管理的。如果把这个文化封闭起来，以狭隘的自尊心、狭隘的自豪感为主导，排斥别的先进文化，那么华为一定会失败的。这个企业文化黏合全体员工团结合作，走群体奋斗的道路。

有了这个平台，您的聪明才智方能很好发挥，并有所成就。没有责任心，缺乏自我批判精神，不善于合作，不能群体奋斗的人，等于丧失了在华为进步的机会，那样您会空耗宝贵的光阴。

公司管理是一个矩阵系统，运作起来就是一个求助网。希望您成为这个大系统中一个开放的子系统，积极、有效地既求助于他人，同时又给予他人支援，这样您就能充分地利用公司资源，您就能借助别人提供的基础，吸取别人的经验，很快进入角色，很快进步。求助没有什么不光彩的，做不好的事才不光彩，求助是参与群体奋斗的最好形式。

实践是您水平提高的基础，它充分地检验了您的不足，只有暴露出来，您才会有进步。实践再实践，尤其对青年学生十分重要。只有实践后善于用理论去归纳总结，才会有飞跃的提高。要摆正自己的位置，不怕做小角色，才有可能做大角色。

我们呼唤英雄，不让雷锋吃亏，本身就是创造让各路英雄脱颖而出的条件。雷锋精神与英雄行为的核心本质就是奋斗和奉献。雷锋和英雄都不是超纯的人，也没有固定的标准，其标准是随时代变化的。在华为，一丝不苟地做好本职工作就是奉献，就是英雄行为，就是雷锋精神。

实践改造了也造就了一代华为人。"您想做专家吗？一律从基层做起"，已经在公司深入人心。一切凭实际能力与责任心定位，对您个人的评价以及应得到的回报主要取决于您的贡献度。在华为，您给公司添上一块砖，公司给您提供走向成功的阶梯。希望您接受命运的挑战，不屈不挠地前进，您也许会碰得头破血流，但不经磨难，何以成才！在华为改变自己命运的方法只有两个：一、努力奋斗；二、做出良好的贡献。

公司要求每一个员工，要热爱自己的祖国，热爱我们这个民族。只有背负着民族的希望，才能进行艰苦的搏击而无怨无悔。但无论任何时候、无论任何地点都不要做对不起祖国、对不起民族的事情，不要做对不起家人、对不起同事、对不起您奋斗的事业的人。要模范遵守所在国家法规和社会公德，要严格遵守公司的各项制度与管理规范。对不合理的制度，只有修改以后才可以不遵守。任何人不能超越法律与制度，不贪污、不盗窃、不腐化。严于律己，帮助别人。

您有时会感到公司没有您想象的公平。真正绝对的公平是没有的，您不能对这方面期望太高。但在努力者面前，机会总是均等的，要承受得起做好事反受委屈。"烧不死的鸟就是凤凰"，这是华为人对待委屈和挫折的态度和挑选干部的准则。没有一定的承受能力，今后如何能挑大梁？其实一个人的命运，就掌握在自己手上。生活的评价，是会有误差的，但绝不至于黑白颠倒，差之千里。要深信，是太阳总会升起，哪怕暂时还在地平线下。您有可能不理解公司而暂时离开，我们欢迎您回来。

世上有许多"欲速则不达"的案例，希望您丢掉速成的幻想，培养一丝不苟的敬业精神。现实生活中能把某一项业务精通是十分难的，您不必面面俱到地去努力，那样更难。干一行，爱一行，行行出状元。您想提高效益、待遇，只有把精力集中在一个有限的工作面上，不然就很难熟能生巧。您什么都想会、什么都想做，就意味着什么都不精通，做任何一件事对您都是一个学习和提高的机会，都不是多余的，努力钻进去兴趣自然在。我们要造就一批业精于勤、行成于思，有真正动手能力和管理能力的干部。机遇偏爱踏踏实实的工作者。

公司永远不会提拔一个没有基层经验的人做高层管理者。按照循序渐进的原则，每一个环节对您的人生都有巨大的意义，您要十分认真地去对待现在手中的任何一件工作，十分认真地走好职业生涯的每一个台阶。您要尊重您的直接领导，尽管您也有能力，甚至更强，否则将来您的部下也不会尊重您。长江后浪总在推前浪。要有系统、有分析地提出您的建议，您是一个有文化者，草率的提议，对您是不负责任，也浪费了别人的时间。特别是新来者，不要下车伊始，动不动就哇啦哇啦。要深入、透彻地分析，找出一个环节的问题，找到解决的办法，踏踏实实地一点一点地去做，不要哗众取宠。

为帮助员工不断超越自我，公司建立了各种培训中心，培训很重要，它是贯彻公司战略意图、推动管理进步和培训干部的重要手段，是华为公司通向未来、通向明天的重要阶梯。你们要充分利用这个"大平台"，努力学习先进的科学技术、管理技能，科学的思维方法和工作方法。培训也是你们走向成功的阶梯。当然，你们想获得培训，并不是没有条件的。

物质资源终会枯竭，唯有文化才能生生不息。一个高新技术企业，不能没有文化，只有文化才能支撑它持续发展，华为的文化就是奋斗文化，来自世界的、各民族的、伙伴的，甚至竞争对手的先进合理的部分。有人问我，您形象地描述一下华为文化是什么。我也不能形象地描述什么叫华为文化，我看了《可可西里》的电影，以及残疾人表演的"千手观音"后，我想他们的精神就叫华为文化吧！对于一个新员工来说，要融入华为文化需要一个艰苦过程，每一位员工都要积极主动、脚踏实地地在工作的过程中不断去领悟华为文化的核心价值，从而认同直至消化华为的价值观，使自己成为一个既认同华为文化，又能创造价值的华为人。只有每一批新员工都能尽早接纳和弘扬华为的文化，才能使华为文化生生不息。

华为文化的特征就是服务文化，谁为谁服务的问题一定要解决。服务的含义是很广的，总的是为用户服务，但具体来讲，下一道工序就是用户。您必须认真地对待每一道工序和每一个用户。任何时间、任何地点，华为都意味着高品质。希望您时刻牢记。

华为多年来铸就的成就只有两个字——诚信。诚信是生存之本、发展之源，诚信文化是公司最重要的无形资产，诚信也是每一个员工最宝贵的财富。

业余时间可安排一些休闲，但还是要有计划地读些书，不要搞不正当的娱乐活动。为了您成为一个高尚的人，望您自律。

我们不赞成您去指点江山，激扬文字。目前，在中国共产党领导下，国家政治稳定、经济繁荣，为企业的发展提供了良好的社会环境，我们要十分珍惜。21世纪是历史给予中华民族一次难得的振兴机会，机不可失，时不再来。"21世纪究竟属于谁"，这个问题的实质是国力的较量，国际竞争归根到底是在大企业和大企业之间进行。国家综合国力的增强需要无数大企业组成的产业群去支撑。一个企业要长期保持在国际竞争中的优势，唯一的办法便是拥有自己的竞争力。如何提高企业的竞争力，文章就等你们来做了。

希望您加速磨炼，茁壮成长，我们将一起去托起明天的太阳。

任正非

2014 年 12 月 19 日

（资料来源：刘昕. 人力资源管理［M］：4 版. 北京：中国人民大学出版社，2020.）

第三节　培训项目设计过程

员工培训项目设计过程就像工艺品的生产一样，要遵循科学的生产流程方可生产出高质量的产品，程序错误就会导致返工或生产出废品。在制订培训项目计划时，可以先制订公司级培训计划，然后再制订部门级培训计划。公司级培训计划主要包括岗前管理培训、岗前技术培训、质量管理培训、企业管理培训等培训计划。部门级培训计划根据部门的培训需求而定。通过公司培训计划，将具有共性的培训组织到一起来进行，可以有效地降低培训成本。在制订部门级培训计划时，要结合部门员工与岗位知识和技能要求的差距来进行。

一、培训需求调查

根据培训的不同目的，展开培训需求调查。培训项目的目标是对某一个或少数几个培训需求要点的细化，反映了组织对该培训项目的基本意图与期望。取得这些需求结果的方法和途径有多种，上一章已有介绍。进行培训活动之前必须对培训需求进行分析，以确定项目的基本目标。只有明确了目标，才能进一步确定为了实现目标应该采取的方法，形成相应方案。

二、数据分析

总结差距和根源，也就是明确组织能力、员工素质技能与业务目标的差距；明确差距的根源及解决方法；明确通过培训可以解决的差距，即培训解决问题的能力；明确各培训项目信息，包括培训时间、培训类型、培训名称、培训方式、参加人员范围、重点参加人员、费用预算等。对于重点参加人员，在培训后要进行考核。

三、形成培训解决方案

明确方案涉及的培训项目；评估现有的培训资源，包括人员、资金、课目、师资等；确定培训重点项目和常规项目，确定培训工作的重点；确定培训需进行的课程开发、师资培养、建设系统，确定培训计划和培训预算。

四、培训项目设计的沟通和确认

首先，要获得与培训相关的部门、管理者和员工的支持，以便落实培训计划。

其次，要说明报告的内容，如培训的出发点、培训要解决的问题、培训的方案和行动计划、希望得到的支持等。良好的计划是成功的一半。当培训计划是在为企业经营和业务发展提供帮助，是在为管理者提高整体绩效时，培训将发挥出最大的作用。部门级的培训计划要与各部门经理进行讨论。在讨论中，各部门经理可能会提出增加培训内容和培训预算的建议。要严格控制培训预算，但培训内容可以增加，当然主要通过内部培训的方式解决。另外，培训经理要向部门经理讲清楚，部门经理级培训由培训经理协助部门进行，而不是由培训经理全权负责。

五、培训项目设计需要注意的事项

(一)项目负责人责任确定

培训项目负责人是培训项目实施的执行人，需要按既定培训计划实施，同时关注培训的质量控制。

第一，培训项目负责人必须清楚项目计划制订者应具备的条件。具体如下：清楚月度培训计划、人力资源策略、企业文化；清楚培训项目的目的、定位；熟悉讲师、课程等资源；掌握员工需求，并熟悉培训调查专业技能和工具。相关职能部门或机构提出项目需求意向后，培训部门必须给予相关的支持和督导。

第二，项目负责人要做好培训项目计划制订的辅导和支持，督促计划制订者认真思考而不是抱着完成任务的思想，要让计划制订者充分了解企业内部环境。同时，项目负责人也要督促讲师、学员全力参与和配合，而且要提供一些需求调查的工具。

(二)建立培训信息管理系统

作为培训体系的重要组成部分，培训管理系统的建立与完善是必不可少的。随着信息技术的发展，很多企业开始使用面向员工的教育和培训信息管理系统。该系统使用数据库管理技术，能为使用者提供准确、快速、安全的信息服务，同时具备功能强大、方便管理和易于使用的特点。使用培训信息管理系统不仅能极大地提高培训项目组织部门的工作效率，而且增加了员工的自主选择权和主动参与度。培训信息管理系统不仅可以向全体员工发布培训课程信息，如课程的内容介绍、时间和地点安排以及培训费用等，而且能够记录和管理员工的培训内容、出勤状况、培训计划等参与情况。此外，培训信息管理系统也可以记录员工在外部培训机构所接受的培训。具体来说，利用培训信息管理系统能够实现多种功能：员工在线完成课程信息的查询和浏览以及注册、登记报名、学费支付等操作；员工自助查询内部培训以及外部培训机构的培训项目及课程信息，以及已参加的培训记录及长期培训计划；员工主管可在线批示和回复意见等。

(三)对培训项目设计中的模块进行控制

培训项目负责人对课程开发、讲师确认、硬件资源准备、教学等环节应进行相应控制，保证培训项目的正常进行。

第一，要把握培训目标的大方向。培训目标为培训控制提供了标准，因此把握培训目标的大方向是培训控制的关键。在培训过程中，培训部门要根据培训的目标出台相应制度与控制措施，以监督培训方案的贯彻落实。

第二，要注意观察，善于观察。培训主管人员要对培训工作进行全面、细致的观察，可以通过旁听或参加有关培训活动、课程，监督检查培训工作的正常进行。

第三，要及时与受培训者交流，了解真实情况。及时与受培训者进行交流可以快速、简便地了解到受培训者对培训内容的掌握程度以及他们对培训工作的反映，根据实际需要及时调整培训课程和教学计划。另外，为鼓励员工积极自觉地参加培训，可以将受培训者的参与态度及成绩同奖罚措施挂钩。

拓展阅读

员工培训计划案例：沃尔玛

沃尔玛之所以成为世界500强企业之首，原因有很多，最关键的在于它始终将员工视为最大财富，注重对员工的培训与提升，搭建有效的员工培训平台，以培训打造一流的服务团队。探究沃尔玛员工培训机制，对于我国企业完善员工培训体系，具有借鉴意义。

一、培训计划：推行培训与员工发展计划相结合

在员工培训计划上，沃尔玛始终推行员工培训与发展计划相结合的方式。培训工作是沃尔玛人力资源管理的重中之重。在沃尔玛内部，各国际公司必须在9月份与沃尔玛国际部共同制订和审核年度培训计划。沃尔玛人力资源部会为每一位员工制订相应的员工发展计划，并以此为基础，依据员工的成长路线为其提供相应的培训。

在沃尔玛，大多数员工的升迁速度很快，经常是半年、一年就会有所提升。因此人力资源部会与每一位新员工沟通，共同制订员工的职业生涯发展计划。员工的职业生涯发展计划一般由一个个具体的目标组成，最基础的目标就是接任自己上司的职位，这个目标清晰且不难触及，使得员工能以很快的速度达到下一个目标。

伴随着每一位员工的成长，沃尔玛在每个关键环节都会组织员工进行与岗位或职位相对应的培训，例如，从刚刚加入公司新员工的入职培训，到普通员工的岗位技能培训和部门专业知识培训，到部门主管和经理的基础领导艺术培训，到卖场副总经理以上高管人员的高级管理艺术培训、沃尔顿学院系统培训，等等。可以说，沃尔玛的员工在每次成长或晋升时都会有不同的培训实践和体验。

为了让员工更好地理解他们的工作职责，并鼓励他们勇于迎接工作中的挑战，沃尔玛还对合乎条件的员工开展横向培训和实习管理培训。横向培训是一个长期的计划，在工作态度与办事能力上有突出表现的员工，会被挑选去参加横向培训。例如，收银员会有机会参加收银主管的培训。为了让具有领导潜力的员工有机会加入公司管理层，公司还设立了为期8周的实习管理培训课程，符合条件的员工还会被派往其他部门接受业务与管理上的培训。

二、培训方式：经验式培训与交叉培训相结合

沃尔玛在制订了科学的培训计划与丰富的培训内容的基础上，非常注重采用寓教于乐的培训方式对员工进行培训。

(一)经验式培训

为了让员工不断进步，沃尔玛主要采用经验式培训，以生动活泼的游戏和表演为主，训练公司管理人员"跳到框外思考"。在培训课上，培训师讲故事、做游戏，让学员自己进行小表演，让学员在培训中展现真实的行为，协助参与者分析，通过在活动

中的行为，进行辅导。例如，在"国际领导艺术培训计划"中有一项著名的"四英尺训练"，具体情景是培训师与管理层员工一起走场，沿着货架一个一个地看。所有人都站在货架前面，培训师先让员工说这个货架有什么可以学习的，还有什么可以改进的。比如，在沐浴露货架上，有的人想到的是什么品牌好卖，货架可以扩大一些。而培训师看到的不仅仅是细节，而是从多个角度去看，比如沐浴液旁边挂一些沐浴球可能会更好卖，要挂几种沐浴球等。

（二）交叉培训

沃尔玛注重培训方法的创新，开创了交叉培训。通过交叉培训，许多沃尔玛的员工成了一专多能型人才。所谓交叉培训，就是一个部门的员工到其他部门学习，培训上岗，从而使这位员工在对自己从事的职务操作熟练的基础上，又获得了另外一种职业技能。交叉培训可以让员工掌握多种技能，使一个员工能做多种工作，员工在其他系统、其他岗位上都能够提供同事或者顾客希望得到的帮助，促使员工能够完美、快速地解决所面临的问题，增强工作团队的灵活性和适应性，提高整体的工作效率，缓解顾客的购物心理压力，让其愉快地度过购物时间。实践证明，交叉培训不仅有助于员工掌握新的职业技能，提高其终身就业能力，而且有利于员工树立全盘思考的意识，从不同角度考虑到其他部门的实际情况，减少公司的内耗，必要时可以抽调员工到全国的任何一家店及时增援。

三、培训效果：推行三步培训法

沃尔玛在对连锁门店员工进行培训时，培训师注重培训师和培训员工之间的关系、培训内容理论性和实操性之间的关系以与强制性培训与自主性培训之间关系的平衡，采取培训前、中、后"三步培训法"，提升培训效果。

（一）培训前——理论联系实际

一般培训师设计的培训内容针对普遍的现象，但每个行业、每个终端门店都存在其特殊性；成功案例和经验都是别人的方法，如何与该企业和门店员工的实际情况相结合是一个值得注意的问题。

培训师在准备培训内容之前，要进行驻店观察，针对该企业、该门店、该员工实际存在的具体问题进行课程安排，就亟待解决的问题整理出培训重点，将培训落到实处。培训师可以提前发放培训课程内容和时间安排计划表给门店员工，让员工做好培训前准备。

（二）培训中——集中培训和日常培训相结合

提高员工的配合度是保证培训效果的第二个前提。培训可结合集中培训和日常培训两种方式。

对于集中培训，一次培训课程的时间设置最好控制在1个小时之内；同一门培训课程可以在不同的时间段多安排几次，员工可以根据自身的时间和工作需要对培训课程进行选择，尽量避免培训对员工日常工作造成负担，降低员工对培训的抵触情绪；培训内容注意多设置实操演练环节，可以请表现优异的员工进行示范，适当地给予一些奖励，提高培训课程的互动性，活跃培训气氛。

对于日常培训，尽量安排在上班时进行培训，培训师在旁边观察门店员工的操作，进行指导、纠正，记录培训情况。可以对某一员工的培训前与培训后的操作情况进行拍摄记录，作为示范教本。

（三）培训后——强化培训效果监管，树立"员工标杆"

培训就是培养和训练，本身带有一定强制性。从强制性到员工的自觉行为，肯定需要一种以激励和愿景为核心的培训机制。

一是强化培训检查制度，对员工的培训情况进行定期和不定期检查和监督，提高员工对培训的重视程度，端正培训态度。二是评估培训效果，根据培训后的情况适时调整培训内容和方案。三是对培训后成长迅速、表现优异的员工进行奖励表彰，在员工内部树立"员工标杆"，起到良好的促进作用，激励员工进行自主性培训。四是选拔部分培训表现优秀的员工进行培养，在培训工作上与培训师相配合，完善企业培训体系建设，降低培训成本，丰富培训资源。

（资料来源：百度文库）

本章小结

1. 培训设计是在培训需求分析的基础上，从企业总体发展战略出发，根据企业各种资源的配置状况，对计划期内的一系列相关工作做出的统一安排。

2. 培训项目设计需要依据培训需求分析确定项目目标，并根据培训目标，结合受培训者构成和工作条件选择相应的培训与开发项目方法。

3. 培训项目设计过程包括培训需求调查、数据分析、制定培训解决方案、培训项目设计的沟通和确认。同时要注意项目负责人责任确定，建立培训信息管理系统，对培训项目设计中的模块进行控制。

本章习题

一、简答题

1. 请简要说明培训计划的作用。

2. 请简要说明培训项目设计的原则。

二、案例分析

W 先生是某国营机械公司新上任的人力资源部部长，在一次研讨会上，他了解到一些企业的培训搞得有声有色。他回来后，兴致勃勃地向公司提交了一份全员培训计划书。公司老总很开明，不久就批准了 W 先生的全员培训计划。W 先生深受鼓舞，踌躇满志地对公司全体人员——上至总经理，下至一线生产员工，进行为期一个星期的脱产计算机培训。为此，公司还专门下拨十几万元培训费。培训的效果怎样呢？据说，除了办公室的几名人员和 45 岁以上的几名中层干部有所收获，其他人员要么感觉收效甚微，要么感觉学而无用，十几万元的培训费用只买来了一时的"轰动效应"。一些员工认为，新官上任所点的"这把火"和以前的培训没有什么差别，甚至有小道消息称此次培训是 W 先生做给领导看的"政绩工程"，是在花单位的钱往自己脸上贴金。而 W 先生对于此番议论感到非常委屈，也百思不得其解："当今竞争环境下，每人学点计算机应该是很有用的呀！"

（案例来源：华课网校）

请思考：

1. 你认为 W 先生组织的培训为什么没有收到预期效果。

2. 要把培训工作落到实处、获得实效，应该把握好哪几个环节？

三、实训练习

1. 实训内容

结合你所熟悉的企业，了解情况后，确定一个培训项目，设计一个培训方案。

2. 实训步骤

（1）15 个人组成一个小组，对培训项目的选择进行分析。

（2）以小组为单位，为确定的培训项目设计一个完备、合理的培训方案。

（3）每个小组派一名代表在课堂上汇报交流。

3. 实训考核

（1）对培训方案给予成绩。

（2）对汇报交流的成果给予点评。

第五章 培训的实施与管理

学习目标

1. 了解培训实施前的准备工作；
2. 掌握培训师选拔标准与流程；
3. 掌握培训的现场管理。

案例分享

格力空调员工培训管理办法

格力，中国空调领域的世界名牌。为了能够更好地满足企业员工的培训需求和企业成长发展的需要，格力为空调员工设置了专业化的培训管理，将培训的需求分析、培训师的选择与管理、培训计划的制订、培训效果评估均纳入员工培训管理中。在格力，空调员工的培训是这样开展的。

一、培训师的选择

在格力，公司内部实施的培训简称为内训，内训的师资分为公司内部讲师和外请培训师资。人力资源部根据培训需求物色内部或外部师资，推荐给需求部门。若请外部师资，由人力资源部(或其委托的其他部门)就培训需求的确认、老师资格的审查等事项在需求部门与外部培训公司之间进行三方沟通(沟通方式包括但不限于电话、座谈、试听等)，需求部门应配合人力资源部的要求，提供准确、具体的需求点和要求，并负责对最终培训大纲进行确认，人力资源部和需求单位联合对价格及其他相关事项进行总体谈判，对外培训协议须经律师室审核(或用律师审核过的合同模板)。

二、培训师资管理

(一)内部讲师管理

内部讲师管理按《内部讲师管理办法》执行。

(二)外部师资管理

对于内部师资无法承担的培训项目，由需求单位提出申请，人力资源部协助联系外部师资，并向需求单位推荐。推荐时将尽量提供机会使需求单位与外部师资之间相互了解，从而协助需求单位挑选到合适的外部师资。

（三）资格审查

由培训需求单位和人力资源部（或人力资源部委托的其他主办单位）联合对外部师资进行资格审查，审查的内容包括但不限于讲师的专业背景、实战经验、授课水平、授课技巧等。

（四）外部教材管理

外请师资培训结束后，培训主办单位需将外部教材（如有）报人力资源部归档管理，其他部门可以根据需要进行借阅。培训教材的形式不限，包括书面文字、电子文档、录音、录像等。

在对讲师的管理上，格力通过精品讲师培养项目、年度十佳讲师评选及讲师级别发展项目与举办"智造传承——格力好讲师"大赛等发现并选拔精品讲师。同时，格力针对公司内部讲师及外部讲师建立了培训认证课程体系及标准化流程，并引进清华大学、华中科技大学等高校的先进培训资源和培训体系对讲师进行培训。此外，格力为讲师建立了实习讲师、初级讲师、中级讲师、高级讲师、特级讲师五个发展级别，并通过课时、满意度、培训效果等业绩指标，对讲师进行评级。

三、培训纪律

格力举行培训，对培训纪律有严格规定。在实施过程中，坚决贯彻落实培训纪律。

1. 参训的员工须准时到指定地点参加培训，无特殊原因不得迟到、早退、旷课。

2. 有特殊情况（如身体不适、处理突发紧急工作等）不能参加培训的，应提前向培训主办单位办理请假手续，方可不计为旷课。

3. 培训时须关闭手机，或设置为静音状态。

4. 参加内部培训的员工，无特殊情况须穿工作服。

5. 违反考勤和纪律的，按下列方式处理。

6. 对无故迟到、早退或缺席者，由个人承担相应的培训费用（以现金方式交财务部），以人均小时培训费用为单位计算，每位听课人员缺席几小时，就乘以几，不满一个小时的按一个小时计算。

7. 培训后成绩不合格者，由个人承担相应的培训费及相关费用（包括但不限于因培训而发生的交通、食宿等费用）。

8. 对扰乱课堂纪律者，如手机发出声音、课堂上无理取闹等，由培训主办单位根据情节轻重提请企业管理部严肃处理。

请思考：格力是如何进行培训师的选择与管理的？格力在实施培训的过程中有哪些值得借鉴的做法？

（案例来源：由作者根据网络资源进行整理）

第一节　培训师的选拔与管理

企业培训师是指能够结合外部环境变化和企业内部要求及时研究并提出针对不同岗位员工而实施培训项目的人员。现代培训与开发要求企业人力资源部门依据企业战略展开培训，这就要求培训师能够熟练掌握并运用现代培训理念和手段研发培训课程、设置课程体系。

一、培训师的基本要求

(一)具备激励的能力

企业培训师不能使受培训者做他不能做或不愿意做的事情。培训师能够意识到受培训者的发展需要，并激励他们认同自己的情感和价值观，为获得和实现他们的最高目标而努力。成功的培训师能激发受培训者内在的动力而不是使用外在的压力。培训师的信念是使受培训者发掘自己的潜能。企业培训师可以使受培训者克服障碍达成目标。成功的企业培训师激励和鼓励那些犹豫不决和失败的人勇于承担风险。失败是一种反馈，是成长的机会。不愿意冒失败危险的企业培训师和受培训者会停滞不前。

(二)具备建立关系的能力

企业培训师看起来应当是可接近的、友好的、值得信任的。培训师必须是乐于助人的、有办法的，并且能充分地表达自己的想法。他们必须全神贯注于他们的任务并不计较得失。培训的成功在很大程度上取决于企业培训师和受培训者之间的关系。

(三)具备沟通和表达能力

培训师应该拥有广泛的人际交往和沟通技能，并对他人的担忧表示出敏感和耐心。培训师要能够对受培训者移情，表现出对他的世界观、价值观、恐惧和梦想的赞同和理解。培训师要仔细聆听，提出能激发热情的适当问题，经常做出清晰的、直接的反馈。培训师必须愿意进行坦诚的交流，能够清楚地识别出各种行为的重要性，而不要过于顾及受培训者的反抗情绪或担心使他们难堪或不喜欢。

(四)具备前瞻能力

培训意味着行动。自我剖析、洞察力和自我意识总是在行动中发生。如我们如何达到某个目标或改变某种行为？受培训者会如何看待新观点？培训师不能只是停滞在培训开始时的状态，或陷入对情感、目标的关注或对失败的害怕中。如果受培训者最初是不成功的，好的培训师能够让他们在保持活力的同时去寻找导致他们受阻和无效率的原因。培训师相信人们有足够的智慧、创造力和动力，但是他们需要帮助。

(五)具备诊断并解决问题的能力

培训师应该收集受培训者的有关资料，以便决定他们的特定需求。虽然评估和会谈的技巧可以通过学习获得，但一个成功的培训师会拥有一些特定的素质，这些素质使他们能够更有创造性地利用这些信息，诊断受培训者的问题所在，或提出符合实际的解决办法。

二、培训师的选择

在企业的培训师队伍建设上，企业要制定严格的培训师选拔标准，规范培训师的选拔工作，从源头上选拔出业务水平高、培训能力强的培训师，提升培训师的整体素质。

首先，在培训师的必备条件上，要明确规定培训师必须有一定的工作经验，且工作表现突出，具有较强的业务能力；培训师的学历水平、所学专业与从事工作条件基本一致；

培训师具有较强的责任心、较高的思想政治水平等。通过规定培训师选拔的必备条件，为企业明确选拔培训师的标准，更有助于选拔出综合素质高的培训师，便于提高培训师队伍的整体素质。

其次，企业通过聘请外部培训师或开发内部培训师作为选拔培训师的主要途径。内部培训师一般是企业培训部的专职培训师，另外企业的中高层领导者也是很好的培训师，特别是在诠释公司的经营管理理念、企业文化和管理制度时；此外，还可以是岗位技术标兵或生产能手，他们具有丰富的实战经验和工作心得。内部培训师具备以下的优势：对企业内部情况非常熟悉，是个好榜样，方便与学员和上司沟通，成本低等。但内部培训师也有明显劣势，比如资历不够、权威不够、可选范围小、只能胜任某一方面的课程、不能引起受培训者的兴趣等。因此，培训管理部门要根据实际情况选择合适的培训师，确定内部培训师和外部培训师的恰当比例，做到内外搭配、相互学习，共同进步。

(一)内部培训师

内部培训师一般可以分为三大类。

1. 临时培训师

临时培训师一般由各级管理者担任，主要进行较高层次的管理培训。比如，由人力资源总监为中基层管理者讲授本部门人力资源管理的防范和技巧，由总经理或副总经理为各级管理者讲授管理者修养提升的内容等。由于他们管理经验丰富，见解独到，对企业情况了解深刻，并且有一定的威望，所以培训效果往往不错。当然，由于缺乏基础培训技巧和知识，他们也需要加强此方面的锻炼才能达到最佳培训效果。

2. 兼职培训师

企业一般选拔企业内具有某方面专长的员工作为兼职培训师，负责某一范畴的培训。比如，由企业文化专员负责每个季度的企业文化培训，由产品开发中心的市场专员负责全员的产品知识培训。和临时培训师相比，兼职培训师的培训在时间上更加集中，并且更具针对性和计划性。

3. 专职培训师

专职培训师专门负责培训和培训相关的工作，并且这就是其岗位的全部职责。专职培训师相较于前两类培训师更加专业。专职培训师除了做好培训以外，还应负责与部门协调进行培训课程体系建设、培训教材编撰、培训计划规划以及管理培训活动等工作。

(二)外部培训师

当培训课题超出内部培训师知识储备，或者企业需要谋求知识与能力更新时，企业就需要外聘培训师。从目前市场来看，培训师大致可以分为以下三类。

1. 职业经理人或兼职培训师

此类培训师具备丰富的管理实践经验，对企业问题认识深刻，往往会有独特见解，能够为企业提供一定的管理实践经验。

2. 管理咨询师兼职培训师

管理咨询师在与企业合作中获得了大量实践经验，也因此具有丰富的实践案例。此类培训师对企业问题的诊断分析能力突出，不仅能找准问题，还能提出有价值的解决方案。

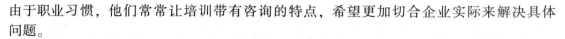

由于职业习惯，他们常常让培训带有咨询的特点，希望更加切合企业实际来解决具体问题。

3. 职业培训师

此类培训师隶属于培训机构，一般在机构安排下完成培训任务。他们具备更加专业的培训技巧和知识，能够在实施培训过程中获得更好的培训效果。一般此类培训师会专攻某一类培训课题，并在这一领域成为培训专家。但缺点是对企业的特殊情况认识不足，培训内容与企业实际的结合略有欠缺。他们面对不同企业往往培训相同的内容，创新不足。

三、培训师选拔流程

在内部培训师的选拔方式上，建议采取多元化的推选方式，可以分为上级推荐、自荐、同事推荐等。上级推荐是企业中常见的一种推选方式，上级管理人员对培训师候选人员的情况比较清楚，所推选的人员比较符合培训师工作岗位的实际需要，因而这种推选方式具有较强的针对性。自荐是为了给职工一个进步和展示自我的机会，使优秀的职工能够通过此种方式走向企业的职能部门或符合其职业发展规划，为他们的发展提供一个上升的平台。同事所推选的培训师，通常业务水平较高、专业技能过硬，具有较高的培训能力。无论是通过哪种方式选拔培训师，都需要通过企业规定的流程甄选出符合企业培训计划的培训师。

(一) 发布公告

培训部根据需要，发布培训师选拔通知，凡是符合要求的都可以报名。

(1) 个人报名：满足条件的个人，自己进行报名。

(2) 部门推荐：部门负责人推荐能做培训师的人员名单，划定名单后，由培训部与其沟通后续事项。

(3) 上级推荐：上级领导将拟推荐人员名单教给培训部门，由培训部门直接与其沟通后续事项。

培训部收到名单后，对名单进行初步审核，初步划定符合要求的培训师名单。

(二) 集中培训

(1) 把符合要求的培训师集中起来，安排一场关于培训技巧的培训，以完善其培训技能。

(2) 安排专业老师，对标准化课件进行示范性讲解，让大家进行学习，并安排好练习的环节。

(三) 试讲评审

(1) 成立评审小组，让培训师在评审小组面前进行讲课示范。

(2) 培训师在规定时间内进行试讲。

(3) 评审小组根据培训师的现场表现进行评分。

(四) 评审认证

(1) 根据试讲人员的现场情况，结合平时的表现，对试讲人员进行评级。

(2) 把培训师分为 A、B、C、D 四级(或初级、中级、高级)。

(3) 对认证的培训师发证进行鼓励。

（五）培训培训师

在选拔出培训师以后，应从思想政治、业务知识、专业素养、培训能力、表达技巧、课程编排等方面，对培训师进行系统、专业的培训，以使培训师能够快速适应培训工作，掌握培训师所具备的各项知识与能力。

（1）首先要对培训师进行思想政治、道德素质方面的培训，让培训师明确自身的责任与义务，树立起责任心，认真对待培训工作，并自觉遵守企业关于培训工作的各项管理制度，切实通过培训工作为企业培养英才。

（2）要对培训师进行业务知识、专业素养、心理知识方面的培训，使培训师能够掌握培训课程内容的编写技巧与方式，运用信息化工具开展培训工作，具备将工作中的案例制作成培训课程的能力。在培训中可组织培训师进行现场演练，让培训师在模拟的环境中，彼此结成小组进行练习，从而发现彼此在培训过程中存在的不足，并进行纠正，切实提高培训师的培训能力。

（3）培训培训师的表达能力。培训工作依赖于表达能力，培训师表达能力的提高，需要在多次练习以及对培训现场节奏、气氛的把握中逐渐练就。因而对于培训师表达能力的培养，需要组织培训师在一次次的模拟练习、观看他人的培训中练就。

 例证 5-1

国家电网甘肃省电力公司内部培训师能力塑造创新实践

一、实施背景

国家电网公司提出了"建设中国特色国际领先的能源互联网企业"的目标，明确了当前和今后一个时期国家电网公司"一业为主、四翼齐飞、全要素发力"的战略路径，这标志着国家电网公司的战略导向发生了重大变化。企业战略的落地需要优秀人才支撑，优秀人才的培养又离不开企业内训师的培养，所以，从长远角度看，要确保企业战略落地，就需要建立一支优秀的内训师人才队伍。

二、主要做法

（一）建设能力模型，确立标准体系

能力模型是优秀内训师区别于一般内训师的能力要素集群，是制定国家电网甘肃省电力公司内训师选拔标准，确定内训师培养规划内容，设计内训师考核、激励内容和内训师晋升标准的基础信息源泉。

1."四步法"构建能力模型

第一步，确定访谈对象。在事业部中随机选择绩效良好和绩效一般的内训师，分为不同的两组后分别进行访谈。注意，访谈前要提前准备访谈资料。

第二步，组织实施访谈。在访谈正式开始后，访谈人员要引导被访谈人回忆一年内成功或失败的事情，并详细记录；对于访谈对象回答模糊或是描述不清的情况，要注重引导。同时注意其描述的正确性。

第三步，提炼素质能力。集合项目组访谈人员和相关专家，对访谈记录进行分析和整理，提炼两个组别的差异能力项，形成能力项初稿，并编制调研问卷下发事业部所属内训师进行能力项确认。

第四步，能力模型定稿。分析回收问卷数据结果，并邀请项目组专家进行德尔菲法验证，讨论得出最终能力项，按照所属能力项类别填充最终形成内训师岗位胜任力模型，并在此基础上开展课程体系搭建和培训资源开发工作。

2."三层次"规范模型结构

根据内训师角色特点，将内训师能力模型中的每一个能力项分为三个级别能力层次，其中第一级对应基层人员，第二级对应骨干人员，第三级对应专家。每个层级的划分是根据该能力某个维度上表现出的程度不同进行的。每项能力分为三级，每个级别对应着不同的应知应会内容。

(二)以能力模型为基础，建立选拔体系

在已开发的能力模型基础上，明确选拔标准、方法、流程等内容，进行内训师选拔工作。

1."三维一体"，内训师选拔标准更精准

综合能力模型、培养意愿和能力素养三个方面确定选拔标准，确保评价客观真实。选拔标准不仅着眼于内训师的能力，更需要潜在对象的内在动机和外在个人素养，力争为国家电网甘肃省电力公司选择能力、动机与素养兼备的内训师。同时，针对不同的选拔指标，设计不同类型的选拔方法，以确保对潜在对象的评价客观真实。

2."四步规范"，内训师选拔流程更合理

(1)发通知。人力资源部发布内训师选拔通知，在全公司范围内开展内训师选拔，明确报名条件。通知下发之日起正式开始内训师选拔报名。

(2)初审核。报名方式分为自愿报名与领导推荐两种，人力资源管理部门需对参与报名的人员进行初步审查，淘汰不符合基本条件的报名者。

(3)评能力。采用结构化面试、能力测评、履历分析、课程试讲等方式对报名者进行综合审查，选出具有一定能力水平的备选内训师。

(4)定人员。此阶段主要是针对报名者思想素质、个人素养上的考核，内训师为人师表，必须具备正确的价值观和良好的思想品德。

(三)科学培育促进成长，建设培养体系

1.开发学习路径图，规划培养路径

对每一门所需学习的课程绘制学习路径图，在学习路径图中，每一门课程的学习内容、学习时间、学习方式、考核方式均有细致、针对性的规划，受培训者只需严格按照学习路径图执行即可有效完成学习目标。以内训师能力模型为基础，每一项能力对应一门以上学习课程，在"四位一体"培养规划中对每一阶段学习的课程进行有针对性的安排，从而规划内训师培养的路径。

2.实施"1+1+1"工程，加速成长成效

一名培训师主导设计一个培训项目、打造一门精品培训课程，即由培训师根据自身专业能力及特点，凝练一个专题培训项目，同时设计一门培训课程，从项目提炼、课程设计、课件制作、课堂呈现等方面，通过反复提炼、精心雕琢，最终形成特色培训品牌。

3.设计精品培训课程，支撑精准培养

基于能力模型和分级标准，结合公司"十四五"发展规划，选择需求度、紧迫性和

适用性强的模块作为课程开发的主体，运用先进的课程开发理论与方法，开发培训课程，组织内训师开展课程内化辅导，为培训提供优质资源支撑。

（四）实现"双考核"机制，建设考核体系

内训师考核分为单个培训的项目化考核和平时的常规考核。

1. 项目考核，确保培训项目质量

每个培训项目完成后，内训师进行考核，主要通过调研问卷形式进行。

2. 常规考核，加强培训结果管控

从业绩、态度、能力三个方面对内训师进行考核。每个方面内容结合事业部具体情况进行。

（五）以激励促动力，建设激励体系

内训师激励体系以"能力为核心指标、正向激励为主、多授课多激励、物质与精神激励相结合"为原则，分为宽带分级激励、聘期激励、积分激励、发展激励等方式，促进内训师授课积极性。

1. 宽带课酬，践行公平公正

宽带课酬与内训师分级紧密相关，将内训师分为三级四段，以充分发挥课酬对内训师的激励效果。内训师层级分为初级、中级、高级，每一级又细分为四个段位。段位的晋升以内训师常规考核结果为依据，常规考核结果为"优秀"可晋升段位，"不合格"降低段位，特殊情况下可变动多个段位。

2. 积分激励，量化培训贡献

积分激励是将内训师考核结果以积分的形式进行累计，形成量化管理，内训师累计一定的积分后可兑换奖励。

3. 发展激励，链接职业生涯

每年进行一次优秀内训师评选，对获奖的优秀内训师提供更好的发展机会，例如，职位晋升优先、绩效考核加分等。优秀内训师可以优先进入诸如专家人才后备、管理人才后备、中层干部后备等相应"人才后备池"中。

三、实施效果

对内训师选拔方式的改革，改进了传统内训师培养管理模式的不足，在管理理念上实现了以事件为中心向以人成长为中心的转变。同时，该体系逐步改善了培训规划不科学、培训需求不明确、培训内容不清晰、培训管控不到位等现象，为内训师的阶段性成长提供了向导，使内训师培养有标准、有内容、有手段，把传统粗放型、拼凑型的培养模式带入新状态。此外，优化了内训师培养管理，制订了适应性强的培养规划，对培养考核管理进行了精简和规范，减少了管理者制订培养计划、安排培养内容、实施培养效果评估考核的重复性工作，降低了时间成本，间接降低了企业经营成本。

（资料来源：王湘龙，李杰，夏常明，等. 基于"一核四翼"的内部培训师能力塑造创新实践——以国网甘肃电力公司为例[J]. 企业改革与管理，2022(4)：56-58.）

拓展阅读

企业培训常见误区之外来和尚会念经

　　一些企业在做培训工作时，多倾向于从外边请讲师，希望借此带来一些前沿的管理理念、管理方法，但是结合到企业实际，却往往适得其反。很多外部讲师往往是理论比较超前，而在企业实际管理方面缺乏经验。即便是外部讲师做了一些前期的公司调研，也仅仅是了解了公司的一些皮毛，没有深入了解公司的发展状况、管理人员现状以及真正存在的问题。这样导致外部讲师的培训方案没有真正切合企业实际，培训工作起不到相应的效果。

　　曾有某企业高层认为，公司在管理上存在一些问题，管理机构臃肿，某些员工不能胜任管理岗位。但是这家企业是从国企改制而来的民营企业，很多管理人员是十几年甚至几十年工龄的老员工，部分管理人员自恃资历深，工作故步自封，公司很多新的工作部署都无法进行下去，阻碍重重。公司高层就想到采取外聘咨询公司的方法，来进行绩效考核相关培训，并准备实施绩效考核。

　　经过多次考察，公司选择附近大城市的一个咨询公司，咨询公司负责人据说还有国际咨询公司的工作经验。他们来到公司后，先进行调研、管理人员培训、制定绩效初步方案，在绩效考核培训实施等过程中，都还算基本顺利，因为这些都是理论性内容，与员工利益关系并不大。最为关键的就是制定 KPI 绩效考核表，也就是如何确定管理人员工资待遇与公司业绩以及个人工作岗位能力挂钩的问题。外聘讲师在这时候就因为对公司实际状况的不了解，生搬硬套地采取了一刀切的方法，就是无论是管理人员还是一般员工都是采取70%基本工资+30%绩效工资的考核方法，而当时实际上公司的薪酬标准中，管理人员与一般员工差距很大，而且有的管理人员有年终奖金，并且管理人员之间工资也不均衡。

　　这种绩效方案推出后，遭到了大多数员工的强烈反对。为了看这种绩效考核方案到底有没有效果，公司强行推行了两个月，引起公司大部分员工的强烈不满，没有起到激励员工的作用，而且在岗位待遇设置也存在一些问题，到后期绩效考核培训工作也就不了了之。

（资料来源：企业培训网）

第二节　培训实施前的准备工作

　　众所周知，良好的开始等于成功的一半。培训工作也是一样。培训活动正式开始前的准备工作包括若干个环节，如培训师的选择、培训时间的确定、培训场所的选择以及培训设备的准备等。培训实施前的准备工作是否充分得当直接影响培训的成功与否和培训效果的好坏。

一、培训时间的确定

员工培训一般选择新员工入职、企业技术革新、销售业绩下滑、员工晋升、引入新技术、开发新项目、推出新产品等时机。具体培训日期的确定需要综合考虑以下几点。

（1）确定培训日期时一般会考虑销售淡季或者生产淡季，以不影响正常业务开展为原则。

（2）确定培训日期时一般要提前与参训部门负责人、人事部门、相关分管领导进行充分沟通，尽量考虑到各方面因素，确保培训不受其他业务影响。

（3）适度把握培训频率，不建议过于密集，尽量保证不影响正常的业务活动；也不应间隔期间过长，以保证培训能有持续的影响力和作用。

此外，不论是内训还是外训，虽然在培训计划中都有明确的时间和地点，但计划不如变化快，应该在正式培训开始 2 ~ 3 天前与部门领导、讲师、受训人员再次沟通具体时间，避免出现因公司生产、业务活动、临时出差等而参加者寥寥无几的情况。

二、培训场所的选择

对于培训师和参训人员来说，培训场所是十分重要的，场所的选择在很大程度上影响着培训的效果，舒适的环境会提高员工的学习效率。培训场所的选择要遵循一个原则，即保证培训实施的过程不受任何干扰。培训场所可用不同方式加以布置，主要考虑的因素是必须满足培训的要求，且使学员感到舒服。具体选择场地时也应考虑以下因素。

（1）培训场所的空间。空间要足够大，能够容纳全部学员并配有相关设施。一般来说，每个学员至少需要 2 平方米的活动空间，按照这个标准，一个 50 平方米的房间大约能容纳 25 名学员。但也要避免过大，以免给人空荡荡的感觉，造成消极的学习情绪。

（2）培训教室的布置。应根据培训方式来进行培训场所布置。不同的培训室座位布置可以满足不同的培训需求，常见的几种培训教室布置模式是：圆形座位、长方形座位、教室型座位、剧场型座位、小组型座位，如图 5-1 所示。简单介绍如下。

①圆形座位、长方形座位。当培训人数较少时，内容安排需要以研讨形式为主，采用圆形座位、长方形座位两类布置就比较好。这种形式适合于小组活动或非正式的培训课，有利于互动式学习。

②教室型座位、剧场型座位。教室型座位、剧场型座位是比较常用的形式，尤其是当培训人数较多，且培训方式以讲授式为主时较为适用。这些形式的座位布置有利于学员观察培训师的操作与讲解，但对学员之间的交流沟通可能有一些影响。因为学员之间想要交流沟通需要转身或者挪动座位，甚至还会出现后面学员的视线被阻的情况。因此，在培训人数并不过多时应慎用这种形式。

③小组型座位。小组型座位摆放形式有助于开展小组讨论，且当人数较多时培训师也能兼顾各小组。培训师可以走在小组之间和学员进行有效沟通，并参与到各小组之间的讨论中，这样就能全面照顾到每组学员。且(f)型座位安排有利于小组成员观察培训师演讲与操作，不会出现视线被阻情况。但小组型座位也存在不方便学员走动、上台演示等缺点。

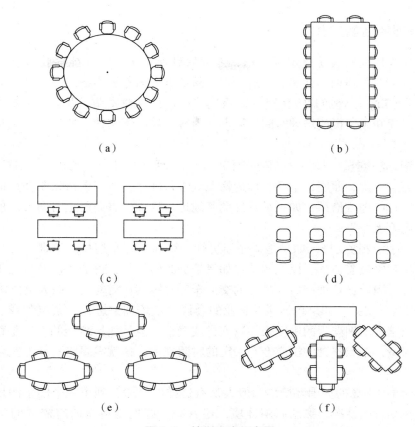

图 5-1 培训室座位布置

(a)圆形座位；(b)长方形座位；(c)教室型座位；(d)剧场型座位；(e)小组型座位(1)；(f)小组型座位(2)

（3）培训场所的配套设施。培训场所的电子设备、音响、灯光等条件应当符合培训的要求。由于媒体本身已经变成主要的培训方法，因此选择媒体与选择培训方法是同步进行的。媒体被分为两大类别，一类是传统媒体，比如教师和书面媒体；另一类是新兴媒体，这类应用新兴技术手段进行授课。在培训中，媒体工具一般具有以下作用：①使学员集中注意力；②直观地展示教学内容；③帮助学员理解课程；④有助于展示和理解关系图；⑤促进学员思考。

培训时选择的传统媒体一般包括黑板和白板、活动挂图、投影仪、录像带、计算机辅助训练、交互式录像、电影、幻灯片、图形和显示软件等。

随着现代新兴技术的发展，新兴媒体也不断被应用到培训当中，比如线上培训平台、E-Learning、远程培训、虚拟仿真等。

（4）培训场所的整体环境。培训场所的室内环境和气氛会影响学院的情绪，进而影响培训效果。因此，在布置培训场所时，应尽量采用明亮的颜色。同时培训场所的温度、光线、噪声等条件应适宜。

此外，培训地点应在培训开始前 2～3 天再次落实。例如，内训时所需会议室、培训室届时会不会与其他会议相冲突，需与会议室、培训室管理人员进行预先沟通。

三、培训的后勤工作

后勤工作为培训的成功奠定了基础，好的后勤保障工作往往能够收获意想不到的效果。一般而言，企业培训的开展需要后勤部门从这五方面着手准备。

（1）培训通知。培训通知应在通过审核批准后于公告栏张贴，并通过公司办公 OA 系统进行公告，通知主要说明培训时间、地点、内容、讲师、纪律、所带笔及笔记本、检验考试等。

（2）设施设备检查。对培训所需投影仪、音响、话筒、耳麦、激光笔、白板、白板笔、桌椅、白板擦、电源、照明、空调、周边情况等进行确认，对于无法正常使用的，要及时请维修人员进行修理或借用；如果是到外面某地进行培训，更需要抽时间专门前去确认以上事项，做到万无一失。

（3）培训前后交通安排。如果是请外训讲师，培训前开车迎接、培训后开车相送都必须准时，而且驾驶员需热忱、以礼相待。如果培训时间较长，可能还涉及食宿等安排，这都需要提前订好酒店；培训完后，员工的交通车安排等同样需要与总务人员协调好。

（4）茶点膳食安排。如果培训课在企业的会议室或培训室进行，茶点和膳食的供应应该灵活，可以结合培训课程的进度来加以安排或调整。但是如果培训的场所是租用的，比如酒店的会议室，茶点膳食的供应会有一定的时间规律，这就需要将具体的实际情况向学员交代清楚。

（5）熟悉培训现场的周围环境。一般人都有这样的经验，到了一个陌生的地方，首先要了解食、住、行的情况。熟悉周围环境，还有一个好处是可以向有需要的学员建议住宿、饮食、坐车、娱乐、购物的合适地点。

培训实施前的准备工作很烦琐。也有很多人认为组织一场培训是费力不讨好的工作，因为在他人眼里培训就是来坐着听一节课，各部门通知一下参加培训的学员就能进行。然而，培训实施前的准备工作无论是培训师的确定、培训时间地点的安排，抑或是培训过程中的后勤保障工作都在一定程度上直接影响培训的结果。只有预先做好详尽、充分、仔细、周到、全面的准备工作，培训才能取得理想的效果。

拓展阅读

从企业员工培训的角度解读《老汉粘蝉》

孔子奔走于列国之间的时候，遇到许多奇怪却又能给人以启迪的事情。这一天，他带领学生走到楚国的一片树林跟前，看到一位驼背的老翁用一根长竿子在树上捉蝉，就像在地上拾取一些小石子那样容易。

孔子笑吟吟地走到老翁身旁说："您老可真灵巧啊！您捉蝉怎么这么容易呢？这里面也有诀窍吗？能否向您请教一二呢？"

捉蝉的驼背老翁见孔子是位彬彬有礼的读书人，就停止捉蝉说："捉蝉的确有诀窍。捉蝉的竿子首先要拿得稳，竿头的粘胶要对准蝉的翅膀，在将要贴近蝉翅时，则要快速地送竿。这些技艺看似简单，但都要好好学习。当初练的时候，我也有一个相当艰苦的过程。为了拿稳竿子，我起初练了五六个月，竿头放着两个圆的丸子，手臂伸出来这两个丸子不掉，然后去捉蝉。后来练到竿头可放三个丸子，捉到的蝉就更多了。再后来练到竿头可以叠放五个丸子而掉不下来，再去捉蝉，则无往而不获，就好像在地上拾取一样容易。"

孔子听到这里，插话说："唔，真是不容易啊！难怪您有这样过硬的功夫呢！您站在树下，就像粗壮的树桩；您的手臂，就像挺拔的树枝，稳健而有力量。如此专心，怎会捕不到蝉呢？真是功夫不负有心人啊！"

老翁接下去说："在我捉蝉时，虽然大地那么大，万物那么多，而我却什么都不想，只注意蝉的翅膀。我不去左顾右盼，不因纷杂的万物而分散对蝉翼的注意，因此怎么会捉不到蝉呢？"

孔子听了捉蝉老翁的话，不住地点头称是，又转过头来对身后的学生说："今天真是给大家上了生动的一课啊。你们听到了吧，学习知识，磨炼本领，都要有这种吃苦精神，都要集中运用自己的心智！这位捉蝉老翁真是一位世外高人。"

这个小故事可以从很多方面来进行解读，比如个人能力来自持续专注，再简单、再小的事情也非得苦心、认真、专心地去对待。我们今天从企业的培训角度去进行解读。其实，企业员工的培训也一样，只是处理的对象和复杂程度不同。培训同样也可分为三个层次，第一个层次就是仅仅会做；第二个层次就是能够做到熟练，就是像"竹竿顶上放三个弹丸掉不下来"；第三个层次就是要做到不分散精力，想的只有"知了的翅膀"。这既告诉我们企业培训究竟需要多长时间、花多少精力去准备，也告诉我们应该培训哪些内容。

（资料来源：HR 案例网）

第三节　培训的现场管理

培训作为提升人才技能的重要工具，已经被越来越多的企业重视。但是如何让人员从每场培训中受益，如何将年度培训计划有效落实，却成了许多培训组织者头疼的问题。对于企业中的培训管理者来说，整个培训现场的有序组织和管理是培训活动取得最终理想效果的前提条件。由于培训工作千头万绪，一个环节不注意，就有可能使培训无法达到期望的效果。因此，做好培训的现场管理工作是有效落实培训计划的关键。

一、开场准备工作

（一）确认参会名单

在培训活动开展之前的几天时间里，向培训对象发出正式的培训邀请，并向他们简要介绍培训内容。这一方面可以使培训对象对他们所要参加培训的项目内容有一个前期的了解，另一方面也可以间接确认培训对象是否能参加培训，以便明确参加培训的具体人数，并据此在培训现场准备相应数量的培训设施。

（二）做好签到准备

提前在培训现场做好签到准备，如准备好签到桌，摆放好签到表与签到笔。要注意的是，签到桌与签到表的数量要根据参加培训的人员数量来安排。如果参加培训的人员数量过多，最好在培训现场准备多套，以便提高签到的效率。记住，那些时间观念很强的培训对象们(特别是公司里的中高层管理者)可不愿意在签到这件小事情上浪费过多的时间。

(三)做好培训现场设施预备

培训组织者要在培训课开始之前提前到达培训现场，调节室内温度，以确保培训对象在一个舒适的环境下接受培训。从以往培训活动现场的情况来看，很多培训教室中的空调温度都调得过低，使得培训对象在培训过程中感到极为不适，这在很大程度上影响了培训对象接受培训的效果。培训现场的组织者们最好提前在桌子上摆放好饮用水，以供培训对象饮用。此外，如果培训讲师上课过程中需要分组讨论的话，最好事先将教室的桌椅分组摆好，并在上面放上组牌，以方便学员按组就座，同时方便讲师授课。

(四)做好茶歇与休息区预备

对于那些职位层级相对较高的培训对象或者是以研讨为主要培训形式的培训项目来说，在培训经费允许的前提下，组织者还可以事先在培训教室后面或外面为培训对象准备好茶点。这一方面可以让培训对象补充体力，使他们以饱满的精神状态来接受接下来的培训，另一方面也为这些培训对象提供了一个培训休息时可以集中的场地，便于他们相互交流，有利于培训成果在培训对象之间的充分分享。

(五)做好培训设备预备

由于数字投影仪在打开之后有一个预热的过程，因此，组织者应该在培训讲师来到培训场所之前就将数字投影仪打开预热，同时准备好电脑，确保设备能正常运转，以便节约培训讲师的时间，保证授课质量。

二、培训现场的组织者职责

培训计划与准备工作完成后就开始现场实施。普遍认为，培训师到位、学员到位就可以直接开始培训了，然而却忽略了许多培训实施现场可能出现的问题，导致培训效果欠佳。在培训现场，组织者需要做好三种角色，即主持人、讲师助手、学员服务者，才能让培训现场效果达到最佳。

(一)主持人

整个培训现场组织者要从头到尾进行跟踪，一般而言，组织者需要承担培训发言主持的工作。作为培训主持人，要有开场白，包括讲师介绍、培训议程、纪律强调、饮食安排等；要宣告培训中的各类安排，如中场休息、培训发言、特别说明等；要做好结束致辞，如感谢人员参加，感谢讲师培训，布置培训后续工作。

此外，作为主持人还要注意把控培训主题，不能偏离主题，尤其是学员讨论偏题甚至出现企业避讳的话题，这时作为会议主持人要及时出场纠偏，把他们拉回到预定的轨道。

组织者承担主持人工作，还意味着要解决受培训者的疑问。例如，根据人员反馈情况，及时调整培训时间或课时安排，若人员对讲师的培训内容非常感兴趣，就需要适当延长培训时间或者临时追加一些特别活动，如课下座谈研讨等形式，把讲课效果充分发挥。如果培训现场效果不尽如人意，就要采取措施补救，如调换培训形式、缩短培训时间、切换培训主题等。如果这些还不能奏效，就要取消培训，将其作为教训记录在册并做好上报工作。

(二)讲师助手

培训组织者要作为讲师的助手,协助讲师把培训做好,要做的工作主要有以下几项。

1. 培训事务配合

讲师有许多事务性工作。如,讲义或问卷下发与回收、培训器材调换准备、人员分组安排、协助统计分析等,都需要培训组织者来配合完成。

2. 培训内容配合

培训组织者要积极配合讲师,尤其是出现冷场时,要采取带头参与活动、复述讲师要点、适当提问等形式与讲师互动,帮助讲师活跃气氛。必要的话,可以事先安排几个积极发言的人,在适当时刻派上用场,让培训不冷场。

3. 特殊情况处理

如果讲师在培训中出现特别情况,如培训中出现对立、骚动甚至尴尬时,培训组织者就要及时调节,通过转变培训方式、与学员沟通、相互研讨交流等方式,帮助讲师解决这类情况。

(三)学员服务者

培训现场学员的服务工作一定要跟上,这样才会让学员满意。培养组织者承担学员服务者职责,一般要做到以下三点。

1. 听取学员意见

培训组织者要积极听取学员的意见,如讲师培训的优缺点、讲课速度的快慢、培训内容的深浅、培训形式的认可度、培训疑难解答等,要把学员的意见及时反馈给讲师,并与讲师协调改进,争取让学员满意。

2. 观察学员反应

培训组织者不仅要听取学员意见,还要察看学员的表现。如果学员对培训内容无动于衷、交头接耳,甚至是不断离场等,就要主动询问原因,让讲师及时调整课程内容或形式。

3. 提供后勤服务

后勤服务必不可少,如人员饮食安排、现场录像拍照、现场环境清洁、紧急情况处理等,这些都需要培训组织者安排解决。

三、培训过程中的控制工作

现实中可能会有很多因素影响原定培训计划的顺利实施。如果不对这些因素加以考虑,一旦发生意外就可能影响整个培训计划。因此,应准备好预备方案和强调培训纪律。

(一)预备方案

在实施培训的过程中难免会遇到一些突发情况,作为培训的组织者,应尽量避免这些情况的发生,一旦发生就要尽量将这些突发情况的影响降到最低。因此,预备方案是很必要的。

如果从外部请来的培训讲师对日程安排已经确认，那么培训讲师绝大多数情况下是会出席的。但必须防备培训讲师不能出席的情况。预备方案可以很简单，例如原本由培训师分析的问题改由学员自由讨论，或者将日程安排中的下一项内容提前。如果培训讲师因疫情隔离等原因无法到场，可以启用远程培训方案，这时需要调试好远程培训设备。

此外，现代培训工具的应用也可能引起不必要的麻烦。培训设备突发状况可能会导致培训无法进行，在这种情况下需要培训师有良好的应变能力。若缺少设备培训则无法进行，应尽快协调其他培训教室或培训设备。在培训开始前检测所有培训设备，一般会消除这一隐患。

如果在培训过程中，培训师在某一内容的进度上大大超出预期时间，甚至影响到接下来的培训计划，就会出现时间延误的问题。培训组织者首先应提醒培训师时间安排，或安排减少下一课程用时，甚至为此内容培训再协调某一时间段深入学习与探讨。

（二）培训纪律

培训应建立培训纪律，形成约束，否则员工想参加就来，不想参加就不来，起不到应有的培训效果。因为培训是根据企业的需要而设定的，希望员工能掌握企业或者部门所要求的课程，因此培训工作在某些程度上体现了企业的意志。培训工作开展起来比较难、培训工作面临重重困难，相当程度上是由于没有建立相应的培训纪律与考核。

对于学员而言，应规定其按时上课，不得迟到、早退，手机关机或者静音，以防止干扰学员的学习或培训师的授课。在培训过程中实在有紧急事务需要处理的，应向培训负责人请假。此外，测验是另一种形式的约束。在很多情况下，以标准分衡量学习效果的考试是必要的，其目的在于督促学员学习。提前确定奖惩制度，例如测验合格者发奖状鼓励，不合格者需要再次学习，均有助于学员有严谨的培训态度。

对培训师而言，培训师应该准时上课、按时下课，不随意延长课堂时间或改变授课时间、地点。同时，培训师可以在上课开始前快速检查学员的准备情况，这样的检查会督促学员的学习。

无规矩不成方圆，只有对培训师和学员均严格要求培训纪律，才能使培训效果达到最佳。

四、培训实施过程中的风险管理

培训作为一个企业基础性的、事关未来核心能力的工作，应把它放在企业发展的战略高度来重视。为了防止在培训实施过程中可能发生的风险，必须制定一整套培训的制度，以保证培训工作在既定范围和框架内有条不紊地进行。

（一）管理培训档案

每一次培训工作结束之后，都要将本次培训的所有资料及总结归档，形成培训档案。这些培训档案对于总结培训工作的成绩和不足以及做好下一次培训工作都有重要意义。

培训部的工作档案包括以下内容：本次培训工作的范围；公司全体人员的培训概况；列入培训计划的人数、培训时间、地点、学习情况；特殊人才、重点人才、急需人才的培训情况；每次培训的学员评价等。

此外，培训档案还应该包括受培训者的培训档案，包括受训人员的基本情况，如学历、进公司年限、所经历的岗位、现有岗位工作情况等；上岗培训情况，如培训时间、培训次数、培训档次、培训成绩等；晋级升职情况，如任职时间、认知评价、职务晋升等；考核与评估情况，如考核定级的档次、群众评议情况等。

一旦发生因培训考核结果引起的加薪、晋升等纠纷，通过查找培训档案可以为决策提供有力支撑和参考。此外，如果是外训或聘请外部培训师，当出现培训效果不明显、未达到预期等情况时，培训档案可以提供重要的参考价值。

（二）制定受训人员培训合同

为避免受培训者日后离职带来的隐患，企业可采取受训人员培训合同制度，即员工在受训前需要和公司签署一份合同，受训员工在接受完培训后的一段时间内不得离开公司，如违反合同则要承担违约责任。合同规定期限满后，员工方可离开公司。受训人员培训合同制度的建立，一定程度上可以降低受训人员离职风险，减少企业损失。

（三）明确培训考评及奖惩制度

公司往往在培训前会对受训人员强调，员工在接受培训后必须接受考核，并且考核结果与员工的绩效挂钩，将是否接受培训以及培训考核的结果作为晋升以及加薪的重要依据。然而事实上，升职加薪的结果关系着员工的工作态度、士气以及忠诚度。若培训考评及奖惩制度不明确，会带来潜在的隐患。员工因对培训考评结果不满意进而会产生消极怠工、主动离职等后果。因此，为了保证培训的标准和效果以及减少日后因培训考评和奖惩制度不明确造成的纠纷，必须制定相应的考核标准和奖惩制度，并且严格按照制度执行。

📖 拓展阅读

培训现场的最大"杀手"

在给企业培训时，可以直接感受到企业的管理水平。就像全息理论说的一样，从一个细胞中可以推测整个生物。

公开课是探讨一些公众的问题、一些流行的问题，而企业内部培训，是帮助企业解决部分自己的问题的。讲师在上面引导学员提出问题，引导学员互相交流，讲师根据这些问题，给出自己的想法，启发学员思考，这才是有效的内训。如培训现场有企业负责人，有经理，有业务员，那讲师主要对谁讲？从什么人的角度来分析问题呢？

学员的身份决定了他们思考问题的角度是不同的，也决定了讲师和他们沟通的角度是不同的。一天下来，或者是老总很不满意，或者是经理很不满意，或者是员工很不满意，一定有人不满意。所以很多培训公司明确地说，只要有老板在培训场，那学员就只有一个，就是老板，要让他听得高兴。可是如果那样，大多数的学员可能就感觉在说教，甚至觉得培训讲师是受到了老板的指使，没有什么收获。

还有的老板来到培训现场，不是来听课的，而是来观察学员的学习表现的。你可以设想一下，在老板的注视下，学员怎敢轻易发表观点，怎么会有不同意见，怎么会有撞击出来的火花？

更让人纳闷的是，有的老板喜欢坐在前排听课，有的老板喜欢在培训时发表自己的观点。讲师如果让他发言，就算是给现场定了调子，学员一定是要支持的，那讲师到底是同意还是反对呢？如果反对就是损害他的威信，如果同意，课程的结构和思路可能被打破，讲师将很难办。

所以我认为即便老板来，也要坐后排，即便坐前排也不要发言，即便发言也不要首先发言。培训是给员工上的，而不是给老板。没有意识到这个问题的老板，他的管理水平值得怀疑。

（资料来源：王俊杰．名企员工培训最佳管理实践［M］．中国法制出版社，2017：55-80．）

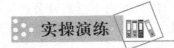 **实操演练**

新手培训师如何更好地开展培训工作？

1. 培训师的现场角色把握要领

培训师在现场有若干的角色变化，把握好这些角色变化，关键在于对这些角色的认识与理解。培训师的现场角色和角色释义如表5-1所示。

表5-1　培训师的现场角色和角色释义

角色种类	角色释义
专家顾问	作为专家顾问，必须具有在专业性上毫无质疑的权威性，这时候你的言行必须正确、果断和标准，在理论上必须无懈可击
教练	作为教练，必须教给学员实操的方法，并且督导、鞭策其实施，需要的时候要动用教练的身份对学员进行奖惩
导师	作为导师，必须给学员以引导和评价，并且为其确定合适的定位和选择，然后帮助其达成
参谋	作为参谋，你可以给学员出谋划策，调动资源支持其思考
调查员	作为调查员，你必须观察、分析学员的表现和行为
主持人	作为主持人，在组织讨论时，必须调节、控制现场气氛，调停冲突
学员	作为站着的学员，平等的角色会让你获得学员的尊重与理解

2. 克服怯场和压力

首先要正视怯场，怯场不可能也不应该完全消失。因为只有适当控制紧张情绪，才能达到最佳成效。以下是六个对待怯场的有效策略。

（1）摘下帽子，转变角色。放下专家的身份，想象自己跟学员一样是在做一个互动的学习。

（2）提升能力，做足功课。准备排练，练习、练习、再练习。台上5分钟，台下就要三天功。练习得越多，讲的时候你就越放松。

（3）变消极紧张为积极紧张。合适的紧张有助于调动头脑中的资源进行碰撞，紧张是因为认真和负责，那就让紧张成为自己的动力吧。

（4）利用成功经验。想象一下自己挥洒自如的情景吧，并且把现在当成那时，你会感觉游刃有余。

（5）忽略消极情绪。如果你看过自己的培训录像就知道，别人看不出你心里紧不紧张。

紧张也可以坦然，多给自己积极的暗示吧。

(6)放弃完美主义：把培训当成一次交流而不是一次表演，有时候甚至故意犯一两个小错以拉近与学员的距离，增加亲近感和人情味。

3. 设计引人入胜的开场白

开场白的前30秒至关重要，往往会影响到整个培训课程。一段好的开场白，起着营造氛围、激发兴趣、稳定情绪、吸引注意力、唤起求知欲、启发思维的作用，它能打开课堂与学员心灵的门户。以下五种方法可以助你一臂之力。

(1)提疑问，设悬念，启迪思考。这种开场白适合于相对理论化、内容单调的培训课程。它利用学员好奇心强、求知欲旺盛的心理，对将学的内容提疑问，设悬念，使学生把注意力集中指向教学内容。

(2)讲故事，做推测，激发兴趣。这种开场白抓住人们天生爱听故事的心理，结合课程内容设计一些故事、寓言、笑话等，使学员对课程产生兴趣。

(3)释题目，讲背景，揭示主旨。课程题目常是培训精义所在，弄清题意是学习的"突破口"，而讲清背景能帮助学员更好地理解培训的核心意义。对课题的解释、背景的介绍，则有利于学员更快进入学习状态。

(4)述评价，引赞语，唤起重视。这种开场白从名人言语开讲，它能吸引学员慕"名"而学，追"奇"而学，提高学员的学习兴趣。但必须实事求是，不要夸张卖弄。

(5)引诗句，用名言，调动热情。这种开场白适合层次较高的学员，利用它开场可以和学员产生知识体验的互动，从而获得认可，常常对培训内容起画龙点睛的作用。

4. 运用通俗的语言进行培训

在培训中最忌讳的就是培训师讲的话学员听不明白，用通俗易懂的语言讲显得尤为重要。把握住以下四点，可以令课程深入浅出，精彩纷呈。

(1)从抽象到具体。把抽象的理论和技巧事例化，用发生在身边的随手可触的事情来说理，可以让单薄的理论变得丰满可感，并且具有借鉴性和操作性。

(2)从述说到煽情。不要只是讲，要让学员参与进来。用学员可以理解的语言来进行表达，用感性的情绪语言来激发学员的感情共鸣。

(3)从直白到比喻。给干巴巴的语言加上象征性的比喻，让僵硬的道理变得生动形象。比喻的时候要抓住特征、贴切形象，并且准确精练、鲜明生动、新颖独特。

(4)从单薄到厚实。利用排比、类比、对比等方法，把彼此对照的概念安排在一起进行讲述，由此及彼，可以让简单的讲解变得多姿多彩。

本章小结

1. 企业培训师是指能够结合外部环境变化和企业内部要求及时研究并提出针对不同岗位员工而实施培训项目的人员。培训师一般分为内部培训师和外部培训师两类，培训管理部门要根据实际情况选择合适的培训师，确定内部培训师和外部培训师的恰当比例，做到内外搭配、相互学习，共同进步。

2. 培训师的基本要求包括以下五点：(1)具备激励的能力；(2)具备建立关系的能力；(3)具备沟通和表达能力；(4)具备前瞻能力；(5)具备诊断并解决问题的能力。

3. 培训师的选择：（1）内部培训师，主要分为临时培训师、兼职培训师、专职培训师；（2）外部培训师，主要分为职业经理人或兼职培训师、管理咨询师兼职培训师、职业培训师。

4. 培训师的选拔流程：（1）发布公告；（2）集中培训；（3）试讲评审；（4）评审认证；（5）培训。

5. 培训前的准备工作需要考虑培训时间的确定、培训场所的选择、培训的后勤工作。

6. 培训的后勤工作一般从这五个方面着手准备：（1）培训通知；（2）设施设备检查；（3）培训前后交通安排；（4）茶点膳食安排；（5）熟悉培训现场的周围环境。

7. 培训开场准备工作包括：（1）确认参会名单；（2）做好签到预备；（3）做好培训现场设施预备；（4）做好茶歇与休息区预备；（5）做好培训设备预备。

8. 培训现场的组织者职责：（1）主持人；（2）讲师助手；（3）学员服务者。

9. 培训过程中的控制工作：（1）做好培训预备方案；（2）规范培训纪律。

10. 培训实施过程中的风险管理：（1）管理培训档案；（2）制定受训人员培训合同；（3）明确培训考评及奖惩制度。

本章习题

一、简答题

1. 请简述培训师的基本要求。
2. 请简述培训师的选拔流程。
3. 请简述培训后勤工作包括哪些内容。
4. 请简述培训现场组织者职责。
5. 如何在培训过程中做好风险管理？

二、案例分析

A 公司是一家中外合资服装生产企业，年初花费 3 万美元送 6 名中方经理到其欧洲总部接受近 6 个月的培训。回到中国后，这 6 名经理负责管理公司生产，培训后他们的月薪高达 5 000 美元。可是，"他们在同一天请了病假，然后再也没回来"，该公司人力资源部经理说，"一家在东北新建立的中资服装生产企业以每人每月 8 000 美元挖走了他们"。

这家合资公司花了巨额培训费，却损失了中国目前接受过最佳专业训练的管理队伍。不仅如此，企业订单和销售渠道也跟着流失，由骨干出走而造成的职位空缺，因一时难以补充合适人才而使生产销售陷于瘫痪状态。该公司不禁感叹：企业培训，原来是一笔赔本生意。

而此前该公司人事经理还提到公司一年前曾有两名销售人员辞职，辞职原因是：他们认为该公司在进行员工培训时，缺少明确的培训奖惩制度。培训结束也就结束了，既没有考核，也没有相应的晋升、加薪渠道。好像在这里干下去看不到任何发展的希望。为此，企业才不惜加大培训投入，并严格制定培训考核标准和奖惩制度，接受了培训的员工均有加薪机会，不曾想却导致如此局面。公司负责人深感困惑：企业正是为留住人才才耗巨资进行培训，为什么培训反而加剧了人才流失呢？

受培训者离职是一个十分普遍的问题，也是培训发展的一大障碍。A 公司的人事经理甚至感叹："不培训是等死，培训了反而变成找死。"

请分析上述案例并回答问题：

1. 该公司在实施培训的过程中出现了哪些问题？

2. 如果你是该公司的培训负责人，该如何解决上述问题？

三、实训练习

（1）实训内容。

练习成为一名培训师应具备的能力。

（2）步骤方法。

①集中培训。由老师将同学们集中起来，安排一场关于培训技巧的培训，以完善学生培训技能。

②老师先把标准化课件进行示范性讲解，让大家现场学习。

③分组练习。7～8人组成一个小组，对各组选择的培训内容进行练习。

（3）实训考核。

①安排同学们在规定时间内进行试讲。评审小组根据同学们的现场表现进行评分。

②总结成为一名培训师应具备的能力。

第六章 培训方法与新兴技术

🎯 学习目标

1. 了解培训方法的概念；
2. 熟悉培训方法的分类；
3. 了解培训方法的未来发展趋势；
4. 掌握在职培训方法；
5. 掌握脱产培训方法。

📦 案例分享

A 公司是美国一家生产厨具的小型企业，大约有 100 名员工。这个行业的竞争很激烈，A 公司努力使成本保持在最低的水平上。但由于只考虑成本问题，所以对于在岗员工的培训一直不重视。

甲是这家公司的人事部经理，在过去的几个月中，甲发现公司因为产品不合格问题已经失去了好几个重要客户。经过深入调查，发现公司次品率为 15%，而行业平均水平为 5%。部门经理们在一起讨论后认为问题不是出自工程技术，而是因为操作员工缺少适当的质量控制培训。甲认为实施一场质量控制的培训项目将会使次品率降低到一个可以接受的水平上，并且接受总经理的授权，负责设计和实施培训。总经理起初很担心培训课程可能会引起生产进度问题，甲强调说培训项目花费的时间不会超过 9 个工时，而且是员工分开进行培训。

在培训开始前，甲向所有一线主管发出了一个通知，要求他们检查工作记录，确定哪些员工存在生产质量方面的问题，并安排他们参加培训项目。通知还附有一份讲授课程的大纲。在培训设计方案的最后，甲为培训项目设定了培训目标：将次品率在几个月内降低到 5%。培训计划包括课程、案例研讨等。在准备课程时，培训人员把讲义中的大部分内容印发给每个员工，以便于员工提前预习每一章的内容。在培训过程中，员工花费了相当多的时间来讨论教材中每章后面的案例，这样可以让他们更好地了解问题所在。另外，在案例研讨这一环节后，培训人员还会组织员工观看相关的影视作品，看完后会要求员工分享自己的想法。这样员工就不会觉得整个过程很枯燥，从而提升培训效率。由于 A 公司只是一家普通的小企业，所以没有专门的培训场所，于是培训被安排在公司的餐厅举办，时间安排在早餐与午餐之间，也就是餐厅的工作人员清洗早餐餐具和准备午餐的时间。这样就不会耽误员工的就餐时间，也不会影响食堂的工作。

一个月后，总经理再次检查公司的次品率时，次品率明显降低了。

（案例来源：淘豆网）

作为一名培训者或管理者，在工作中经常需要选择一种培训方法。在大量可供选择的培训方法面前，培训者也许会感到手足无措。这时，一种可行的办法是对各种培训方法进行比较。一旦确定了学习方法，下一步就要考虑这种方法对学习和培训成果转化的有利程度、开发和使用这种方法的成本，以及它的有效性。

如果可能的话，在一个培训项目中会使用几种不同的培训方法，从而利用每种方法的优势来促进学习和培训成果转化。例如，家得宝（Home Depot）使用自学材料、视频课程和指导者主导的培训来对销售人员进行培训。自学培训用于指导雇员学会一种类别的设备（如洗碗机）的使用方法，并且帮助他们了解可在商场买到的这类产品。视频培训项目教给销售人员每种产品的特点和性能带给客户的好处。销售人员参与角色扮演，并且依据公司的销售战略评估他们的能力。所有销售人员必须完成一个八小时的指导者主导的课程，这个课程可以帮助他们评估客户需求，回答客户问题并且成功销售。指导者主导的课程包括角色扮演，销售人员可以实践向客户销售的过程。

第一节 培训方法概述

一、培训方法的概念及特点

随着市场经济的快速发展，企业之间的竞争越来越激烈，而竞争的内容也从技术、实力的竞争开始转向人才竞争。在这种情况下，谁拥有企业发展所需要的优秀人才，并使之在企业发展中充分发挥作用，谁就在竞争中占据了优势。因此，加强对人力资源的培训和开发是人力资源工作的重中之重，企业应提高对人力资源培训的重视，选择合适的培训方法，促进企业发展。

培训方法是指企业对员工进行培训时根据培训对象、培训目标等不同要求所选择的不同方法。人力资源培训的方法多种多样，内容十分丰富。选择适合组织受训人员特点的培训方法，是人力资源培训的重要内容。

一种好的培训方法应具有以下三个特点：一是目的性，也就是说，培训方法是否达到了培训的目的和要求；二是经济性，即培训方法在达到预期效果的情况下，所花费的成本最低；三是可行性，也就是所选择的培训方法符合企业和当时的现实情况，可操作性强。

二、培训方法的分类

在培训过程中，根据受训者是否需要离开现有的工作岗位参加培训，培训方法可以分为两类，分别是在职培训和脱产培训。两种渠道也都有各自不同的方法和操作流程，需要根据不同的方法和操作流程形成不同的培训实施方案。

在职培训是指为了使员工具备有效完成工作任务所必需的知识、技能和态度，在不离开工作岗位的情况下，对员工进行培训，也称在岗培训、不脱产培训等。

脱产培训也称职业外培训，指离开工作岗位和工作现场，由企业内外的专家和培训师对企业内各类人员进行集中教育培训。许多企业在广泛采用在职培训方法的同时，也同时采用脱产培训。

三、培训方法的发展趋势

传统的培训方法包括很多种，这些方法分别侧重于技术技能培训和知识的扩充。比如，很多企业采取授课的方式进行培训，这种方式虽然能够让员工更快接受知识，但是员工难以将其应用在实践当中，这就使培训的效果根本无法发挥出来，对于员工的素质提高和企业的发展也就无法起到应有的作用。随着社会的迅速发展，很多新技术和新理论被不断发明和发现，各种科学技术，尤其是计算机技术被应用到人力资源的培训中，形成了许多新兴的培训方法。这些新兴的方法依靠组织大量的投资得以实现，但同时也起到了传统培训方法所无法起到的作用。无论是传统的培训方法，还是新兴的培训方法，都有各自的优点和不足。因此，对人力资源培训方法的不断创新，将成为组织人力资源培训的未来发展趋势。

传统培训方法与新兴的培训方法两者并不是对立的。本章讨论的大部分传统培训方法同时也能通过光盘或互联网来实现。例如，课堂教学既可以在师生之间面对面地展开(传统培训)，也可以在一个没有指导者的虚拟课堂里进行。而且，在指导过程中，信息的传达既可以是同步的，也可以是异步的。由于新技术的运用，受训者即使和培训者不在同一个课堂也能聆听现场讲座。讲座还可以录制成视频。这样，受训者就可以自由选择时间，在电脑上观看讲座。由于新技术培训方法可能有助于提高学习效率，降低培训成本，因此其使用频率正逐渐升高。

第二节　在职培训方法

在职培训(On the Job Training，OJT)是指为了使员工具备有效完成工作任务所必需的知识、技能和态度，在不离开工作岗位的情况下，对员工进行培训，也称在岗培训、不脱产培训等。许多企业通过在职培训来培训员工，通常为安排新员工跟着有经验的员工或主管人员学习，由这些有经验的员工或主管人员来实行培训。常用的在职培训方法主要有师带徒、导师制、工作轮换、教练、行动学习等。

一、师带徒

师带徒(Apprenticeship)是一种最传统的在职培训方式，最早的师带徒培训没有一定的方法和程序，新员工只是从观察和体验中获得技能，因而见效速度相当慢。后来，师带徒培训演变为一种在职培训方法，其形式主要是由一名经验丰富的员工作为师傅，带一名到几名新员工，通常在需要手工艺的领域中使用这种培训，如管道工、理发师、木匠、机械

师和印刷工等。培训期限依据所需技艺的不同要求而不同，机械师的师带徒项目示例如表
6-1 所示。

表 6-1 机械师的师带徒项目示例

小时数	周数	技能单元
240	6.0	现场观摩
360	9.0	钻压
240	6.0	热处理
200	5.0	基本设计
680	17.0	塔式车床(传统控制与数控)
800	20.0	发动机车床
320	8.0	工具磨制
640	16.0	高级设计
960	24.0	碾压机
280	7.0	轮廓碾压
160	4.0	表面磨制
240	6.0	外部磨制
280	7.0	内部磨制
200	5.0	螺纹磨制
520	13.0	水平孔的碾压
240	6.0	钻模钻孔/钻模碾压
160	4.0	垂直碾压
600	15.0	数控锤炼
240	6.0	计算机数控
640	16.0	相关培训
8 000	200.0	总计
见习：下列时间已包括在上述总的时间内，但必须在师带徒项目开始的 1 000 小时里完成。		
80	2	钻压(见习)
20	7	车床工作(见习)
360	9	碾压机(见习)
40	1	基本设计(见习)
80	2	相关培训(见习)
840	21	总计

师带徒传授技能的主要程序如图 6-1 所示。

图 6-1　师带徒传授技能的主要程序

在师带徒传授技能的第一个环节中，经验丰富的师傅常常会通过询问或要求演示来了解新员工是否懂得某一操作技能，如果答案是否定的，他就会先口头传授告诉培训对象应该做什么、怎样做。接着，培训者会亲自示范，一边操作一边讲解动作或操作要领。在培训者认为已经将某一操作技能的要领完全告诉并示范给培训对象后，会要求培训对象练习或跟着做。最后，培训者检查培训对象的学习成果，并决定是否需要重新传授。

师带徒培训的主要优点在于：当师傅由于退休、辞退、调动和提升等原因而离开工作岗位时，企业能有训练有素的员工顶上，不影响工作效果或效率。另外，师带徒培训通常能在培训者与培训对象之间形成良好的关系，有助于工作的开展。师带徒的主要不足在于：该培训仅对培训对象进行某一特定技能的培训，随着新技术和新管理方法在企业中的应用，不少员工可能会失去原有的工作，其他企业则可能认为员工技能太单一而不愿聘用他们。此外，师带徒是师傅与徒弟两个人之间的关系，"带会徒弟饿死师傅"这种消极观念会在一些培训者的头脑中作祟，在一定程度上影响技能的传授。

一般而言，师带徒培训的有效性取决于三个方面：师傅、徒弟和组织。师傅应具有较强的沟通能力、监督和指导能力，以及宽广的胸怀；徒弟应虚心好学，积极主动与师傅建立和保持友好的工作关系；企业组织应为新员工选择合格的师傅，并对师傅的培训工作给予充分的肯定和必要的奖励。

随着师带徒培训在实际工作中的应用，其外延和内涵也在不断丰富和发展。接下来讨论的导师制就是师带徒的一种延伸与发展。

二、导师制

在我国，导师制（Mentoring）是传统师带徒的现代演绎版本，既是师带徒在应用领域中的扩展，从手工艺领域扩展到所有有关知识、技能的领域，又是师带徒在指导范围上的扩展，指导的内容不仅包括知识、技能，也包括品行、态度等方面。

在西方，导师的概念已有相当长的发展历史，是指为被指导者（学员）提供指导、训练、技能传授、岗位辅导乃至日常行为矫正忠告和生活指导、结为友谊的个人角色。指导者与被指导者之间的这种导师关系发展到现在，已有正式和非正式的区分。非正式的导师关系对被指导者的职业发展有着深刻的影响，更侧重于对价值观的培养与职业发展的指导，并且主要是指导者和被指导者之间的私人行为，自行选择，没有指定目标，较少培训与资助。正式的导师制则源于组织的期望，经企业的安排建立，指导关系是结构化和合约化的，有一定的持续时间，既涉及培养被指导者的核心胜任力和动态能力，也涉及对被指导者职业生涯的指导。因此，正式的职业导师关系有清晰的指定目标、可量度的结果、正规的指导和固定的沟通时间。

通常，企业导师制是指企业中富有经验、有良好管理技能的资深管理者或技术专家，与新员工或骨干员工建立的指导、辅导、辅助其成长的支持性关系的一种制度、机制。导

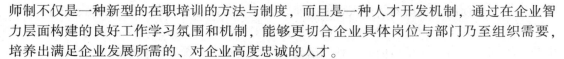

师制不仅是一种新型的在职培训的方法与制度，而且是一种人才开发机制，通过在企业智力层面构建的良好工作学习氛围和机制，能够更切合企业具体岗位与部门乃至组织需要，培养出满足企业发展所需的、对企业高度忠诚的人才。

导师制对员工、组织、导师三方面都有益处。

导师制的实行可帮助员工：提高知识、技能以及职业晋升和流动的潜力；更好地理解自己在组织中的角色；培养对企业文化以及组织的不成文规定的洞察力；提高对职业的自信心、满意度以及认可程度。

导师制的实行对组织而言：能培养出符合自身发展要求的人才，最大限度地发挥人才的潜能，使员工对自己的发展前途和空间充满信心，有效地防止人才的无序流动，也有利于降低人才招募和甄选的成本；促使组织内知识和技能得到扩充和传播，促进不同专业领域人员的沟通和交流，完善企业学习型组织的建设，发挥团队竞争优势；提供组织发展所需的人才保障，解决引进人才的"水土不服"问题，缩短引进人才的"同化期"，在增强企业内部凝聚力的同时，满足公司后续发展的人力资源需求。

导师制的实行对导师而言：提供了一个检验新想法的机会；能提升其他领域的知识水平；重新激发工作热情；对学员的教导所取得的成就带来了更多的满足感；增强与他人分享知识和经验的能力。

在企业中实行的导师制主要分为新员工导师制和骨干员工导师制两种。

1. 新员工导师制

建立新员工导师制的目的是充分利用企业内部优秀员工的先进技能和经验，帮助新员工尽快提高业务技能，适应工作岗位的要求。导师辅导的范围包括专业技术、管理技能及一些个人生活问题。

2. 骨干员工导师制

随着企业的不断发展，对人才的需求也越来越旺盛。为了帮助骨干员工快速成长，挖掘他们的潜力，进一步开发企业人才，企业实行骨干员工导师制，由企业的中高层管理人员或高级专业人员担任骨干员工的导师。

对企业而言，实行导师制首先要保证组织内部有足够的可胜任导师的人员。首先，导师要有丰富的工作经验、高超的专业技能、开阔的视野，能够为学员提供全面的帮助。其次，被指导者要具有较强的可塑性和提升的潜力，有能力并愿意通过这种方式来提升自己的水平。最后，导师制的指导计划要与组织的目标密切相连，通过导师制的实行使被指导者与企业共同成长和发展。

对于导师需要进行培训技能的训练，比如表达能力、逻辑性、针对岗位特点的培训要领、复习与习得的重复记忆、启发式教学、理论底蕴与结合实际的能力、应用现代 IT 技术与学员的沟通、碎片化即时学习、即问即得等，更要让导师掌握现代教练技能，使导师摆脱家长式、"填鸭式"的状态，应用教练技巧激励学员，让学员进入更为主动的学习状态。

三、工作轮换

工作轮换（Job Rotation）亦称轮岗，指根据工作要求安排新员工在不同的工作部门工作一段时间，通常为 1～2 年，以丰富新员工的工作经验。出现于日本的工作轮换法当时主要以培养企业的接班人为目的，并不是在较大范围内推行的一种培训方法。现在，许多企业采用工作轮换的方式培养新进入企业的年轻管理人员或有管理潜力的未来管理人员。

工作轮换和工作调动有些相似，两者都涉及工作的变动，但又有所不同。首先，两者的目的不同，工作轮换是培训的一种方法，工作调动是人员配置的一种方法；其次，工作调动从时间来讲往往较长，工作轮换则通常是短期的，有时间限制；最后，工作调动往往是单独的、临时的，而工作轮换往往是两个以上的、有计划进行的。

工作轮换的作用主要体现在三个方面。

第一，工作轮换能丰富培训对象的工作经历，培训对象能在短时间内从事不同的工作，如人力资源管理人员到销售部门工作一段时间，了解销售人员的工作内容和职责。

第二，工作轮换能识别培训对象的长处和短处。通过工作轮换，企业能了解培训对象在不同工作中的表现、专长及兴趣爱好，从而更好地开发员工的所长。

第三，工作轮换能加强培训对象对各部门管理工作的了解，增进各部门之间的合作。在工作轮换培训中，员工能了解并掌握各种不同的工作和决策情境，这种知识面扩展对完成跨部门的、合作性的任务是很有必要的。

然而，这种方法也有一些潜在的问题。因为员工在每一工作岗位上停留时间太短，所学不精，没有获得太多关于各个岗位的经验，因此可能影响整个工作小组的效率。同时，员工认识到他目前的环境是临时性的，不久就会换到别的岗位上，很可能在该工作上敷衍了事。此外，其他员工看到某个轮换到他们部门的人或与该人一同工作时，可能会对他产生不满，从而影响将来的工作关系。

尽管有这样或那样的不足之处，但一般而言，工作轮换有助于年轻管理人员或预备管理人员扩展管理知识和技能，了解整个企业的情况。许多企业在招募新管理人员后，把他们安排到企业内不同的部门和岗位上进行轮换。例如，摩托罗拉公司曾普遍实行工作轮换制度，使新员工能够得到多方面的锻炼，培养跨专业解决问题的能力，也便于新员工发现最适合自己的工作岗位。

企业提高工作轮换的有效性应注重以下几点：首先，在为新员工安排工作轮换时，应考虑培训对象的个人能力及其需要、兴趣、态度和职业偏好，从而选择适合的工作；其次，工作轮换的时间长短取决于培训对象的学习能力及学习效果，而不是机械地规定时间；最后，工作轮换涉及的部门经理应受过专门的有关培训，具有较强的沟通、指导和督促能力。

美国橡胶和轮胎公司（Tire&. Rubber Company）在新员工工作轮换培训方面做得很成功。该公司工作轮换培训的主要特点是：工作轮换与培训对象的经历、受教育程度、职业爱好相匹配；培训时间跨度为 6～15 个月，每个培训对象工作轮换的具体时间取决于该对象学习的速度和效果；工作轮换开始前有三个星期是新员工导向培训，其中有一个项目是与高层管理者讨论他们的职业兴趣，然后选择一些专业部门，安排 6 项任务，一项任务通常为期一个月；培训对象选择分配的某个专业工作作为自己的职业开端。

四、教练

在人们的固有意识中，教练历来就是为体育界人士设计的、只有运动项目才设有的专职职业，比如足球、网球、跳水、射击等。随着人们对体育运动越来越多的青睐和投入，教练技术也越来越受到人们的关注，一些有远见卓识的企业管理者将运动场上的教练方式应用到企业培训中，并形成了一种崭新的教练培训方式。特别是近几年来，教练法已成为欧美企业家提高生产力的有效培训技术。

教练是一种由被称为"教练"的专业顾问，或虽然没有这个"教练"名称却掌握教练技术的资深管理人员或企业导师与被教练的对象(上至总裁等高层管理人员，下至基层骨干或新员工)进行的一对一的培训方式。专业的顾问型、咨询师式的教练是一群有承诺、对人热诚、有丰富人生经验和事业成功的人士。他们不仅拥有杰出的成就，更通过教练技术去支持他人创造成绩。而非专业型的导师掌握了教练技术，也能够比不掌握教练技术的人拥有更丰富的激励手段去完成培训对象的潜能开发，促进培训对象的自省、顿悟。

1. 教练技术的概念及适用情形

教练技术是一门通过发问来发挥潜能、提高效率的管理技术。教练通过一系列有方向性、有策略的过程，洞察被教练者的心态，向内挖掘潜能，向外发现可能性，令被教练者有效达到目标。它的核心内容是：教练以中立的身份，通过运用聆听、发问、区分和回应等技巧感知被教练者的心态，从而判断其行为是否有效，并给予直接的反馈，使其洞悉自我、及时调整心态、清晰目标、激发潜能，以最佳的状态创造成果。

什么样的人需要教练技术呢？通常，遇到下列情形，说明需要教练技术。

(1)无法找到新客户。

(2)陷入了日常琐事，几乎忘记了该往哪里去。

(3)开始觉得被工作套住。

(4)开始看到自己在被生意牵着鼻子走。

(5)过去的那种命令式的领导方式不起作用了。

(6)惯用的增加工资的方法已经不能完全激励员工。

(7)随着同类产品的增加，产品优势不再明显。

教练的使命是帮助被教练者明晰目标，激发潜能，发现更多的可能性，充分利用可用的资源，以最佳状态来达成目标。教练会协助做出最佳的选择，会推动被教练者的行动，会和被教练者一起评估效果，调整策略。

2. 教练技术的应用与分类

教练技术已被广泛应用于企业管理、个人成长、家庭及青少年成长等诸多领域，根据客户不同的需求，教练分为两大类：企业教练与个人教练。

(1)企业教练技术的应用。协助企业的 CEO(首席执行官)或 COO(首席运营官)等提升企业的整体表现，从而改进整个企业的绩效；协助企业完成某个商业项目(例如项目融资、新项目开发、商务拓展等)的目标；协助企业提升销售业绩，开发市场机会，超额完成企业销售目标；协助企业提升其执行的能力；协助企业挖掘其人力资源的潜在价值，提升其人力资源的开发效率；协助企业建立有效率及合作的团队，化解团队冲突，增强团队凝聚力，提升团队执行力，实现团队目标；培养企业内部教练，协助同事提升，培育积极的工作态度和有效的工作技巧。

(2)个人教练技术的应用。人生愿景的规划及实现；个人事业规划、事业转型决定、职业选择、达成事业目标；个人潜力挖掘及提升表现；家庭、情侣及人际关系的处理；财务管理；子女教育。

3. 教练技术的相关技能

教练必须掌握以下四个基本技能。

（1）聆听的能力。研究表明，人的内心活动80%以上是通过语言、情绪和身体等非语言的形式表现出来的，这要求教练有见微知著的洞察力，善于倾听培训对象的心声。

（2）发问的能力。教练可以通过一系列中性的提问了解培训对象的心态，但仅仅以提问的方式远不足以完全打开培训对象的心扉，所以还必须具有巧妙启发、提问的能力。

（3）区分的能力。教练必须具备相当的区分、识别能力，才能帮助培训对象"还原"一个真实的"我"。

（4）回应的能力。通过聆听、发问和区分技巧了解到培训对象真实的态度和动机之后，教练还要把培训对象"纯真"的状态回应给他。回应必须是客观且富有建设性的。

4. 企业教练解决的核心问题及作用

（1）企业教练解决的核心问题，有以下几个。

①帮助被教练者洞悉自我，掌握自己的心态，厘清自己的状态，使被教练者及时调整心态，认清目标，以最佳状态去创造成果。

②帮助企业中所有的个人懂得学习及思考问题。

③帮助管理者学会运用教练技术。

④帮助领导者学会创建学习型组织。

（2）企业教练对个人的作用有以下几点。

①指南针的作用。教练帮人建立坐标，就像指南针帮人确定方向一样。运动场上，体育教练的目标是带领运动员去赢，去赢得体育竞技的金牌；人生道路上，专业教练的目标是支持当事人找到人生的方向与路径。所谓的路径就是让当事人以最少资源达到最佳效果的通路。教练通过专业教练技术的运用，协助当事人清楚目标、改善行动，再改善、再行动，达成人生的一个又一个目标，赢得人生的金牌。

②镜子的作用。教练反映被教练者的真实现状和局限，同时引导被教练者看到更多的可能性，给他们一个重新选择的机会。教练的工作是运用专业教练技术准确客观地反映被教练者的实际现状。被教练者通过教练这面镜子看到真实的自己以后，更容易找到属于自己的内心宝藏或被自己忽略的资源，有效地整合运用，从而有效地实现目标。需要说明的是，最有力量的教练以客观、中立、平常心去做平面镜，而不可以做凹凸镜。如果教练带着自己的判断和标准教练别人，就失去了其作为教练的最大价值。

③催化剂的作用。在教别人的过程当中，教练如同火箭升空的催化剂，充当了促进者的角色。被教练者通过专业教练的聆听、发问、分享、体验、交流、整合、应用、嘉许、支持、挑战等，更加明确自己的方向，充分挖掘自身的潜能，善用自身的所有资源，从而从平凡到优秀，从优秀到卓越。

（3）企业教练对企业的作用有以下几点。

①提升生产效率和企业利润。

②帮助企业去面对急速变化的商业环境带来的挑战。

③提升创意及持续创新。

④吸纳优秀人才，减少员工流失。

⑤形成企业语言，推广企业文化，改善沟通形式，提升沟通效率。

⑥发掘和发展员工个人的独特才能。

⑦凝聚团队力量，实现企业理想。

五、行动学习

由于团队或工作群体会在实际工作中面临问题，在职学习的方式能够让他们加强合作，商讨解决方案并制订行动计划，由组织者负责实施这一计划并进行培训，这就是最实际的行动学习（Action Learning）。同时，在职培训可以让同部门的、跨部门的员工参加，甚至还可以让客户和分销商参加而不需要他们支付任何培训费用。当然，具体人员构成必须根据任务要求而定。实际上，在职培训仅仅停留在对培训内容的掌握阶段是不够的，只有让学员运用所学的方法进行实践，付诸行动，培训的效果才能真正得到体现。

上海某公司在培训的过程中非常注重引导员工运用所学的方法去解决实际工作中的问题。例如，为提高员工解决问题的实际能力，公司安排了问题分析与解决的专题培训。为使课程中所传授的分析工具切实被学员理解与掌握，人力资源部经与管理层及相关部门负责人面谈后，根据几个公司运营中的实例准备了一些问题，在培训时将这些问题分给几个小组进行分析与讨论，由他们根据分析讨论的结果提出解决方案。由于这些问题是学员平时工作时经常面对并希望解决的，因此他们容易进入情景，同时体会到公司对他们意见的重视，从而激发他们积极参与公司事务、配合公司改革的意识。经过这样的培训，学员再次回到本职岗位上以后，就可以用所学的工具解决工作中的问题。

上海这家公司在应用行动学习法进行管理人员培训时，将学员编为几个工作小组，每个小组对公司希望解决的某一问题负责。该工作小组由不同职能部门的人员组成，并延伸到培训课程结束后的工作中。小组成员基于在培训过程中对问题的分析讨论，制定相应的行动方案，分工负责，各司其职，定期召开碰头会，检查行动计划的执行情况。各个工作小组定期向公司管理层递交工作进程报告，管理层也对工作小组给予很大的关注，提供必要的支持。这种行动学习方法不仅能让学员在实践中加深对培训内容的理解，而且通过将培训延伸到日常工作中，使对培训的投资产生最大的效益。学员增强了实际工作能力，公司也借此加强了各部门协同工作的能力，不失为一举多得的好方法。

📖 **例证 6-1**

中粮集团的行动学习

中粮集团有限公司（以下简称"中粮集团"）重视企业文化的建设工作，并取得了突出的成绩。2010 年"忠良文化"入选中央企业企业文化建设优秀案例，同年中粮集团企业文化案例入选《中央企业企业文化建设报告（2010）》，2013 年中粮集团被国资委命名为"中央企业企业文化示范单位"，2015 年中粮集团企业文化案例入选《中央企业企业文化建设报告（2014—2015）》。随着中粮集团全产业链战略和国际化经营战略向纵深推进，中粮文化软实力也在不断增强。为更好地发挥中粮文化对经营管理的支持作用，引领中粮集团和谐发展，中粮集团在企业文化理念、文化行为和文化传播等方面实现全面创新，从而以文化促管理，以管理提升增强企业竞争力。其中，导入行动学习就是中粮集团实施文化创新中的一大亮点。

积极创建学习型组织、有效加强培训工作，是多年来推动中粮集团改革与发展、提高经理人专业素质和技能的重要方法。从 2005 年 4 月第一次高层战略研讨会开始，集团研究企业所有重大问题，都采用带着问题参加培训、运用理论工具寻找答案的

"行动学习"、团队研讨的方法进行。通过举办轮训班，中粮集团把这一方法推广到各级团队，包括对新并购的企业，也用这个方法进行企业文化和工作技能的整合，从而使培训工作成为中粮团队学习的方法、工作的方法、决策的方法和建设的方法。中粮集团的行动学习是从解决企业发展中的实际问题出发，以团队为单位，在统一的逻辑结构和思维框架下进行集体学习和集体研讨，提升团队能力，达成团队共识，解决实际问题，同时推动团队融合、塑造团队文化的完整过程。

中粮集团行动学习最重要的形式之一是"解决问题六步法"，即把问题的解决分解成"是什么—为什么—如何解决—制定行动计划—实施计划—检验效果"六个步骤，完成所有步骤可能历时几周或几个月，这是由问题的复杂或难易程度决定的，但不管耗时多久，成功解决问题主要依赖团队的有效合作和扎实工作。中粮集团将理论学习与实践相结合的朴素道理发展成一套科学的培训方法。中粮集团的行动学习强调：以岗位为课堂，从实践中学习；以同事为老师，最好的答案和专家在团队中；群策群力，借助集体智慧寻找问题解决方案。

2005年以来，中粮集团各级团队利用行动学习法，明确了使命、愿景，制定了战略，调整着组织架构，进行着流程建设、行业调整、领导力/团队建设、企业文化塑造、核心竞争力打造等组织变革活动。中粮集团的行动学习呈现出以下特点。

第一，塑造大学式的企业文化。这个"大学"不是一般的学校，中粮强调全体成员间理念、精神、文化的沟通。建立实事求是、系统思考、心态开放、质疑反思的学习态度，不说大话、套话，明确目标、分析现状、解决问题。从企业的精神层面到管理层面，从思维方法到行为规范，一层层，一步步，用新的市场化、竞争性企业的姿态来激发整个组织，感动每一个人，进而推动管理体制、机制的改革和优化。

第二，强调经理人的培训师作用。中粮集团认为，培训不是传统意义上请专家来讲课，请领导做报告，经理人就是所在团队的培训师，其作用是把大家的智慧激发出来，挖掘、归纳和凝练出来。培训就是经理人推动工作、带团队的方法，是领导力的重要技能。中粮集团旨在使行动学习不再外在于工作，而是成为经理人的日常工作和职责。

第三，利用组织系统开展行动学习。中粮集团没有专门建立行动学习小组，而是充分利用现有的组织架构、人员、管控关系和会议制度，运用行动学习的基本理念和方法技能，逐级推动工作开展。由上至下，中粮各级团队一层层、一环环紧密连接，保证从组织系统的角度推动工作开展，促进组织变革。

第四，与企业运营的方法工具紧密结合。行动学习实践中，最容易发生的现象就是就行动学习而行动学习，只讲行动学习的方法，忽视与企业经营方法的结合。中粮集团建立了一套特有的团队工作方法，包括五步组合论、企业管理逻辑系统、结构化会议模式、集体研讨、解决问题六步法、战略制定十步法、流程建设方法、供应链及成本分析方法等，使行动学习在中粮集团焕发出更强的生命活力。

（资料来源：黎群. 中粮集团的行动学习及其启示[J]. 中外企业文化，2017
(7)：24-27.）

例证 6-2

山东日照检察院：创新学习方法 以教育培训促队伍建设

"从今天起，我们开展日照市检察院机关'质量建设年'集中学习活动，通过大学习、大讨论，动员大家迅速紧起来、动起来、干起来。"近日，山东省日照市检察院为全体检察干警送上了一份"培训大餐"。

此次培训涉及政治建设、意识形态、业务工作、党风廉洁、执行力培养提升及智慧检务应用等多项内容，集业务培训、工作答疑、案例解析、议题研讨于一体，既有理论性专题授课，也有具体业务操作指导；既有支部分组案例研讨，还安排了青年干警学习交流沙龙，引导干警深入学习，做到为思想补钙、给精神充电、为工作加油，实现了集体组织学、老师启发学、自我勉励学的有机结合。

"我们打破过去授课式教学的常规模式，设计了许多教学互动和研讨分享环节，让教育培训从'独角戏'走向'大合唱'。"日照市检察院相关负责人介绍，该院还将探索案例式、互动式、情景式实践课堂，通过线上线下并行式培训模式，打造多样化授课平台，不断扩大培训覆盖面，提升培训实效。

近年来，日照市检察院秉承"以教育促队伍"理念，坚持每周四开展政治学习，把每月第一个周四作为主题党日、最后一个周四作为廉政教育日，深入开展习近平新时代中国特色社会主义思想大学习、大培训。该院着力探索专题式培训，积极整合培训资源，联合日照市委政法委等部门制定《关于开展同堂培训提升化解矛盾纠纷能力的实施意见》，推进公检法司同堂培训，赋能法律职业共同体建设，进一步统一执法司法理念。此外，日照市检察院还按照"干什么训什么、缺什么补什么"原则，突出实战、实用、实效导向，通过选派干警参加深层次培训，推选检察兼职教师及优秀课程，举办岗位练兵及案例实训、检察微课堂、青年沙龙等形式，进一步提升检察干警业务水平。

（来源：匡雪，张琦. 山东日照检察院：创新学习方法 以教育培训促队伍建设[N]. 检察日报，2022-3-18.）

第三节 脱产培训方法

脱产培训也称职业外培训，指离开工作和工作现场，由企业内外的专家和培训师对企业内各类人员进行集中教育培训。许多企业在广泛采用在职培训方法的同时，也注重采用脱产培训方法。如，海尔公司非常重视对员工的脱产培训。在海尔，几乎每个单位都有一个小型的培训实践中心，员工可以在此完成诸多在生产线上的动作，从而为合格上岗提供充分的锻炼机会。

根据培训时间长短来划分，脱产培训可以分为全脱产和半脱产两种。培训对象以全天的时间脱产参加培训为全脱产培训。一些研究机构、行业协会、咨询机构和培训机构举办的各种内容的短期研讨会通常采用这种形式。如果培训需相当长的时间，为了避免影响工作，可以采用半脱产形式，即进行非连续性培训。培训对象每天或每周只接受若干小时的训练，其余时间仍返回工作岗位，继续工作，如现在较为流行的半业余的 MBA 培训即采用这种形式。常用的脱产培训方法主要有演讲法、案例教学或案例研究法、情景模拟法和行为示范法等。

一、演讲法

演讲法（Presentation Methods）指培训师用语言将他想要传授给培训对象的内容表达出来的一种培训方式。采用这种培训方法，培训对象是信息的被动接收者，培训师与培训对象之间的沟通在大多数时候也是一种单向沟通，即从培训师到培训对象。但这种培训方式成本较低，有较强的针对性，同时时间安排紧凑，能介绍较新的研究成果，使培训对象在较短的时间内接受大量的有用信息。因此，演讲法是使用很广泛的一种培训方法。

演讲法的典型形式是讲课。在印刷术未普及的年代，讲课法被视为一种集体性抄写技术，讲课者的知识能一次性地"抄写"给大量听课者，是古代非常普及的一种教学方式。在当今讲课法又被现代科学赋予了新的内涵，在讲课中可以应用现代技术工具（如录像、幻灯片等），使讲课法成为较完善的教育技法。

一般来说，演讲法的培训目标是教授基础知识、专业知识及工作经验；培训对象是企业内部任何一位员工，甚至董事长、总经理；培训内容是指与培训目标相关的具体内容；培训时间依据培训目的、内容、对象而定，一般不宜太长；培训地点多为宽敞、安静、不易受外界干扰的地方。

（一）需注意的环节

采用演讲法进行培训，需要注意以下两个环节。

1. 准备环节

（1）选择和确定培训师。这是该方法的关键。培训师是演讲法的灵魂人物，掌控着培训质量。培训师必须具有良好的仪表、谈吐，深厚的专业理论功底，能编写并自如运用资料、教材，有有效组织学员的能力及评价技术。

（2）授课准备。了解培训对象的基本情况，包括知识、学历、职位等，制作学员桌卡。选择合适的教室和安排座位，准备讲课内容资料、讲课设备以及发给学员的讲课资料。

2. 实施环节

在实施环节需注意演讲内容和演讲技巧。

在安排演讲内容时，应考虑授课的不同阶段。

（1）开始阶段——阐明培训的大致内容和重点。

（2）重点阶段——强调课程的主旨和要点。

（3）阐述阶段——举实例印证主旨。

（4）重复阶段——归纳或总结讲课内容。

应注意的是，这样的阶段划分并不是一成不变的，培训师应该根据讲课内容和自己的风格来把握并实施。为了有效地抓住听课者的注意力，让他们充分理解消化，应打破陈规，灵活自如，创新求变。

（二）演讲技巧

为了使演讲充分发挥效果，除了演讲的内容应切合对象外，演讲的技巧也非常重要。

演讲技巧涉及以下内容。

(1)培训师的第一印象，包括仪表、音调、音量与语速，给学员以积极的暗示。

(2)引出主题的方式。为激发听课者的听课兴趣，导入主题的技巧非常重要，一般可采取开门见山、直入主题的方式，或以社会热点问题引出话题，或以格言、警句作为开场白，或以幽默、笑话的方式引出问题等。不管以何种方式开头，都应迅速切入主题，切忌长久游离于主题之外，喧宾夺主。

(3)演讲中保持讲述的条理性，授课内容提纲挈领。授课时培训师要保持清晰的条理，抓住演讲的重点，突破难点。这要求培训师必须在课前做好充分的准备，不仅要收集大量的材料，而且要对材料进行归纳整理，找出授课内容的重点。

(4)听觉体验与视觉体验相结合。在授课中，若只凭声音的技巧来讲授，很容易变得僵硬、单调。因此最好能活用白板、幻灯片等辅助教具，配合表情、手势，达到视觉体验与听觉体验的双重效果。

(5)巧用身体语言。讲课中，应注意自己的手势与动作，特别是手势应符合当时的语气与内容，身体应尽量放松自然。有时手中拿一个小道具是放松的好办法，如激光指示笔就能辅助培训师达到理想的效果。在采用演讲法培训时，应充分认识它存在的不足，即缺少学员的参与、反馈及强调学员的聆听，不太容易激发学员的兴趣或热情，而且由于是单向沟通，培训师难以快速知晓学员的理解程度。

针对这些不足，在演讲中，培训师应以20分钟为一段落，加强每段的兴奋点，以避免培训对象因缺乏参与而注意力不集中，同时附加问答、讨论和案例研究等，为学员提供参与的机会，促进学习和培训成果的转化。

二、案例教学或案例研究法

案例教学或案例研究法(Case Study)指为参加培训的学员提供实际案例展开有目的有组织的团队活动，进行学习研讨的方法。一般的课堂教学采取分组讨论的方法，这是案例教学法的常见形式。而一般的企业组织的案例研究更多的是联系企业实情展开解决问题的研讨，要先提供给员工或团队描述棘手问题的书面资料，让学员分析和评价案例，提出解决问题的建议和方案。

案例教学或案例研究法由美国哈佛商学院推出，起初用于培养工商管理硕士。目前，案例教学或案例研究法广泛应用于管理人员的培训，也常应用于其他专业人员的培训。案例教学或案例研究法往往针对某个特定的问题，向培训对象提供一个描绘组织运转过程中实际(或可能)存在的问题和情景的案例，其中包含大量的背景材料。培训对象通常组成不同小组来完成对案例的分析进行判断，提出解决问题的方法。随后，在集中讨论中发表自己小组的看法，同时听取别人的意见。案例教学或案例研究法旨在给受训者提供一种体验、一个认识和分析实际管理情景并提出管理对策的模拟实战机会，从而培养参加者分析、解决实际问题的能力。

案例研究分析小组通常具有以下特点。

(1)小组是依据案例的不同而随机组成的。

(2)每个小组的人数为4~8人，每个参加者要自始至终参与项目，不得中途退出。

(3)每个参加者最好有不同的性格、经历、知识和技能。

(4)小组要集中解决某一个问题。在解决问题的过程中让参加者了解沟通和协作的重要性。

在案例分析的最后集中讨论中，培训师往往会先指定某一个小组代表说明案例，分析问题并提出该小组解决问题的方法。然后其他小组的培训对象从自己小组的角度来分析同一个案例，阐述自己的看法、措施，以及在哪些地方比汇报的小组更符合实际情况。在整个讨论中，培训师起着指导、推进和协助的作用，观察培训对象的行为，掌握进度，及时引导，使讨论有效进行，避免某些学员的观点偏离主题。

三、情景模拟法

情景模拟法(Simulation Training)指通过把培训对象置于模拟的现实工作环境中，让他们依据模拟的情景做出即时的反应，分析实际工作中可能出现的各种问题并加以解决，为进入实际工作岗位打下基础的一种培训方法。情景模拟培训一般动态进行，内容、时间、过程等灵活多样，具有互动性强、信息量大、形象逼真、操作性强和效果明显等特点。情景模拟法需要事先精心设计，做好充分的准备。常见的情景模拟培训方法有以下几种。

(一)管理游戏法

管理游戏法(Management Games)，亦称商业游戏法(Business Games)，是仿照商业竞争的规则，采用游戏方式开发学员管理技能的一种培训方法。商业游戏有市场竞争模拟、经营决策模拟及对抗赛等。代表性的游戏是经营决策模拟，它通常使用计算机软件模拟企业真实经营状况，将受训人员分成若干小组，每个小组代表一个组织的决策团体(如董事会、经理会议等)，针对计算机软件模拟的特定情况中的一些企业环境因素，由各小组人员在相互竞争与各自制定决策的基础上研讨应对的策略和办法。在各个小组中，将一定的角色分配给参与者，如总经理、审计、营销副总经理等，让他们对产品的价格、生产量和库存水平等进行决策。通过计算机程序处理他们的决策，比较其结果，以显示特定决策在虚拟的市场及企业环境中的优劣。这种学习方式的优点在于情景逼真、富有竞争性、成本低廉。每人均需积极参与活动，并通过团队合作、检讨所拟策略与办法的得失来相互学习。应用这种方法，培训对象可以增进对决策制定的认识，开发领导能力、决策能力，培养合作及团队精神。管理游戏法的不足有两点：其一是游戏设计和实施的费用比较高；其二是在游戏中，决策者往往是在有限制的条件下制定决策，这在一定程度上影响了决策者创新或革新能力的充分发挥。

(二)角色扮演法

角色扮演法(Role Plays)指在一个模拟的工作环境中，让受训人员扮演其中人物、承担其中角色的工作职责的一种培训方法。通过这种方法，受训者能较快熟悉新的工作环境，了解新的工作业务，掌握必需的工作技能，尽快适应实际工作的要求。角色扮演的关键问题是消除参加者的心理障碍，让参加者认识到角色扮演的重要意义，减轻其心理压力。角色扮演对提高受训者的工作技能或转变工作习惯很有帮助。比如，让经常上班迟到的员工扮演他的上级，而让他的上级扮演经常迟到的员工，用这种角色互换来体验迟到带来的影响和后果，更容易让员工改掉迟到的毛病。

在大多数场合，角色扮演被用于管理人员的培训。例如，在管理沟通培训中，让受训人员扮演"生产部经理"的角色，设计以下情景。

你刚才接到上级、公司总经理张维的电话，他要见你。在去他办公室的路上，你寻思他要找你干什么。你认为有两种可能：一种可能是要提升你做副总经理。张维以前已多次谈过此事。张维曾经说，如果你能在生产部经理的职位上证明自己，副总经理的职位就非你莫属。你当然记得他给过的你理应得到提升的暗示。你们的产量创了纪录，生产部在你的领导下有效运转，你对自己的成绩感到自豪。另一种可能是关于你前天提交给他的那份报告的事。你在那份报告中提出要招聘些优秀的生产主管和工人，你提出：大幅增加工资以寻觅资质更佳的人才；建立一项先进的人事测评项目，淘汰平庸的求职者。

虽然你为自己的成绩感到自豪，但有一个问题一直困扰着你，那就是你手下的管理人员素质太差。这些人当中有几个最近已经离职了，但你更愿让他们全部离职。没有一个可以提拔，你总是为推进下属的工作而疲于奔命，不管怎样指导、鼓励甚至威胁，似乎总得亲自检查两遍才能保证他们确实把工作做好了。你认为，你已经通过纠正他们的错误，为公司节约了上万元的成本。

张维是你的朋友，你对你们之间的工作关系感到满意。想到这里，你踏进了总经理的办公室。

读完以上材料后，接下来你将扮演这个角色，然后有教员以总经理张维的角色与你对话，如果在装有摄像机或单面镜的实验室里，可以把对话情景回放反馈给学员，以发现自己的不足，学习沟通的技巧。

在采用角色扮演的培训方法时，为了使这种培训方法更有效，培训人员需要在角色扮演前、角色扮演中、角色扮演后做许多工作。如在角色扮演前，做好角色扮演者的动员和说明工作，包括角色扮演的目的和方法等，以激发角色扮演者的热情或主动性；在角色扮演中，观察角色扮演者的时间控制、扮演表现和焦点等；在角色扮演结束后，提出问题，共同讨论等。

(三)一揽子公文处理法

一揽子公文处理法(In-Basket)也称公文筐或文件筐培训法。其要点是：培训对象必须在规定的时间内对给定的各类公文材料进行处理，并形成处理报告。培训师通常为培训对象设计一个情景，针对一项具体任务(比如办公楼即将改造，要召集有关人员开会研究并与相关的社会机构联络)，让其担任一个角色(比如公司办公室主任或基建部经理等)，坐在堆满各种文件(如备忘录、报告和电话记录等)的办公桌前，快速处理这些日常文件和事务。这些文件和事务没有什么条理，但有些需要紧急处理，有些需要常规处理。培训对象要研究这些文件，分清轻重缓急，合理安排时间去处理，最终交一份报告或形成一个文件。公文筐培训主要侧重于培训学员的计划、组织、分析、判断、决策、书面沟通等能力，因此，它一般用于中高层管理人员的培训，并与其他培训方法结合使用。

四、行为示范法

行为示范法(Behavior Modeling)指让培训对象观摩标准样例的录像或幻灯片等，并进行实际操练的一种培训方法。比如，可以将面试、绩效考评面谈、企业例会、客户服务现场的情景录制成录像，然后提供给培训对象观摩并讨论，使其从中学习好的做法和经验，或者发现一些应改善的方面或问题，也可以通过一些实地参观，直接接触和学习一些真实的事物等。

在国外，近几年来行为示范培训作为最受欢迎的人际交往与管理技能培训方法，得到广泛应用。行为示范培训由四个流程组成：注意、回应、机械重复与激励。简单说来，培训的目的就是让培训对象观察一个模式，记住这个模式做了什么，做这个模式做过的事，并最终在工作中应用他们所学的东西。

国外的许多实验研究表明，行为示范是一项有效的培训技巧。但最近也有实验研究指出，行为示范存在不少不确定的结果和未验证的假设，特别是有关培训对象是否能将培训内容应用于现实环境中的困惑。例如，在一项行为示范效果反馈分析研究中，研究者发现，大多数行为示范受训者认为，行为示范培训仅仅依靠受训者的反应与要求的训练标准，并没有评估行为的产出。另外，也认为对行为产出的评估效果不明显，一些研究者指出，传统的行为示范可能是培训过程中最薄弱的一环。也就是说，现存的示范模式太简单、冗长或不现实。根据学习理论，现有的示范模式因缺少变化而对培训对象缺乏吸引力，当然，缺少变化的行为示范模式对有些技能的培训是合适并且有益的。例如，很多机械操作行为技巧(像安全使用工具与操作机器等)被准确地表达和演示，让培训对象在相同的工作情况下采取相同的行为。这种培训的目的就是使培训对象机械地重复行为示范模式。缺少变化的培训刺激被视为达到这一结果的有效方法。

然而，人际技能与管理技巧的培训要求培训对象不是简单地重复行为示范模式，而是掌握处理事情的基本观念与规则，明确当某一事件发生时应采取的相关行动。培训的意图是使受训者从模型中提炼出基本的观念并将其应用到相似的环境中去。对于这种类型的行为示范培训的研究表明，培训对象的行为与可变刺激相关，培训中的不变因素可能导致培训效果不佳。

因此，国外学者提出，在人际技能与管理技巧的行为示范培训中应增加多样化或可变性，即使用多重相关情景，以提高行为示范培训的有效性。这种多重相关情景可以是正面的例子，也可以是反面的例子。正面的例子在传统培训中被广泛使用，是因为它们明确地指出了希望培训对象采取的行为；反面的例子虽然没有明确指出希望培训对象采取的行为，但明确指出了什么是错误的。正面的例子能提供更多的信息并且更容易被接受。但在使用正面例子的同时，巧妙使用反面的例子，不但不会削弱正面学习的效果，而且会强化正面例子的印象和记忆。

第四节　新兴培训技术

一、应用新兴技术培训的基本概念和特点

不同学者对应用新兴技术的培训提出了不同的概念，主要有：移动通信远程培训(Mobile Communication-assisted Distance Learning)、线上线下结合的互联网计算机辅助培训(Online and Offline Computer Aided Training)、新媒体远程培训(New Multi-media Distance Learning)、交互式网络电视平台培训(Interactive Network TV Plat-form Training)及网络开放在线大课堂"慕课"培训(Massive Open Online Course Training，MOOC)等。在界定这些概念

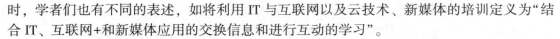

时，学者们也有不同的表述，如将利用 IT 与互联网以及云技术、新媒体的培训定义为"结合 IT、互联网+和新媒体应用的交换信息和进行互动的学习"。

应用新兴技术培训有以下特点。

1. 以技术为支持基础

这类培训早期应用诸如电视机、电话等视听设备，现在则更多地采用如 4G 乃至 5G 宽带网络、远程通信和视频会议、移动终端以及大规模开放式线上线下培训等手段。

2. 跨边界

应用新兴技术的培训以各种介质(声音、图像和视频)将两个或多个学习点连接起来，特别是 MOOC 与各种移动通信终端安装的培训或资料下载的应用软件 App 大大超越了传统课堂的边界，使培训和教育成为没有边界的资源，增加了培训和教育的机会。MOOC 不但带来了教学方式的巨大变革，而且"跨界"到企业员工培训领域，给企业培训带来了新的发展契机。传统企业员工培训面临培训观念陈旧、形式单一、内容针对性不强、优质师资短缺、培训效果评估体制不完善的困境。为了使 MOOC 在企业员工培训中发挥更大效用，企业员工要培养自己的自主学习能力，还应积极发挥多方合力开发个性化企业 MOOC，使 MOOC 真正成为企业增强核心竞争力的利器。此外，现场直播的视频系统允许在全球任意有网络的地方观看培训课程或演讲内容。据网络上的不完全统计，某视频软件从上线试用版到一星期后的第一版，用户从几百个增加到超千万，从城市伸展到农村。

3. 以学员为中心

应用新兴技术的培训给学员提供了更多自我探索和自我学习的机会。如 E-learning 给学员提供了很多相关网址，学员可自己去搜索和获取有用信息。E-learning 作为一种新的培训方式，得到了飞速的发展，其内涵是指利用电脑空间（Cyberspace）、互联网（Internet）、企业内部网（Intranet）、新媒体、远程学习和电子支持系统等技术手段所进行的跨越时间、空间，在不同时间和地点的学习。在一定程度上，E-learning 涵盖了上面提到的这些概念。

二、应用新兴技术培训的类型

常用的应用新兴技术的培训有以下类型。

(一)传统的计算机辅助培训

这类培训是传统的、最普遍的辅助培训方式，它是 20 世纪 50 年代随着个人计算机的兴起而发展起来的，主要通过设计一些课程程序和软件帮助学员进行自主学习。在常见的计算机辅助培训中，学员可以学到课程内容，并可以对自己掌握知识的水平进行评估，以确定自己下一步的学习。所以，计算机辅助培训往往是自适应培训，即学员可以根据自己学习的步调，调整学习进度。它特别适用于一些基本知识和概念的培训。这是应用新兴技术的培训中最基本的形式。

(二)E-learning

E-learning 是一种新的企业人力资源开发方式，在当今信息化、人工智能不断发展的时代，它凭借自身的优势，逐渐成为企业员工培训的重要手段。其主要方式是应用新兴 IT 与互联网、新媒体技术进行培训，比如在网上开设课程主页，将与课程有关的内容放置到网上，经由局域网（LAN）、广域网（WAN）、个人计算机（PC）、调制解调器（Modem）和路由器（Road Warriors）、无线网络、无线路由器乃至卫星通信等通信技术设备和方式将资料发送到各种终端，使学员可以在世界范围内浏览某个课程，并进行在线或利用云端存储的资料下载进行线下的课程学习。根据开设的主体来划分，E-learning 通常有两类：一类是公司内部开设的培训课程，主要针对公司内部员工，一般员工有密码，通过内部网络或局域网可以得到网上的课程资料。一些跨国公司看到了网上培训的独特优势，开发了自己的内部网上培训课程。摩托罗拉曾开发了近百种网上培训课程，大部分集中在 IT 方面。有了这些网上课程，全世界的员工都能了解公司在技术上的最新动态。另一类培训课程是由专业培训公司提供的，它们往往会在网上公布一些课程单元，如果某家企业购买了它的服务，就可以得到进入课程的密码，这样该企业的员工就可以进行网上的学习了。一些出版社为了更好地销售其教材，也会在网上开设"教师培训"的课程，购买了教材的老师可以免费获得培训。一个培训课程主页通常包括以下内容：课程信息、讲师信息、课程课件、课程作业、交流区、网站链接和学员工具等。在课程信息中，会对该课程的内容和进度进行基本介绍；在课程课件中，会包括课程讲义、阅读文献等；在交流区中，会有聊天室和讨论区，学员可以就某个问题与其他学员或老师进行讨论；在学员工具中，学员可以提交自己完成的作业、编辑个人课程主页、阅读学员手册并检查自己的学业结果。

在企业中，E-learning 课程采用的是一种员工自主式的学习，员工可随时打开电脑或手机、平板电脑上网，学习那些已经由培训总部在网上设计好的培训课程。

与以往的培训相比，E-learning 具有如下特点。

1. 灵活选择学习进度

不同的人有不同的能力和知识背景，学习的速度和效果也有所不同，传统的培训无法兼顾所有学员的需要，E-learning 则可由学员根据自己的情况自主选择学习进度。

2. 灵活选择学习时间和地点

现在工作十分紧张，要员工抽出大块时间去参加培训势必会影响工作。而 E-learning 利用通信的优势，让员工能在公司里、家中、车上、餐厅里随时利用零星的时间学习，使参加培训不再成为员工的一项负担。

3. 灵活选择学习内容

有些员工已经接受过某一方面的培训，就可以不选择这项培训，或者可跳过一些比较熟悉的课程内容，学习对他最有用的内容。这给了员工极大的自由，不必在自己已经学会的内容上浪费时间。

4. 学习效果显著

E-learning 所具有的流程固化性、可追溯性、可跟踪性、互动性、即问即答等技术优势，可以使培训前评估、培训、培训后行为转化以及高度承诺的管理实践之间产生良性高效的互动协同。

5. 大大提升组织整体培训效能

E-learning 所涉及的培训内容可以统一规划，覆盖面广，组织中的每一个学习者都可获得相应的培训，可以大大提升组织整体培训效能。

E-learning 除了利用课程网页之外，还可以通过电子邮件的方式进行信息交流和讨论。

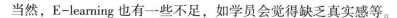

当然，E-learning 也有一些不足，如学员会觉得缺乏真实感等。

(三)应用新媒体的远程培训

E-learning 凭借的手段是内部网络或万维网，学员不必到专门的教室中去，他们可以自主地选择学习时间和地点。多媒体远程培训是指结合采用多种媒体手段，利用现代技术将声音、图像传递到各个教学地点，学员一般会在各地专门的教室中接受远在外地的教师的培训。在多媒体远程培训中，可以有小规模乃至点对点的专门培训(如领导力开发、专业操作等)，可以多边互动，即学员可当场提出问题并得到实时回答(即问即得)，也可以有中等规模的集中上课，同时在课堂上学员可以利用手机等移动终端与教师立体沟通，更有超大规模的开放式线上线下培训平台 MOOC(慕课)，让一些课程的学习面扩大到几千甚至几万人。IT、互联网与新媒体的应用，有时还可以形成全球范围内的虚拟学习团队，团队成员或学员往往并不需要配有计算机辅助学习软件或存储的 U 盘，而是在任何有网络(数据流量、移动蜂窝网络或 WIFI 路由器)的地方自己直接从云存储下载后自行学习。总而言之，应用 IT、互联网与新媒体的培训具有如下特点：跨地域性、沟通多向性、及时同步性、便捷性。

现在众多企业开设了远程培训课程，如营销原理、服务营销、专业化销售、消费者行为、战略营销、基础会计、财务管理、人力资源管理、生产管理等。实际上，任何传统的培训课程经过调整和改进后均可用于远程培训。从我国的情况来看，基于技术的远程培训始于 20 世纪 80 年代初，当时由于历史原因出现人才断层，亟须尽快培养大量人才。为此，采用了以广播电视教学为主的大规模传递和大规模接收并加以辅导的传统教学模式，此时，教学研究的重点在于制作由优秀专家讲授的录像带。这种大规模的教师+媒体的教学传递模式确实为解决客观存在的人才短缺问题发挥极大的作用，但在教学观(目标)上还是沿袭了传统的教学思想。20 世纪 90 年代以来，由于以计算机为中心的通信与信息技术的迅速发展，远程培训的传递手段日益多样化，多媒体远程培训也开始在我国教育界和企业界得到广泛应用。

(四)移动学习平台

移动学习就是不受时间、空间的限制，在任何时间、任何地点都可以进行自我增值的一种方式。而移动学习平台就是给这样一种方式提供载体。平板电脑、软件以及宽带互联网接入等的不断发展，为传统的学习方式转换成移动学习方式提供了强有力的支持。移动学习平台在生活中随处可见，主要以微信、App 等形式出现。通过一部手机或平板电脑，便可自行学习。移动学习平台不仅应用在个人学习中，很多企业也通过这样的方式进行培训。移动学习之所以迅速得到推广应用，主要基于以下几个特点。

1. 简单易用

移动学习可以通过关注微信公众号或者下载 App 获得学习平台，采用像看新闻那样简单的方式随时随地进行学习。

2. 互动分享

移动学习以联网的形式，可以在线交流、互动、分享学习内容。

3. 节约时间

移动学习可以利用零碎时间进行，例如，在乘车上班路上或者做其他事情的间隙打开手机进行自我学习。

三、应用新兴技术培训与传统培训的区别

传统培训主要指那些面对面由讲师给学员传授的课程或进行的培训。我们可以从如下几个方面来对传统培训、计算机辅助培训、E-learning 和多媒体移动终端培训进行比较，如表 6-2 所示。

表 6-2　不同培训方式的特点比较

比较项	传统培训	计算机辅助培训	E-learning	多媒体远程培训	移动学习平台
跨地域性	无	无	应用地域范围极广	可在几地同时进行	地域范围极广
信息流动	双向	通常为单向	通常为单向	多向	多向
组织形式	正规	松散	松散	正规	松散
安全性	有	无	无	无	无
培训内容	会滞后	及时	及时	及时	及时
技术设备要求	低	中	高	极高	高
对讲师的要求	中等	自适应学习，教师仅负责回答和咨询	负责回答和咨询	高，同时面对多个培训点和不同培训对象	高，同时面对多个培训点和不同培训对象
学员准备性	低	中等	高	高	高
学员主动性	一般	高	高	高	高

从表 6-2 中可以看出，虽然应用新兴技术的培训具有不少传统培训所不具备的特点，但也对培训设施、讲师提出了更高的要求，并要求学员有一定的应用新技术的准备，包括计算机和互联网、新媒体的应用技能，同时能主动、自发地进行学习。

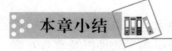

本章小结

1. 培训方法是指企业对员工进行培训时根据培训对象、培训目标等不同要求所选择的不同方法。一种好的培训方法应具有以下三个特点：一是目的性，即培训方法是否达到了培训的目的和要求；二是经济性，即培训方法在达到预期效果的情况下，所花费的成本最低；三是可行性，也就是所选择的培训方法符合企业和当时的现实情况，可操作性强。

2. 在培训过程中，根据受训者是否需要离开现有的工作岗位参加培训，培训方法可以分为两类，分别是在职培训和脱产培训。

在职培训是指为了使员工具备有效完成工作任务所必需的知识、技能和态度，在不离开工作岗位的情况下，对员工进行培训，也称在岗培训、不脱产培训等。

脱产培训也称职业外培训，指离开工作岗位和工作现场，由企业内外的专家和培训师对企业内各类人员进行集中教育培训。

3. 在职培训方法包括：(1) 师带徒；(2) 导师制；(3) 工作轮换；(4) 教练；(5) 行动学习。

4. 脱产培训方法包括：（1）演讲法；（2）案例教学或案例研究法；（3）情景模拟法；（4）行为示范法。

5. 应用新兴技术的培训的类型包括：（1）传统的计算机辅助培训；（2）E-learning；（3）应用新媒体的远程培训；（4）移动学习平台。

本章习题

一、简答题

1. 简述在职培训方法。

2. 简述脱产培训方法。

二、案例分析

IBM 的导师制

IBM 全球导师计划，又称跨国界导师计划，最早于 2007 年在南非导入，参与者是南非分公司高绩效的员工与美国经验丰富的高管。该计划最初的目的是将美国高管的商业和领导技巧传授给南非员工。南非分公司及其员工的绩效在导师计划下得到了显著提升。随着发展中国家业务的快速增长、全球化竞争的加剧，IBM 发现必须尽快将已开发国家成熟的商业知识和技能进行扩散，以便更好地满足客户的需求。于是 IBM 将南非模式复制到全世界，通过不断完善形成了现今的全球导师计划。

IBM 的全球导师计划主要有以下几个特点。

1. 丰富多元的导师资源及师徒组合形态

在 IBM，不是只有主管才能担任导师，而是全员都能担任。IBM 对导师的素质要求最重要的是愿意倾听，愿意给他人建议，愿意向他人提供反馈，有高度兴趣与他人分享自己的工作经验、知识和技能。其次是对个人经验、成就、工作知识和技能与领导力等方面的要求。因此，在 IBM 即使是最基层的员工，甚至实习生，都有机会担任导师。

为了顺利推动导师制，IBM 的高层管理者以身作则，一般会担任多个被辅导者的导师。此外，IBM 也懂得充分利用经验和阅历丰富的高层退休人员，返聘他们担任领导者接班人的导师。由于导师资源在全球范围内共享，因此每个员工面对的导师资源极其丰富。

在 IBM 全球导师计划下，师徒之间的交流方式也是多样的，主要包括虚拟辅导和当面辅导两类。虚拟辅导（Virtual Mentoring）是通过视频会议、电子邮件、电话及其他科技，手段等方式进行远程辅导，基本不产生额外费用；当面辅导（Immersion Mentoring）则指通过面对面的方式进行辅导，徒弟和导师通常利用频繁出差的方式进行拜访与辅导，或者由徒弟所在部门编列预算前往导师所在国家短期居留，密集辅导。

2. 结合职业生涯发展的导师安排

IBM 全球导师计划的另一个特点是针对员工不同职业生涯阶段的需要搭配不同的导师。对 IBM 员工的访谈显示，新员工刚进公司时，部门主管会为他指定一位导师，这位导师的任务是在试用期内帮助员工快速适应工作环境和熟悉业务流程。部门主管在做出新员工转正决策时，也会参考导师的意见。转正之后，员工的一线经理会另外为员工安排一位导师，这位导师主要在业务和职业技能方面对其进行指导。此外，员工在一年以后，可以在全球范围内根据自己的需求寻找合适的榜样人物作为自己的导师。因此，IBM 通常将导师分为三种类型。

一是社会化导师（Socialization Mentoring）。这类导师辅导的对象包括正常招聘的新进员工、刚并入 IBM 的公司的员工、劳务派遣至 IBM 的员工以及内部轮调的员工。社会化导师的任务是为上述员工提供必要的支持，使他们能顺利、快速地融入新的工作环境。

二是专家导师（Expert Mentoring）。这类导师主要负责将关键的特定知识或技能转移给徒弟，例如产品知识、技术知识、领导力、销售技巧等。通过这样的导师制度，导师的隐性知识可传递给徒弟，除了可缩短徒弟学习的时间外，更有利于将关键知识保留在 IBM 组织中，进而达到共享与创新的目的。

三是职业生涯导师（Career Guidance）。这类导师和徒弟长期的职业生涯规划密切相关。他们的任务主要是帮助徒弟确认职业领域和未来的职业目标，并协助制定执行方案与方法来达成目标。通常，职业生涯导师还会在某些时机给予徒弟建议、扶持和心理支持，对于想在组织中晋升的徒弟有很大的帮助。

3. 完善的导师制度体系保证

IBM 全球导师计划的顺利实施有赖于完善的制度体系提供的基本保障，其主要内容包括以下几项。

一是建立导师资源的数据库。导师制已经成为 IBM 的一个传统，所有的员工都有自己的导师，在被辅导的过程中，一些优秀的员工自己也掌握了如何成为导师，因此很多员工在进入公司一段时间后就积极申请作为新员工的导师，在经过经理的考核和同意之后，便可以进入导师数据库。在数据库中，导师必须录入自己的工作经历、过去的成就、性格、价值观及专精的知识和技能等信息。

二是导师和徒弟双方进行配对。徒弟搜寻到合适的导师后，通常通过电子邮件向导师发出邀请，导师会根据徒弟的要求及其基本情况（如部门、年龄、性格、价值观、潜力等）决定是否接受该徒弟。如果是公开征求导师的情况，徒弟也可根据导师的具体情况决定是否接受该导师的指导。

三是导师和徒弟共同制订辅导计划。导师与徒弟配对完成后，双方将订立一份协议（Agreement）来正式建立关系，协议的内容包括需要学习的具体知识和技能、辅导周期、每次辅导时间长度、整个辅导计划持续的时间等。若是职业生涯导师，还会和徒弟根据其近期目标和长期职业志向，共同制订长期的个人生涯发展计划（Individual Development Plan）。在该计划中，除了辅导计划外，也会要求导师和部门建议徒弟接受相关的培训。

四是执行与追踪阶段。在导师对徒弟进行辅导之前，IBM 会对导师实施倾听、辅导、教练、建立良好关系等技能的培训，以改善辅导效果。为确保在辅导期间师徒能投入足够多的时间和精力，IBM 要求师徒所在分公司的高层管理人员必须承诺对此辅导计划提供支持。导师和徒弟都应依协议和个人发展计划约定的事项定期进行辅导，并在期终对辅导情形加以汇总报告。在辅导期间，人力资源部及徒弟的直属经理会对实施情况进行跟踪，并在信息系统中记录相关信息。

五是评估、反馈、修正与表彰。辅导结束后，人力资源部会分别对导师和徒弟就目标的达成、辅导计划执行情形及辅导关系等进行访谈与评估。人力资源部会将徒弟评估的情况反馈给导师，并记录到导师个人数据库中，作为考核及未来升迁的重要参考指标。对于表现优异的导师，IBM 会在年度会议上对其进行表彰，并且颁发由两方分公司高管签署的感谢状。人力资源部每年会根据徒弟和导师反馈的意见，来修正、调整全球导师计划，使之不断完善。

六是重新建立新一轮的师徒关系。通常辅导期持续6个月到1年。辅导结束后，导师和徒弟可以和其他人建立师徒关系，重新签订辅导协议，或者转变为非正式的亦师亦友的师徒关系。

资料来源：石金涛，唐宁玉．培训与开发［M］．5版．北京：中国人民大学出版社，2021.

请思考：

1. 结合上述案例，分析你所在公司的在职培训存在什么问题，如何改进？

2. 试结合你所在公司下属的一个部门存在的实际问题设计一个脱产培训方案，并说明采用哪些方法（管理游戏法、角色扮演法、一揽子公文处理法、行为示范法等）比较有效。

3. 在职培训与脱产培训各有哪些优点与缺点？两者怎样结合才能使培训更有效？

三、实训练习

1. 实训内容

结合你所熟悉的课程，选择一个知识点，确定一种培训方法，设计一个培训方案并进行培训。

2. 步骤方法

(1)5～7个人组成一个小组，对培训方法的选择进行分析。

(2)以小组为单位，为确定的知识点选择至少一种培训方法并设计培训方案。

(3)每个小组派一名代表在课堂上汇报展示。

3. 实训考核

对培训整个过程给予点评并给出成绩。

第七章 培训成果转化

学习目标

1. 了解培训成果转化的含义；
2. 理解培训成果转化的理论；
3. 掌握影响培训成果转化的因素和促使培训成果转的保障措施。

案例分享

激励培训意味着更好的学习和培训转化

枯燥的讲座、内容缺乏意义的线上学习、不为员工提供实践机会和接收反馈意见机会的培训……所有这些方式使受训者失去动力，很难学习并将所学应用于工作中。因此，许多公司在使用创新的指导性方式使培训更加有趣，以促进受训者学习并将所学应用于工作中。

威瑞森电信公司（Verizon）依靠由培训教员主导的虚拟课堂，将培训带给其分散在世界各地的雇员。由于认识到保持学习者参与的积极性及培训内容的重要性，威瑞森电信公司采用了许多新的学习策略。该培训结合由领导者主导的讨论和互动任务（须由参与者在虚拟的分组讨论会议室分组完成），用于支持其业务的客户服务计费过程。研讨会包含网上投票，以保持学习者参与的积极性。信息技术课会利用实验室和模拟技术设备来提供实践机会并给予指导。对于零售培训，威瑞森电信公司的虚拟培训师以虚拟形式进入零售门店。首先由虚拟培训师提供培训，随后学习者填写完成一份文件，这份文件将有助于强化岗位培训。同时还有助于管理者讨论范例、想法和具体活动的讨论方案，以及让学习者有机会在培训后应用相应技能的场景和教练模式。

PNC 金融服务集团的 PNC 大学为全体雇员提供基于网络的培训，以帮助雇员学习。该培训计划是公司为雇员和内部组织制订的，从而确保其相关性且内容具有意义。在线帮助功能允许雇员通过下列四种方法中的任何一种来进行学习：看一看、试一试、做一做或者模拟一下。看一看提供了一个简短的指导视频来展示如何完成任务。试一试让雇员在系统的模拟版本中借助指导进行交易实践。做一做让雇员在现场系统中通过一个 Help 指导工具进行交易，一步步完成任务。模拟一下让雇员模拟每一步的程序，完成交易。

为使学习者更多地参与培训，美驰公司对卡车技工的培训进行了修订。这些技工在线完成前期工作，这有助于他们了解后驱动桥部件及其操作和预防性维护。然后，他们在课堂上学习需要实际操作的内容，比如拆卸和重新组装驱动桥配件及对驱动桥做出调整。培训结束后，学习者完成后期工作，并回复实践课程中的概念。每 4~6 个月要求学习者使用模拟技术进行上网时间，让他们从工具箱中选择工具来测量、调整。

Colorado Springs Utilities 是公用事业公司，为当地社区的六十多万客户提供天然气、水和电力服务。所有的公司高管都公开声明支持学习，并作为指导者或演讲者参与学习活动，还把培训活动的目的和预期成果作为绩效目标的一部分。每个培训项目始于一个头脑风暴课程，以确定其主题和活动；这样的一个开头使受训者能够参与其中，有助于他们享受培训的乐趣并记住更多所学知识。在安全培训课上，受训者体验了模拟的紧急情况，并不得不使用所学到的技能和疏散计划的知识来应对。为处理电源关闭问题，受训者扮演了不同的角色并采取了不同的行动。随后，培训者评价他们的表现，受训者讨论他们所学的内容。最后，受训者要完成培训和考核以确保他们掌握了所学内容。

（资料来源：雷蒙德·诺伊. 雇员培训与开发 [M]. 北京：中国人民大学出版社，2015：132-133.）

以上案例中，四家公司均采取了不同的做法来帮助雇员完成培训。请分析他们是如何帮助雇员进行培训成果转化的？哪些条件是转化培训成果的关键？

第一节　培训成果转化概述

据估计，企业培训中一般只有 10% 的培训信息被运用到工作中。企业培训面对的最大挑战之一就是要确保员工把他们学到的东西应用到工作中，培训成果转化已成为培训评估越来越关注的问题。然而在实际的企业培训中，大部分企业将培训的重点放在培训活动的设计与组织上，而对于培训之后员工在工作岗位上的行为、态度变化关注不够，即忽略了培训成果转化。在培训过程中，学员通过一系列的课程学习，掌握了某方面的知识、技能，可能当时的学习效果很理想，但这并不意味着学员在实际的工作过程中可以熟练应用这些培训所得。员工的培训所学只有进一步得到应用，帮助员工真正提高工作绩效，培训成果才实现了转化；相反，没有培训成果转化这一环节，那么前期所有的培训都是无意义的，既不会增长员工的工作技能，也不会提高企业的整体效益。因此，学员能否有效地将培训成果进行转化决定了企业能否实现培训的价值。企业培训主管部门应在深刻领悟培训成果转化理论内涵的基础上，考虑影响培训成果转化的因素，合理设计培训方案，促进员工完成培训成果的转化，才能真正实现企业培训的最大价值。

一、培训成果转化的概念

培训成果转化，是指受训者有效并持续地将培训中所学应用于工作中。在组织中，受训者特征、培训项目设计以及环境特征都会影响受训者是否能够将所学转化到工作实践中。同时，培训转化还包括将培训成果推广至工作中以及对所学内容的维持。其中，推广是指受训者将所学应用于工作中与培训相似又不完全相同的问题。维持是指受训者随着时间的推移继续使用他们所学的知识。

二、培训成果转化的理论

当受训者在培训中完成与实际工作环境相似的任务时，培训转化发生的成功率更高。当培训中的任务与工作环境相差较大时，培训成果难以转过。因此，培训中使用的任务与培训目标有关。有三种影响培训涉及（学习环境）的培训转化理论。它们是同因素理论（Theory of Identical Elements），激励推广理论（Stimulus Generalization Approach）和认知转换理论（Cognitive Theory Transfer）。

（一）同因素理论

同因素理论认为，培训转化只有在受训者执行的工作与培训期间所学内容完全相同时才会发生。当学习环境中的任务、材料、设备和其他特点与工作环境中遇到的相似时，转化将达到最大化。

同因素理论可以应用到培训飞行员，训练飞行员的模拟器酷似飞机的驾驶舱，与真实场景相差无几。用心理学术语来表达，就是学习环境对工作环境的模拟非常逼真。逼真度是指培训环境与工作环境的相似程度。如果在模拟器中学习了飞行、起飞、着陆和处理紧急情况的技能，这些技能将被转移到工作环境中。

同因素理论已被应用于许多培训项目，特别是那些设计设备使用或必须操作具体程序的项目。同因素理论对确保近转化的发生尤为重要。近转化是指受训者将所学技能准确应用于工作中的能力。

同因素理论并不鼓励在学习环境和训练环境不一定相同的地方进行转化。这种情况在人际交往能力培训中尤为突出。例如，一个人在有冲突的情况下行为不容易被预估，因此受训者必须学习解决冲突的总体原则，以便根据不同环境要求灵活使用。

（二）激励推广理论

激励推广理论指出，培训转化的关键是对最重要的一些特征和一般性原则的培训，同时要明确这些一般原则的适用范围。它强调"远程转换力"，即指当工作环境与培训环境有差异时，受训者在工作环境中运用所学技能的能力，如对员工进行人际管理技能的培训。

激励推广理论特别会被用来设计一些技能培训项目，这些项目基于社会学习理论。社会学习理论对于学习至关重要，这些理论往往在模型、实践、反馈和强化学习方面发挥作用。开发有效的人际交往技能培训项目的一个步骤是确定在某一情况下成功所需的关键行为。关键行为指可以成功地应用于各种情况下的行为。

（三）认知转换理论

在了解认知转换理论前，先要了解人体的信息加工过程。当感觉器官受到外界的刺激时，信息加工过程就开始运作了。刺激产生的信息先存储在短期记忆中，然后被转换，编码进入长期记忆储存。如果人对信息的刺激进行反应时，记忆搜索过程就开始了。这些反应会产生一些学习成果，如认知能力、智力等。过程的最后一个环节是反馈，积极的反馈可以起到强化作用，使学习效果更好。

认知转换理论认为，转换与否取决于受训者恢复所学技能的能力，因此，可通过向受训者提供有意义的材料来增加受训者将工作中遇到的情况与所学能力相结合的机会，从而提高转换的可能性；同时向受训者提供对所学技能进行编码记忆的能力，这样学员们就能轻而易举地恢复这些能力了；最后还要不断地对受训者学习状况进行监控和反馈。

在转换中要注重促进员工的自我管理。自我管理指个人将在控制决策制定和行为方式的某些方面的尝试运用到培训中，亦即在培训项目中应让受训者自我控制新技能及特定行为方式在工作中的运用。自我管理的主要内容包括以下几项。

（1）设置运用所学新技能想要达到的目标。

（2）判定目标的合理性。

（3）在工作中应用所学的新技能。

（4）进行自我监督。

（5）自我强化。

自我管理之所以重要，是因为受训者可能会在工作环境中遇到许多阻止其进行培训成果转化的障碍。这些障碍包括：缺乏时间、资金；设备不合适；很少有机会使用新技能；缺乏同事和管理者的支持等。使受训者做好应付这些妨碍因素的一个方法就是在培训结束时，向受训者提供自我管理的技术指导。

三、培训成果转化过程

成果转化可以理解为学习者将一个场所学到的技能应用到另一个场所中，如一个人在驾驶员培训中心学会了驾驶教练车，回到家后应能驾驶私家车。培训成果转化就是为了成功完成培训项目，受训者必须有效且持续地将所学技能运用于工作当中。这里的技能指的是培训项目中所包含的各种知识、技能以及态度和行为的改变等更为广泛的内容。我们可以建立一个模型来描述影响培训成果转化的各种因素及其转化过程。早在 1988 年，鲍德温（Baldwin）和福特（Ford）就提出了影响培训成果转化的因素模型，该模型认为，受训者特征、培训项目设计、工作环境和使用结果是影响培训成果转化的四个主要因素，如图7-1 所示。

培训其实就是一个学习的过程，有学习体验的人都知道新知识从刚接触到掌握、运用需要不断地重复，直到运用新知识成为自己的行为习惯。如同学习的过程一样，培训要达到预期的目的，实现培训成果的有效转化，其过程也具有反复性。

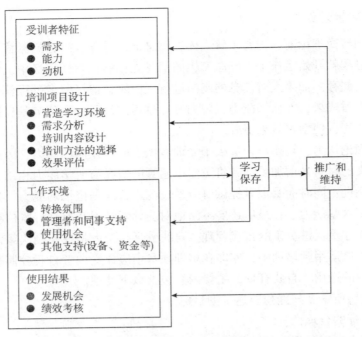

图7-1 培训转化过程模型

在鲍德温和福特建立的模型中，培训转化是一个单向的过程，然而，现实中我们会普遍发现，培训成果转化并不是一次性就能完成的。在成果的保存、转化推广时，可能会遇到各种阻碍因素或又出现了新的问题，为此需要进行实时的信息反馈，加强受训者与培训者及管理者的沟通，解决问题，扫除障碍，共同促进培训成果的转化，同时也为下一次培训项目的设计提供借鉴。因此，如图7-1的模型所示，培训成果转化应是一个将培训内容保存，再推广到工作当中，并能维持所学的内容，同时进行实时的信息反馈，通过调整实施再学习、再推广的循环过程。

拓展阅读

关于培训效果转化的思考：促进培训效果转化的建议分享

在企业人才培养和开发中，培训是很重要的方式，有效的培训转化可以帮助企业在市场的竞争中赢得优势。都说培训需要后续的跟进，那么要怎么让培训效果得到更好的转化呢？在此整理一些培训效果转化的建议，分享给大家。

1. 让学员在培训后总结培训心得体会。据统计，所学习的知识会随着时间的推移而自然遗忘，所学习的知识在三天之后会忘掉一半，一周后会忘记70%，两周后几乎都忘记了。让员工在课后对培训内容进行培训心得总结，就是要看看员工在培训后领悟得怎么样、体会得有多深、能够总结出多少重点，这样能够进一步帮助员工回顾培训内容，加深印象。

2. 让培训内容有针对性地与工作相结合，跟踪员工的在岗时间情况。在培训技能或工作方法的时候，要保证有充分的时间让他们学习如何将新知识、新工具运用到实际的工作中。在日常的工作中，培训者可以和管理者一起进行通过案例分析、角色扮演、一对一的对话等帮助员工改进工作方法。管理者和人力部门要适时地进行监督检查和辅导，让培训课程真真切切地转化为在岗实践。

3. 对培训效果进行评估，对培训效果优秀的学员给予奖励。这部分需要领导的重视，也需要人力资源部门和其他部门的相互配合，定期对企业内部的培训成果进行评估认定，有规章、有组织地举行表彰大会或张贴布告栏，对有优秀培训成果的学员进行升职加薪、树立学习榜样等，在表彰时可以注明××员工在培训中学习到了什么、有了什么效果、有什么工作改进等，调动大家的学习热情，营造学习氛围。

（资料来源：中国培训网）

第二节　影响培训转化的因素

根据鲍德温（Baldwin）和福特（Ford）提出的培训转化过程模型，影响培训成果转化的因素主要包括受训者特征、培训项目设计、工作环境等。

一、受训者特征

受训者特征即学员的个体特征，是指每个学员存在差异的特性，并且这种特性会影响个人学习的快慢以及学习内容的持久性和推广性。受训者特征包括受训者需求、受训者能力和受训者学习动机，这对于培训成果能否最大限度进行转化有着深刻影响。

（一）受训者需求

需求理论认为，如果一个人的主要需求得到满足，那么他的行为动机和积极性就会被激发出来。受训者的需求不仅包括物质需求，还包括精神需求。如果培训需求没有得到满足，受训者容易对培训产生懈怠情绪，对培训结果产生不满。当受训者的需求得到满足，受训者将更有动力将培训成果转化到实际工作当中。因此，对受训者本人进行培训需求分析，厘清受训者的具体培训需求，能够提高培训针对性，并且有助于受训者进行培训成果转化。

（二）受训者能力

受训者能力主要是指受训者在受训过程中展现出的对培训内容的接受能力、认知能力和阅读能力等。员工参差不齐的综合素质与个人能力在一定程度上影响了培训成果转化。培训课程的内容涉及新的工作理念与新的工作方法，这些一般是学员未曾接触过的，拥有优秀综合素质与良好个人能力的学员，无论是在培训过程中还是培训后的成果转化方面都更容易取得良好效果，具体包括学习能力、适应能力、创新能力、实践能力等。学习能力是学员参与培训学习的基础。培训的本质是一种学习，即学习新的理念、新的方法等，那么良好的学习习惯、理解能力以及记忆能力将会帮助学员较大程度地掌握所培训的内容，为培训成果转化奠定坚实基础。适应能力与创新能力强的学员容易接受新的环境与内容，能较好地融入培训，并在实际工作中做到举一反三，创造性地应用所学。实践能力也是一个重要的因素，很多学员培训后缺乏实践进而影响了培训成果转化的效果，学员应不畏困难，迎难而上，积极参与培训实践，进一步在实践中感悟与提升。因此，受训者良好的能力与自身素质是培训成功以及培训转化的重要前提。

(三) 受训者学习动机

每个人做每件事都会有相应的动机，这也是做好每一件事的基本前提。如果受训者没有良好的学习动机，如受训者只是被迫接受培训，那么在受训的过程中就很难有明确的目标。没有目标的受训就会是对时间和精力造成浪费，因此组织在确定培训的人员以及对培训进行需求分析的时候就应该对受训者的动机进行评估。例如，受训者是否愿意接受培训？如果他愿意接受培训的话，他的预期受训目标将是什么？他在受训的过程中将会有怎样的学习动机？这些都是培训组织者应该考虑的问题，因为这会直接影响培训的转化。

二、培训项目设计

培训项目设计是指对培训中所采用的培训内容、培训方法及培训渠道、途径的选择。这里面每一个环节都直接或间接地影响培训成果的转化。因此，做好培训设计是整个培训活动顺利进行的前提，也是培训成果顺利转化的关键。其中，培训师的选择、培训内容与培训方法的拟定对培训效果转化的影响最为显著。

(一) 培训师的选择

培训课程的主导者是培训师，培训师的水平将直接影响到学员的接受程度和培训效果。培训师不仅需要具有扎实的专业理论知识和实际工作经验，还要有较为丰富的授课经验、培训技巧及培训激情等，其自身的知识结构、教学能力、人格魅力和气场等因素不仅会影响培训课堂效果，也会在一定程度上影响培训成果转化。

(二) 培训内容与方法的拟定

培训的内容和方法是培训活动的核心。培训主管部门应在对员工进行准确需求分析的基础上，依据各部门、各岗位以及个人的实际需要合理设置培训内容。培训内容是否与企业的发展战略相适应、是否与企业的生产实践相结合、是否将学员已有经验作为培训基础与背景以及是否满足学员的能力提升需要等问题都会影响培训成果的转化。培训方法应在培训目的与培训内容的基础上，综合考虑学员性格特征与学习经验慎重选取、因材施教，切不可"一刀切"。

此外，培训后成果转化需要相应的培训支撑和保障。除非不断地"唤起"人们的知识和技能，否则人们将逐渐忘记培训内容。学习和运用某一知识间隔的时间越长，人们越容易忘记。通常，学员需要在不同的环境下使用知识和技能。实际工作环境与培训环境越相近，学员越容易成功实现培训成果转化。基于此，应建立训后授课讲师继续跟踪辅导帮扶机制，以鼓励和帮助受训者将培训成果转化成绩效。

三、工作环境

工作环境是指能够影响受训者培训成果转化的所有与环境相关的因素。在培训成果转化过程中，工作环境或团队中营造良好的转化环境很重要，直接主管和同事鼓励受训者使用培训中获得的新技能和行为方式、按照培训中获得的新技能和行为方式设计工作目标，受训者应用从培训中获得的新技能和行为方式成功应用了培训内容，就会得到相应的绩效奖励。直接管理者及时鼓励受训后就将培训内容应用于工作中的受训者，主动推广和强化其工作成果。除此以外，相应的工作机会、上级领导的支持，及时采纳和使用培训的新技能、及时制定或调整相关制度和人员的支撑支持等，都是工作环境特征对培训成果转化的影响因素。

（一）上级支持

上级支持又称"管理者支持"，是指受训者的上级管理人员积极支持其下属参加培训，支持受训者将所学的技能运用到工作中去。管理者对培训活动的支持程度越高，越有可能发生培训成果的转化。

一般来说，为了更有效地将培训成果进行转化，在条件允许的情况下，部门经理和一线主管也要参与培训。至少培训人员在培训前要与各主管取得联系，告知他们培训的大致情况，这样受训者的上级就能够知道在培训前和培训后该如何支持员工。表7-1 说明了上级对培训支持的程度与培训成果转化效果之间的联系。

表7-1　上级对培训支持的程度与培训成果转化效果之间的联系

支持水平	具体描述		
参加培训教学	作为培训指导者参与培训计划	支持水平 高	转化效果 高
支持受训者实践	让受训者有实践的机会		
强化受训者新学技能的应用	与受训者共同探讨进展情况，并询问如何支持受训者使用新技能		
鼓励受训者参加培训	通过重新安排工作日程鼓励员工参加培训	低	低
允许受训者参加培训	允许员工参加培训，承认培训的重要性		

（二）同事支持

同事支持主要通过在受训者之间建立支持网络来增强培训成果的转化。支持网络是指由两个或两个以上的受训者组成，愿意面对面讨论所学技能在工作中的应用，包括面对面沟通交流或通过线上等形式进行沟通，使受训者共享在工作中应用培训内容的成功经验。

（三）实践机会

实践机会又称执行机会，指向受训者提供或由他们主动寻找机会来实践培训中心新学到的知识、技能和行为方式等的情况。实践机会会受到工作环境和受训者学习动机的双重影响。工作环境主要与上级工作安排、同事支持与否有关；而受训者学习动机决定了受训者是否愿意积极承担责任、是否愿意将培训中所学应用到工作中去。

一般而言，有实践机会的受训者比没有实践机会的受训者更有可能保持住所获得的能力。

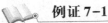
例证 7-1

唐山市装备制造行业企业家赴德培训学习转化成果研究

唐山市委、市政府制定了《唐山市企业家十年培训计划纲要(2018—2027年)》，深入实施企业经营管理人才素质提升计划，组织优秀企业家到先进发达国家接受培训，学习借鉴先进管理理念和方法，开拓企业家思维。2019年，唐山市组织24名装备制造行业企业家赴德国进行了为期10天的"智能制造"专题培训。回国后，参训企业家将学到的先进生产管理经验应用到自己企业实际生产经营中，各企业在各自领域生产经营中尝试开展了不同程度的企业创新行动。

通过问卷调查数据反馈，企业家普遍认为培训在提升思维(100%)、认识质量的作用(91.67%)、增强传统企业转型升级的必要性认知(70.83%)上具有重要作用。在"德国工业4.0体会"板块中，企业家们重点聚焦在"智能制造、工匠精神、注重产品质量、技术创新、完善的产品体系、百年企业、先进理念"等内容。

在经营管理和技术改造上，采取的经营管理改进措施主要表现为：87.5%的企业家实施精细化管理；75%的企业家通过采取创新驱动路径，争夺产业制高点；50%的企业家开始着手企业软实力建设，即企业文化建设；45.83%的企业家将企业或产品品牌提升到新的高度，通过打造品牌，提升产品竞争力；25%的企业家开始着手国际化战略的实施。

参训企业家们纷纷将赴德国学习的收获应用到企业实际经营管理中，谋求企业新发展。企业纷纷加大资金投入，积极推进生产经营改进和技术改造升级。其中投入200万元以下的占41.67%，投入200万~500万元的占20.83%，投入500万~1 000万元的占16.67%，投入1 000万元以上的占20.83%。企业投入集中于智能化设备的引进、实验室建设、厂房扩建、办公区域环境改造四个方面。在公司经营管理和技术改造升级方面，参训企业家投入资金进行生产设备、实验室、厂房改扩建等改造升级。生产设备、实验室等升级换代，直接提升产品质量，提高生产效率，同时有效控制产品成本，扩大市场份额。

在参训企业转化方向和产出方面，22家企业对现有生产线进行智能化、数字化改造；18家企业开始应用工业机器人，实现人力成本的节约和作业精度的提高；15家企业引用智能化应用系统，实现经营管理的信息化与数字化；12家企业加强工业互联网应用，加大产业的转型升级。各个企业在进行技术创新与改造的过程中也取得了丰硕的成果。20家企业获得实用新型专利，14家企业获得发明专利，11家企业建立设计研发中心，8家企业获得软件著作权，6家企业建立实验室，3家企业获得外观设计专利。这些表明参训企业家受德国企业启发纷纷走上了"技术立企"的发展道路。企业持续创新与改造技术，不但促进了企业科技成果产出，还带来了丰厚的经济效益。其中，经济效益增长5%以下的占比41.67%，经济效益增长5%~10%的占比41.67%，经济效益增长10%~20%的占比16.67%。

经过为期数月的跟踪调研发现，部分参训企业家未制订明确的学习成果转化目标和计划，出现了企业培训转化成果参差不齐的现象。如，方舟实业在采取校企合作模式解决企业一线工人短缺问题上取得了一定成绩，但在科技创新、设备的智能化升级、市场开拓方面还有较大的改善空间；坤峰机械和裕龙重工由于行业的特殊性和产品的专用性，很难在智能制造方面寻求突破点，在智能制造方面成果转化不明显。

综上，在培训后加强跟踪是增强成果转化效能的重要手段。各类培训应将企业家培训学习作为长期、持续的项目，记录企业的学习过程、学习结果及成长变化，适时采用信息化手段分类管理参训企业。

（资料来源：改编自张海波，孙天顺，雷益龙. 唐山市企业家培训项目转化成果研究——以装备制造行业企业家赴德培训学习为例[J]. 科技经济市场，2021（5）：102-103.）

第三节 培训成果转化的保障

培训成果转化不等同于学习培训，受训者通过一系列的努力在培训中掌握了某种技能，并不完全意味着能应用这一技能。如培训成果转化过程模型所示，培训成果转化受到受训者特征、培训项目设计及工作环境等诸多因素的影响。企业培训中学到的技能，尤其是那些非具体技术操作类的技能，如沟通、协调等人际技能，监督、指导等领导技能在转化时更易受后续环境的影响，如果忽视了后续环境，培训成果转化将十分困难。因此在企业实际操作中，要找出阻碍企业培训成果转化的主要因素，保障培训成果转化的顺利进行。

一、阻碍培训成果转化的因素

我国相当多的企业培训经理人已经意识到，在工作环境中存在诸多阻碍员工培训成果转化的因素。归纳起来大致有以下几个方面。

（一）企业高层领导对培训重视不够

许多企业高层管理者未能完全认识培训的作用与意义，即使有所认识，大多也停留在"说起来重要，做起来次要，忙起来不要"的状况，把培训视为一项任务，将完成培训作为目的，注重培训过程而忽视培训后的效果评估和后续工作，对培训投资普遍偏低。而且领导本人不亲自参与培训，对培训工作不能给予足够的支持。

（二）企业培训组织者的非专业化

企业培训与普通大学教育的性质相似，是一种专业或职业的教育。因此，企业培训的组织者必须依照"教育者"的逻辑组织企业培训的实施。在国外大公司，邀请具有教授背景的人担任培训部门的主管是常有的事，如美国通用电气公司管理培训中心的两任总负责人吉姆·鲍曼和诺埃尔·蒂奇，都曾在著名大学任教。由于其专业背景的优势，能够驾轻就熟地以专家的思维来组织培训，为通用创造了令人称道的业绩。相比之下，企业无论大小，培训组织者大多缺乏专业经历，且自身缺乏此方面的培训，也很少去研究教育理论。无论是对战略层面上培训的组织还是具体培训项目的操作，他们都难以对培训进行科学有效的管理。这些专业化程度不高的培训组织者对企业培训的组织实施及培训成果转化的有效作用是有限的。

（三）培训方式单一

企业传统的培训往往单纯用课堂讲授的形式进行。"老师讲，学生听，考试测"，受训者处于被动地位，容易产生枯燥、厌烦的抵制情绪，影响培训效果。这种培训方法只适用于陈述性知识的获得，但对诸如解决问题的决策技能等这类程序性知识就不适合了，也不适合于培养恰当的工作行为，如良好的沟通行为、人际交往行为、合作与变通等，当然更不用说培训成果的转化了。一般程序性知识是一种内隐知识，它往往借助内隐学习获得，是个人通过经历和体验学会的，单纯的讲授是无法达到的。

（四）企业未能为受训者提供培训成果转化的支持性工作环境

受训者培训后回到工作岗位，需要一个能够促进培训成果转化的支持性工作环境。但在实际中，企业未能提供这样的工作环境，培训成果的转化存在着工作环境方面的制约因素，如部门主管的不支持、未受培训的其他同事的不支持、时间紧迫、资金短缺、没有相应的设备等，使受训者很少有机会运用新技能或根本没用上，受训者仍只能采用原来的工作方式。

（五）受训者本身的原因

受训者可能担心自己能力有限，对正确使用新技能缺乏自信，不懂如何将培训技能应用于实际工作场景，发生了技能的遗忘；或者受训者缺乏培训成果转化的动力，不愿花必要的时间和精力将新学习的内容转化为现实行动等，都会妨碍培训成果的转化。

二、促使培训成果转化的保障措施

在"影响培训成果转化的因素"当中，我们从学员的个人特征、培训项目的设计以及工作环境三个方面阐述了这些因素直接或者间接地影响着企业培训资源投入的有效性。针对这些因素，企业应该采取什么途径来促进培训成果的转化呢？由此，针对这三个方面的因素，提出促进培训成果转化的保障措施。

（一）强化学员的成果转化动机

前面已经提到，个人动机是培训成果转化的助推器，它与激励机制息息相关。下面将从两个方面阐述如何通过激励机制强化学员的培训成果转化动机。

1. 需求激励

需求理论认为，如果一个人的主要需求得到满足，那么他的行为动机和积极性就会被激发出来。员工的需求不仅包括物质需求，还包括精神需求。无论是企业之间还是企业内部都存在着不同程度的竞争，员工要想在企业内部的竞争中站稳脚跟，寻求发展，就必须不断充实自己，学习新的知识，掌握新的技术，努力提高绩效。这属于物质需求的范畴。也就是说，如果企业能够满足学员寻求发展所需要的知识或技能培训的需求，那么该需求的满足便能形成个人的内在激励，激发学员的成果转化动机，实现培训成果的转化。

2. 结果激励

激励机制时刻关系着员工的个人利益，员工之所以有转化动机，归根结底离不开转化培训成果之后所得到的物质、精神或晋升激励。结果激励最重要的表现形式就是合理晋升。

培训结束后，学员将培训成果积极转化到实际工作中，并获得个人工作绩效的提升，企业应该给予加薪或职务、职称的晋升等外部激励，让学员切实感受转化培训成果与获取个人利益之间的纽带关系，激发学员转化培训成果的源动力。

首先，要确保学员明确培训目标。让学员清楚培训的目的是提高个人工作绩效，而不是找出他们存在的问题。一个简洁明了又具有挑战性的目标比模糊的目标更能调动人的积极性。培训前最好让学员了解培训项目包含的内容，共同制订具体的目标，提高学员对培训的兴趣努力程度，一起达到理想的培训效果，为培训效果的转化打好基础，并增强学员的转化动机。

其次，让学员了解培训后的收益。沟通不仅可以拉近培训师与学员的关系，还可以使学员意识到他们的培训需求和职业生涯发展目标。工作中的高绩效能够给他们带来工作、个人以及职业生涯方面的收益，学员意识到目标与现实之间的差距之后，会更有动力去提升技能，实践新获得的知识，提高工作绩效，从而建立起努力、成绩、奖励之间的依存关系，这更有助于激发学员的学习转化动机。也就是说，个人转化动机与激励机制息息相关。

（二）制定适合本企业的培训方案

不同的企业有不同的战略目标和定位，在不同的时期也有不同的培训需求和培训目标。因此，制定一个适合本企业需求和发展的培训方案往往决定了企业人力资源投入是否能够有所产出。培训方案的制定可以从培训方案本身的设计和培训师的选择两个方面着手。

1. 培训方案的设计

培训方案应包括培训目标、培训教材、培训对象、培训方式、培训时间、培训地点和设备等。为了实现培训成果在工作场所中的成功转化，培训方案的设计应具备以下两个要求。

（1）培训方案必须与工作相关。其设计必须来源于对组织、工作任务和员工个人需求的分析，才能避免培训工作的盲目性和随意性，使培训内容与企业实际需求相一致。

（2）培训方案还必须让学员了解培训内容与实际工作之间的关系，以便学员将培训所学的内容应用到实际工作当中。

2. 培训师的选择

企业应该按照不同的培训需求，选择不同风格的培训师。通常情况下，风格活泼、注重沟通和反馈的培训师，比风格保守、忽略沟通和反馈的培训师会取得更好的培训效果。

（三）积极培育有利于培训成果转化的工作环境

为了使工作环境有利于学员培训成果的转化，可以从以下三个方面鼓励和推动学员积极转化培训成果，改进个人的工作绩效。

1. 建立学习型组织

为了创造有利于员工学习和培训成果转化的氛围，很多企业努力转变为学习型组织。学习型组织是一个具有开发能力与适应变革能力的组织，能够充分发挥每个员工的创造力，形成一种弥漫于整个群体与组织的学习气氛，并能凭借学习充分体现个体价值，以大幅度提高组织绩效。学习型组织被看作是一种组织文化，它不仅注重个体员工层面上的进步，还注重团体和组织层面上的可持续发展。

首先，在这样的组织里，知识和技能的获得是每个员工的基本职责，员工、上下级、团队之间都存在着合作关系。这种合作得到鼓励，并形成组织的支持性系统，为培训成果的转化创造了良好的环境。

其次，学习型组织还重视为员工个人发展提供机会，以此鼓励员工将培训获得的新知识和技能应用到实际工作当中。这不仅为员工提供了广阔的实践平台，也极大地提高了员工的培训成果转化动机。

最后，革新与竞争也是学习型组织内涵的一部分。企业向学习型组织转变，目的是鼓励组织中的每一个人要有学习和培训意识，要有共享知识和创新的理念，并更积极地投身到扩展技能和提高组织效率的行为中去，这样组织就更容易适应竞争激烈、瞬息万变的外界环境。员工只有尽可能地把培训所学迁移到工作中。

向学习型组织的转型并非一朝一夕就能完成，但其一旦形成，对于促进培训成果转化、提高组织绩效将会发挥巨大作用。必须将学习型组织的建立作为战略目标的一部分进行贯彻和落实，并通过组织层面支持学习，鼓励学习，倡导知识共享，促进成果转化，改变员工的行为；运用系统理论和系统方法分析管理要素和管理过程，优化管理的整体功能，从而取得良好的管理效果。

2. 加强知识管理

在竞争日益激烈以及创新速度加快的知识经济条件下，学习已成为企业持续发展的根本保证，组织成员获取知识和应用知识的能力已成为企业赢取竞争优势的基础。同时，全球化经营对知识获取、知识创造与知识转换能力的要求依赖于企业的学习能力。因此，知识管理显得尤为重要，所有的企业都必须不断更新知识，以顾客和市场为导向，利用知识为企业和社会创造价值。

3. 各项培训资源与配套制度的支持

（1）培训资源的支持。培训资源包括培训经费、培训场地、设施设备、工作人员等，每个培训项目从策划到实施都离不开以上各项资源，一个再好的培训项目没有这些资源的支持也是无法实现的。培训经费来源应有计划、有保证，稳定而充足。

培训经费主要用于支付培训师授课费、外派培训人员经费、培训管理费用、添置培训设施设备及培训资料等。每年年末由人力资源部门按培训计划编制资金预算，经总经理批准后，培训经费在下一年度应按时按量到位，确保培训方案如期实施。

培训设施设备包括培训场地、多媒体教学设备、仪器教具、培训资料等，这些都要由专人负责管理与维护，为培训项目的顺利实施提供保障。

（2）配套制度的支持。为调动员工的学习积极性，增强培训效果，必须有一系列配套制度的支持，即将培训工作与人力资源管理各环节密切配合，建立健全各项人力资源管理制度，如新员工培训制度、竞聘上岗制度、员工职业生涯规划、激励制度、绩效考核制度、专业技术人员继续教育制度、特殊工种人员培训制度等。员工培训应与奖惩制度相结合。在建立了激励机制提高学员转化培训成果的动机之后，还必须完善绩效考核机制，建立快速的反馈渠道，使两者相得益彰。

综上所述，培训成果的转化直接影响企业培训目标的实现，而培训成果转化是一个将培训学习的内容保存，再推广到工作当中，并能维持所学的内容，同时进行实时的信息反馈，通过调整实施再学习、再推广的循环过程。对受训者而言，其本人的内部因素和外部环境因素都会影响到其培训成果转化的程度和效果。而对于企业来说，科学合理地设计培训项目，对培训项目全过程地实施控制，创造鼓励学习、团队协作的工作氛围，都有利于促进受训员工的学习成果转化。因此，有必要从受训者个人和企业双方面同时入手，共同促成培训成果的有效转化，提高员工的工作绩效，最终使企业受益，实现企业目标。

📖 例证 7-2

海南烟草商业企业培训成果转化途径探讨

海南烟草商业企业系统包括省、市、县三个层级，其中省、市两级为独立法人，县级是隶属于市局的非法人实体。以市级局为例，在开展年度培训时，由市局人力资源部门在年底以问卷形式向各部门、县级局进行培训需求调查，结合上级局及行业年度工作部署，形成年度培训计划；在实施培训时，由市局培训管理员以公开招标、询价或单一来源方式聘请老师授课。

(一)培训效果评价

培训结束后，以柯式评估模型对教育培训的具体效果进行评估，以市级局为例，具体表现如下。

1. 受训者"直接反应"层面表现较好

在每个培训结束时，都有满意度问卷调查，从满意、比较满意、不满意三个层次对培训课程内容与工作实际的关联性，内容的知识性、系统性、条理性，授课者技巧，培训工具的使用，总体课程的关联性等进行打分。根据多次数据统计，满意项得分在90%以上，培训现场的互动也较好，授课老师对气氛的调动比较成功。所以，反应评估层面是满意的。

2. 受训者"学习收获"层面表现一般

学习评估是着眼于学习效果的度量，即评估学员在知识、技能、态度或行为方式方面的收获。如，烟草行业理论与技能笔试的鉴定即是从这个角度评估。最近的烟草物流技能鉴定有25人参加培训并进行鉴定，最终只有2人通过，通过率仅为8%；管理类的培训重在管理理念、技巧、团队合作、行业发展形势等层面，现场气氛热烈，但具体对实践的指导效果，难以衡量。所以从知识和技能识记与掌握角度评估培训效果，是不理想的。

3. 受训者"态度和行为"层面变化较少

随着国有企业改革的深入，烟草行业开展了市场化取向改革，逐步向以客户需求为导向的营销模式转变。专卖执法与烟卷营销等一线员工通过岗位业务素质培训，学习新的理念、新的服务技巧和工作方式，再用理论与技能鉴定的方式将知识加以内化巩固，改变员工的旧观念，改进受训者在工作过程中的态度与行为。但是在具体的卷烟配送、品牌维护、行政执法过程中，执行不规范情况时有发生，有员工因在办证窗口服务态度差被通报批评，严重损害企业形象。

4. 受训者的"实际工作成果"不明显

实际成果是指受训者在培训后一定时间内取得的生产经营或技术管理方面的业绩。

举办培训项目内容是覆盖所有岗位的，培训实际效果应该体现在许可证办理流程更简便、行政执法更加规范、指导零售户技巧更高、真假烟鉴别技能更强、配送路线更优化、物流成本更低、品牌培育成功率提高、卷烟销售结构合理、客户投诉量降低、机关精益管理质量提升等，虽然在季度、年度考核中，各项指标有一定的好转，但与期望值相差还是有距离。

(二)构建培训成果转化机制的对策建议

通过柯式评估模型对市级局的培训展开评估发现，受训者在行为层和成果层的培训效果较差，因此，专家针对海南烟草商业企业培训成果转换率低下提出应该构建培训成果转化机制的对策建议，具体可以从以下几方面入手。

1. 构建企业培训文化，转变培训观念与氛围

培训文化是企业行为文化的重要组成部分，是企业在培训活动中逐步形成的关于培训职能的共同价值观、行为准则、基本信念以及与之相应的制度载体的总称。好的培训文化应该对培训持正面积极的判断，肯定培训对员工个人成长与公司的价值，乐意接受各类培训而不是否定排斥培训。这要求培训部门提升培训实际效果，创造真实可感的价值。

2. 营造有利于培训成果转化的工作环境

海南烟草商业系统在培训体制上，省局分管面对全省的培训，市局的人力资源科培训管理人员负责市县级的培训，负责培训的具体实施，但有些部门认为培训是人力资源科的事情，支持力度不大。所以要多方营造培训转化环境：一是要在制度上明确培训的职责分工，发挥培训部门统筹与督促职能，相关部门要加大支持力度，因为只有相关部门的人员与领导才能更准确地把握培训需求重点；二是增加应用所学技能与知识的机会，并实时跟踪实践的效果；三是建立学习小组与受训员工的联系网络，和培训老师保持联系，互相交流学习与实践心得，改变行为模式，互相促进培训成果的转化，对营销、专卖执法中的专业技能培训建立一对一的辅导关系。

3. 健全培训激励体系，激发员工学习热情

需求理论认为，如果一个人的主要需求得到满足，那么他的动机和积极性会被激发出来。所以培训必须能满足和实现包括安全需求到自我现实等不同层次的需求。通过培训能提高岗位胜任能力，从而能提升职务、增加工资、受到同事与领导的认可以及证明自己的价值等，激发学习热情。在海南烟草商业系统的培训中，没有将培训效果与职务晋升、工资福利、名誉嘉奖挂钩，所以应该完善相关制度。例如在业务类岗位技能鉴定培训中建立技能工资制，将培训结果与薪资挂钩，将员工工资与岗位技能等级水平结合，员工将积极参加培训并取得相应技能等级证书，并在实践中提高岗位技能。

4. 建立有效的培训效果评估与反馈机制

要确保培训满足需求，发挥实效，培训全程的沟通是必不可少的。在培训开展前，要让受训者了解培训内容与培训目的，并通过发放资料，提前让员工了解培训与自己工作的关系；在开展培训中，要实时就培训方式、授课技巧、与自身工作的实际结合程度、讲解的清晰度等进行沟通，适时调整是培训发挥效能的有效措施；在完成

培训课程以后，要使用培训转化跟踪表进行调查，分析受训者在2至5个月里是否将培训内容应用于实际工作中，是否取得一定成效，对没有能很好运用于实践的要进行指导与原因分析，破解主观能力不足、主动意识不强的问题，同时创造客观运用的情景，提供实践所学技能的机会。要求受训者制订行动计划，明确行动目标，确保回到工作岗位能不断应用。

（资料来源：改编自刘富强. 海南烟草商业企业培训效果分析与培训成果转化途径探讨［G］//中国烟草学会2016年度优秀论文汇编——教育培训主题，2016：238-246.）

📖 拓展阅读

推动企业培训"最后一公里"的方法和策略

培训界有一句流行的口头禅："上课激动，下课感动，回去一动不动。"如何解决培训后行为转化难的问题，让培训达到学以致用的效果，实现培训"最后一公里"，是困扰业界的一大难题。

1. 高层的重视与支持

企业培训不单纯是培训管理者的事情，还需要企业高层管理者和业务经理的全力支持和配合。高层管理者努力创建的组织氛围及奖励机制能够促进培训的转化。如果企业高管重视程度不够，只简单投资，不能在培训前或后给予支持，那培训效果就会大打折扣。

2. 制定以结果为导向、与企业业务关联的培训目标

学习成果转化的前提是企业领导非常清楚他期望的员工能力标准，可以依据现有员工岗位胜任力差距，来选择相应的培训内容。在管理实践中，部分管理者本身并不清楚理想员工的标准，所以培训管理者需要用专业的访谈和分析，帮助管理者厘清思路，找到员工能力差距，设计相应的培训内容。

3. 引入与企业实际情况相匹配的专业方法论

方法论的重视程度和认知水平不足也会降低培训效果。有效的培训需要成熟的方法论的支撑，即帮助学员理解众多方法背后的底层逻辑，并以工具落地，反复演练，直到真正掌握为止，这样学员才能触类旁通，更好地理解应用新知。

4. 为企业量身定制演练环节和脚本，争取多次实践机会

成人学习具有自身特点，有效的学习需要少"听"多"做"，这就意味着要减少学习内容，增加实践演练时间，及时有效反馈。而且实践环境要尽量还原真实的工作环境。只有学员在课堂上亲自实践体验，回到工作岗位才可能应用。为达到良好的培训效果，最好为企业量身定制培训及演练内容，并且设计"隐性角色"——客户。脚本的制作要基于企业真实工作场景，保证充足的演练时间，这样易于学员较快将培训所学迁移到实际的工作场景中去应用。

5. 制订跟踪计划

《培训审批》一文表明，培训效果中26%来自训前的学习，50%来自训后的强化措

施，而企业85%的资金都投入24%的培训中。这说明忽略训前和训后阶段设计的培训从一开始就很难保证效果。很多人把学习等同于一次性活动，认为培训就是"上课＋考试"，上完课培训就结束了。有效的培训意味着要重设学员的预期，把成功应用作为企业学习项目的全新"终点线"，培训课程结束并不能终止，要制订完善的训后计划，有持续地跟进和跟踪，帮助学员持续转化，直到学员熟练应用新知并成为其潜意识的一部分。

6. 引入团队PK和竞争，通过仪式感的设计来提升学员学习体验

培训内容重要，培训形式也同样重要。学员的学习效果会受预期目标、学习态度、以往经验、个人天赋以及情绪状态等多种因素影响。好的培训体验能充分调动学员的情感因素，通过仪式感的设计来增加学员学习的动力。比如，开营、闭营仪式，团队PK或积分竞赛，汇报展示等，通过跌宕起伏的情感线设计，增强学员在整个学习过程中积极正向的情感体验，提升学习项目的价值和效果。对学员情感的调动及设计配合情感线的知识传授，可以增加学习过程的愉悦感和成就感，让学员印象深刻，记忆持久。

7. 设计多期、渐进强化、理论结合训练的模式，实现"知行合一"

根据艾宾浩斯的遗忘曲线规律，我们可以设计系列培训课程强化学员的记忆，消除遗忘影响，最终实现"知行合一"。如果学员缺乏实践机会及反馈，设计多期、渐进强化的实战演练就更为重要，这也是帮助学员将知识形成肌肉记忆必不可少的过程。一旦学员将所学变为潜意识，就会主动在工作中应用。

综上所述，培训成果转化不可一蹴而就，需要企业(培训投资者)、培训组织者系统规划设计并得到企业高层领导的支持，克服学员和组织的惰性和惯性，真正实现培训"最后一公里"，完成学员学习成果的落地和转化。

(资料来源：中国培训网)

本章小结

1. 培训成果转化，是指受训者有效并持续地将培训中所学应用于工作中。在组织中，受训者特征、培训项目设计以及环境特征都会影响受训者是否能够将所学转化到工作实践中。同时，培训转化还包括将培训成果推广至工作中以及对所学内容的维持。

2. 培训成果转化的理论基础主要为同因素理论、激励推广理论和认知转换理论。

3. 培训成果转化过程包括将学习的培训内容保存、推广到工作当中，并能维持所学内容。推广指受训者在遇到与学习环境类似但又不完全一致的问题和情况时，将所学技能应用于工作。维持则指的是长时间持续应用新获得的能力的过程。为了保证推广和维持所获得的培训成果，受训者必须先学习保存各种能力。

4. 影响培训成果转化的因素主要包括受训者特征、培训项目设计、工作环境三者。其中受训者特征主要包括受训者需求、受训者能力、受训者学习动机分析；培训项目的设计包括培训师的选择、培训的内容与方法；工作环境包括上级支持、同事支持、实践

机会。

5. 阻碍培训成果转化的因素包括企业高层领导对培训重视不够、企业培训组织者的非专业化、培训方式单一、企业未能为受训者提供培训成果转化的支持性工作环境、受训者本身的原因。

6. 培训成果转化的保障措施包括强化学员的成果转化动机、制定适合本企业的培训方案、积极培育有利于培训成果转化的工作环境。

本章习题

一、简答题

1. 请简述影响培训转化的因素。

2. 请说明阻碍培训成果转化的因素。

3. 请简述可以保障培训成果的转化的措施。

二、案例分析题

W 制造公司是一家位于华中某省的皮鞋制造公司，拥有将近 400 名工人。大约在一年前，公司失去了两个较大的客户，因为他们对产品过多的缺陷表示不满。W 公司领导研究了这个问题之后，一致认为：公司的基本工程技术方面还是很可靠的，问题出在生产线上的工人、质量检查员以及管理部门的疏忽大意、缺乏质量管理意识上。于是公司决定通过开设一套质量管理课程来解决这个问题。

质量管理课程的授课时间被安排在工作时间之后，每个周五晚上 7:00 至 9:00，历时 10 周。公司不付给来听课的员工额外的薪水，员工可以自愿听课，但是公司的主管表示，如果一名员工积极地参加培训，那么这个事实将被记录到他的个人档案里，以后在涉及加薪或提职的问题时，公司将会予以考虑。

课程由质量监控部门的李工程师主讲。主要包括各种讲座，有时还会放映有关质量管理的录像片，并进行一些专题讨论。内容包括质量管理的必要性、影响质量的客观条件、质量检验标准、检验的程序和方法、质量统计方法、抽样检查以及程序控制等内容。公司里所有对此感兴趣的员工，包括监管人员，都可以去听课。课程安排以讲座为主，穿插有师生互动环节。但对于质量检验技术培训没有任何实践课程。

课程刚开始时，听课人数平均 60 人左右。在课程快要结束时，听课人数已经下降到 30 人左右。而且，因为课程是安排在周五晚上，所以听课的人都显得心不在焉，有一部分离家远的人员课听到一半就提前回家了。此外，公司管理层在此次培训过程中从未露过面，每次培训由培训经理提前讲几句开场。

经过此次培训，参加培训的员工在工作上没有明显的提升。在总结这一课程培训的时候，人力资源部经理评论说："李工程师的课讲得不错，内容充实，知识系统，而且他很幽默，使得培训引人入胜。听课人数的减少并不是他的过错。"

请根据以上案例分析出现这种结果的原因，并提出改进对策。

三、实训练习

A 公司是一家股份制公司，按照原计划，该公司人力资源部三月份要派人去深圳某培训中心参加一次培训。当时人力资源部的人员都想参加，不仅是因为培训地点在深圳，可以借培训的机会去游玩一番，而且据了解此次培训内容很精彩，培训讲师都是些在大公司工作且有丰富管理经验的专家。但很不凑巧，当时人力资源部工作特别忙，所以主管权衡再三，最后决定由手头工作比较少的小刘和小王去参加。人力资源部主管把培训时间、费用等事项跟小刘和小王做了简单的交代。培训期间，小刘和小王听课很认真，对教师所讲内容做了认真记录和整理。但在课间和课后小刘与小王俩人总在一起，很少跟其他学员交流，也没有跟讲师交流。培训回来后，主管只是简单地询问了一些培训期间的情况，小刘、小王与同事也没有详细讨论过培训的情况。小刘和小王经过一段时间的工作，发现在现实工作中根本没有实施所培训的技能的机会。同事也都觉得小刘和小王培训后并没有什么明显的变化。

请您结合本案例，回答以下问题：

试分析 A 公司在此次培训中存在的问题，并根据本章所学提出促使培训成果转化的对策。

第八章 培训效果评估

🎯 **学习目标**

1. 了解培训效果评估的概念和作用；
2. 掌握常见的培训效果评估模型；
3. 掌握培训效果评估的设计和实施。

📦 **案例分享**

华为公司的培训评估

作为我国高科技公司国际化的典范，华为员工培训体系一直在业界享有盛誉。它规模大、系统完善，培训方法和手段多样化，培训内容广而专，培训质量高，为华为的快速成长提供了技术支持和人力资源保障。华为培训体系是一个"分类分层、系统完善"的体系，包括新员工培训系统、管理培训系统、技术培训系统、营销培训系统、专业培训系统和生产培训系统。华为十分重视培训效果的检视、考核和评估。新员工在进入华为公司前进行系统培训，培训后要进行严格的任职资格考试，只有通过考试才会被录用。另外，培训的结果与晋升、加薪挂钩，纳入组织考评体系。

随着知识经济的到来，人力资源成为企业赢得竞争优势的关键，企业培训发挥着重要作用，成为企业发展的战略要求。但是，很多企业只重视培训，而忽视培训的效果评估，从而导致培训没有达到预想的效果。

那么如何评价培训活动的效果，界定这种投资行为是否起到作用，培训与员工绩效提升的关联度如何等，投资培训的决策层应该明确回答这些问题。如何有效地评估员工培训的效果，是人力资源管理者日常管理工作必须关注的一个重要问题。培训效果评估工作很容易受到忽视，有些企业将培训课程结束当作整个培训活动的结束，有些企业认为效果评估只是发放一些调查表格对培训效果进行意见征询和简单反馈。其实，培训效果评估是培训活动的一个必要环节，对于整个培训体系有着重要意义。

第一节　培训效果评估概述

培训效果评估是培训活动组织的最后一个环节。通过培训效果评估可总结经验，找出学员究竟有哪些收获与提高，同时也使培训活动成为一个闭环。此外，员工培训评估也使对员工培训活动的价值判断过程和投资分析的过程。

一、培训效果评估的定义

培训效果是指公司和学员从培训中获得的收益。通过培训活动的组织，学员学习到各类知识、各种新的技能和行为方式并应用到工作中去，从而使公司的绩效得到提升，价值得以实现。

培训效果评估是在受训者完成培训任务后，对培训计划是否完成或达到效果进行的评价、衡量。

二、培训效果评估的内容和作用

培训效果评估可以分为三个阶段，即培训前评估、培训中评估和培训后评估。

(一)培训前评估的作用和评估内容

1. 评估内容

(1)培训需求的整体评估。

(2)培训对象知识、技能和工作态度评估。

(3)培训对象工作成效及行为评估。

(4)培训计划评估。

2. 作用

(1)保证培训需求确认的科学性。

(2)确保培训计划与实际需求的合理衔接。

(3)帮助实现培训资源的合理配置。

(4)保证培训效果测定的科学性。

(二)培训中评估的作用和评估内容

1. 评估内容

(1)培训活动参与状况监测：目标群体的确认，培训项目的覆盖效率，培训对象参与的热情和持久性。

(2)培训内容监测：培训的构成或成分，培训强度，提供的培训量，培训的频率，培训的时间安排。

(3)培训进度与中间效果监测评估：培训组织准备工作评估，培训学员参与培训情况评估，培训内容和形式的评估，培训讲师和培训工作者评估，现代培训设施应用的评估。

(4)培训环境监测评估。

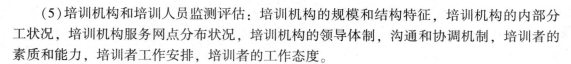

(5)培训机构和培训人员监测评估：培训机构的规模和结构特征，培训机构的内部分工状况，培训机构服务网点分布状况，培训机构的领导体制，沟通和协调机制，培训者的素质和能力，培训者工作安排，培训者的工作态度。

2. 作用

(1)保证培训活动按计划进行。

(2)培训执行情况的反馈和培训计划的调整。

(3)可以找出培训的不足，归纳出教训，以便改进今后的培训，同时能发现新的培训需要，为下一轮的培训提供数据。

(4)过程监测和评估有助于科学解释培训的实际效果。

(三)培训后评估的作用和评估内容

1. 评估内容

(1)培训效果反应评价：主要通过学员的情绪、注意力、赞成或不满等对培训效果做出评价。效果反应的评估主要通过收集学员对培训内容、培训教师、教学方法、材料、设施、培训管理等的反应情况，进行综合评价。

(2)学习效果评价：主要检查培训学员学到了什么知识及掌握知识的程度，培训内容方法是否合适、有效，培训是否达到了目标要求等。

(3)行为影响效果评价：主要衡量培训是否给受训者的行为带来了新的改变。安全教育培训的目的是使受训者树立安全意识，改变不安全行为，提高安全技能。因此，评价培训的效果应看受训者在接受培训后其工作行为上发生了哪些良性的、可观察到的变化，这种变化越大，说明培训效果越好。

(4)绩效影响效果评价：工作行为的改变将带来工作绩效的变化，例如，受训者安全意识和安全技能提高，不安全行为改变后，相应的工作绩效体现就是违章减少、安全事故降低、事故损失减少等。

2. 作用

(1)对培训效果进行正确合理的判断，以便了解某一项目是否达到原定的目标和要求。

(2)受训人知识技术能力的提高或行为表现的改变是否直接来自培训本身。

(3)检查培训的费用效益，评估培训活动的支出和收入的效益，有助于资金得到更加合理的配置。

(4)客观地评价培训者的工作。

三、培训效果评估需要确认的关键问题

在进行培训效果评估之前，应该首先考虑以下四个问题。这四个问题也是在培训效果评估中所需要确认的，它们直接决定了培训效果评估的有效性。

第一个问题：通过培训学员有没有发生变化？培训的最根本目的就是改变学员的知识、技能、行为、态度等，弥补其在工作、人际关系上的欠缺。因此，评估培训效果的首要因素就是经过培训之后，学员有没有在上述几个方面发生变化。一次有效的培训必然会产生有变化的结果。

第二个问题：这种变化是否由培训活动所引起？由于学员培训前后的行为和态度变化不仅仅取决于培训过程本身，还取决于组织环境的变化、培训期间个体的成长成熟、学员对培训的认知等多种因素的复合作用。因此，必须设法从诸多变量中区分出培训本身的影响。

第三个问题：这种变化是否对组织目标的实现有促进作用？企业要想生存和发展，重视绩效是必然的。企业组织的很多活动都是围绕实现企业绩效的提升而展开的，培训也不例外，培训的最终目的就是在提高所有员工水平的基础上推动企业的发展。因此，培训后的变化是否与组织目标的实现有积极的关系，是评定培训效果的关键指标之一。

第四个问题：这类变化是否具有推广性和维持性？这指的是培训的效果问题。如果只是某一批学员发生了改变，而其他人员变化不大，就应该分析除了培训以外的其他影响因素。如果说技能、知识水平差不多的多批学员均发生了相似的显著变化，培训发生了作用就毫无疑问了。

 例证 8-1

ABC 公司培训效果评估

根据 Kirkpatrick 的四层次评估模型，ABC 公司的培训课程只保证做到第一层次的反应层评估，部分课程有做到第二层次的学习层评估，完全没有第三层次与第四层次的行为和结果的评估。没有后续跟踪机制，缺乏评估反馈体系，从而造成许多不需要的培训重复进行，造成培训经费的极大浪费。

（资料来源：陈小纪. ABC 公司培训体系诊断研究[D]. 广州：华南理工大学，2011.）

四、员工培训效果评估的类型

（一）非正式评估与正式评估

非正式评估是指评估者依据自己的主观性判断，而不是用事实和数字来加以证明。非正式评估的优点在于可以使评估能够在自然态度下进行，这就减少了评估给培训对象带来的紧张不安，从而在某种意义上，增强了信息资料的真实性和评估结论的客观性和有效性；它的另一个优点在于方便易行，几乎不需要耗费什么额外的时间和资源，从成本收益的角度来看是很值得的。另外，不会给受训者造成太大的压力，可以更真实、准确地反映培训对象的态度变化，因为这些态度在非正式场合更容易表现出来，能使培训者发现意料不到的结果。

正式评估是在数据和事实的基础上做出判断，使评估结论更有说服力；更容易将评估结论用书面形式表现出来，如记录和报告等；可将评估结论与最初计划比较核对。

（二）建设性评估和总结性评估

建设性评估在评估过程中根据评估结果提出未来发展的建设性意见；总结性评估注重总结前一阶段工作周期中与工作有关的一系列成果。在企业实际的评估中，应该将建设性评估与总结性评估相结合。

（三）定性评估与定量评估

定性评估是指评估者在调查研究、了解实际情况的基础之上根据自己的经验和相关标准，对培训效果做出评价。其特点在于评估的结果只是一种价值判断，如"培训整体效果较好""培训师教学水平很高"之类的结论，因此它适合于对不能量化的因素进行评估，如员工工作态度的变化。目前，国内大多数企业采用这类培训评估方法。

定性评估只能对培训活动和受训人员的表现做出原则的、大致的、趋向性的判断，而定量评估是通过对培训作用的大小、受训人员行为方式改变的程度，以及企业收益多少给出数据解释，在调查研究和统计分析的基础上，揭示并阐述员工劳动行为改变、技能形成、素质提高等方面的规律，从培训评估的定量分析中得到启发，然后以描述形式来说明结论。

第二节　培训效果评估模型

目前，培训评估理论模型中最为广泛的是柯克帕特里克（Kirkpatrick）在1967年提出的四级评估框架（简称柯式模型）。除了柯式模型外，影响力较大的还有考夫曼的五层次评估型、CIRO评估模型、CIPP评估模型、菲利普斯的ROI过程模型，本节对五种常用的培训效果评估理论进行阐述。

一、柯克帕特里克的四级评估法

唐纳德·柯克帕特里克（Donald L. Kirkpatrick）于1976年提出了关于培训效果的评估模型，称为柯氏模型，也叫四级评估模型。目前，柯氏模型是最为人们熟知、应用最为广泛的培训评估模型之一。从《培训审判》一书中可以看到，柯氏模型有一个精髓叫"以终为始"，不管是做一两天的培训课程，还是一两年的人才培养项目，都是以希望达到的最终结果作为开展所有培训工作的起始点。

（一）柯克帕特里克四级评估法的内容

柯克帕特里克将培训效果分为四个递进的层次，分别为反应层、学习层、行为层、效果层，并且提出在这四个层次上对培训效果进行评估。

1. 反应层（Reaction）评估

反应层评估是指受训人员对培训项目的印象如何，包括对讲师和培训科目、设施、方法、内容、自己收获的大小等方面的看法。反应层评估主要是在培训项目结束时，通过问卷调查来收集受训人员对培训的效果和有用性的反应。这个层次的评估可以作为改进培训内容、培训方式、教学进度等方面的建议或综合评估的参考，但不能作为评估的结果。主要确定的问题和项目有：对讲师培训技巧的反应；对课程内容的设计的反应；对教材挑选及内容、质量的反应；对课程组织的反应；是否在将来的工作中，能够用到所培训的知识和技能。

2. 学习层（Learning）评估

学习层评估是目前最常见也最常用到的一种评价方式。它是测量受训人员对原理、技能、态度等培训内容的理解和掌握程度。学习层评估可以采用笔试、实地操作和工作模拟等方法来考查。培训组织者可以通过书面考试、操作测试等方法来了解在培训前后，受训人员知识以及技能的掌握方面有多大程度的提高。

3. 行为层(Behavior)评估

行为层评估指在培训结束后的一段时间里，由受训者的上级、同事、下属或者客户观察受训者的行为在培训前后是否发生变化，是否在工作中运用了培训中学到的知识。这个层次的评估可以包括受训者的主观感觉、下属和同事对其培训前后行为变化的对比，以及受训者本人的自评。这通常需要借助于一系列的评估表来考查受训人员培训后在实际工作中行为的变化，以判断所学知识、技能对实际工作的影响。行为层评估是考查培训效果的最重要指标。

4. 效果层(Result)评估

效果层评估即判断培训是否能给企业的经营成果带来具体而直接的贡献，这一层次的评估上升到了组织的高度。效果层评估可以通过一系列指标来衡量，如事故率、生产率、员工离职率、次品率、员工士气及客户满意度等。通过对这些指标的分析，管理层能够了解培训所带来的收益。

柯克帕特里克四级评估法的设计如表8-1所示。

表8-1　柯克帕特里克四级评估法的设计

评估层次	一级评估	二级评估	三级评估	四级评估
评估层面	反应层	学习层	行为层	结果层
评估主体	受训学员	培训部以及课程讲师	参训人员的上级、同事	参训人员的上级及绩效考核的相关人员
评估对象	培训组织、课程、讲师、硬件等内容	受训学员	受训学员	受训学员
评估时间	培训结束后	培训结束后	三个月之内	半年以上、一年以内
评估方式	问卷法、访谈法	试卷、技能操作、培训心得报告	观察或绩效考核	综合分析
具体内容	收集受训学员对培训的意见和建议，反馈培训效果	检查受训学员培训后掌握了多少知识和技能，或是否有新的认识	检查受训学员是否把培训所学到的知识和技能应用到实际工作中	检查培训是否为公司带来经济效益（结果）
可询问的问题	受训者是否喜欢该培训课程；课程对受训者是否有用；对培训讲师及培训设施等有何意见；课堂反应是否积极	受训者在培训项目中学到了什么？在培训前后，受训者知识、理论、技能有多大程度的提高	受训者在学习上是否有改善行为？受训者在工作中是否用到培训内容	行为的改变对组织的影响是否积极？组织是否因为培训而经营得更好

（二）柯克帕特里克四级评估法应用示例

示例一

学员满意度调查问卷（反应层评估）

请在 ABCDE 中选择最合适的答案，填写在括号内。

1. 你认为此次培训的目的明确吗？（　　）

A. 非常模糊　　B. 比较模糊　　C. 一般　　　　D. 比较明确　　E. 非常明确

2. 你认为培训师的授课水平如何？（　　）

A. 很差　　　　B. 比较差　　　C. 一般　　　　D. 比较好　　　E. 很好

3. 你认为培训师讲课时认真负责吗？（　　）

A. 不负责　　　B. 不太负责　　C. 一般　　　　D. 比较负责　　E. 非常负责

4. 你认为培训师能否将所讲授的内容与本企业的实际情况结合？（　　）

A. 不能　　　　B. 比较差　　　C. 一般　　　　D. 结合得较好　E. 结合得非常好

5. 你认为培训内容与培训目的是否一致？（　　）

A. 不一致　　　B. 有些不一致　C. 基本一致　　D. 比较一致　　E. 非常一致

6. 你认为培训内容对你的工作有帮助吗？（　　）

A. 没有帮助　　B. 帮助不大　　C. 一般　　　　D. 比较有帮助　E. 很有帮助

7. 你认为培训教材/资料是否容易理解掌握？（　　）

A. 非常难　　　B. 比较难　　　C. 一般　　　　D. 比较容易　　E. 很容易

8. 你认为培训形式是否适合于你学习此次培训的内容？（　　）

A. 不适合　　　B. 有点不适合　C. 一般　　　　D. 比较合适　　E. 很合适

9. 你认为通过此次培训，你的理念/知识/管理技能/技术业务技能方面是否有收获？
（　　）

A. 收获很小　　B. 收获较小　　C. 一般　　　　D. 有些收获　　E. 收获很大

10. 你是否愿意将此次培训所学到的理念/知识/技能运用到实际工作当中去？（　　）

A. 不愿意　　　B. 有些不愿意　C. 一般　　　　D. 比较愿意　　E. 非常愿意

11. 你认为通过此次培训你有哪些收获？＿＿＿＿＿＿＿＿＿＿＿＿＿＿＿＿＿

12. 你对此类培训还有哪些改进建议？＿＿＿＿＿＿＿＿＿＿＿＿＿＿＿＿＿

示例二

反应层学员满意度调查评估报告

培训项目名称：＿＿＿＿＿＿＿＿＿＿　　　培训时间：＿＿＿＿年＿＿月＿＿日

培训内容：＿＿＿＿＿＿＿＿＿＿＿＿＿＿＿＿＿＿＿＿＿＿＿＿＿＿＿＿＿

培训师：＿＿＿＿＿＿　　参加培训人数：＿＿＿＿＿　回收有效问卷数：＿＿＿＿

培训类型（观念、知识、技术业务技能、管理技能）：

评分标准：

1. 选项赋值：A=1 分；B=2 分；C=3 分；D=4 分；E=5 分。

2. 满意度标准

很不满意：1～1.8 分；

不满意：1.8～2.6 分（含 1.8 分）；

中立：2.6~3.4分(含2.6分)；

满意：3.4~4.2分(含3.4分)；

很满意：4.2~5分(含4.2分)。

一、部门的满意度结果(以平均分来计算)

培训的规范性(1题)＿＿＿＿＿＿分，属于＿＿＿＿＿。

培训师(2~4题)＿＿＿＿＿＿分，属于＿＿＿＿＿。

培训内容(5~6题)＿＿＿＿＿＿分，属于＿＿＿＿＿。

培训教材(7题)＿＿＿＿＿＿分，属于＿＿＿＿＿。

培训形式(8题)＿＿＿＿＿＿分，属于＿＿＿＿＿。

学员的收获(9~10题)＿＿＿＿＿＿分，属于＿＿＿＿＿。

评分标准：＿＿＿＿＿＿＿＿＿＿＿＿＿＿＿

二、满意度总体平均分为：＿＿＿＿＿，等级为：＿＿＿＿＿。

三、对开放式问题(11~12题)的总结：＿＿＿＿＿＿＿＿＿＿＿

＿＿＿＿＿＿＿＿＿＿＿＿＿＿＿＿＿＿＿＿＿＿＿＿＿

＿＿＿＿＿＿＿＿＿＿＿＿＿＿＿＿＿＿＿＿＿＿＿＿＿

四、本次培训中的经验与不足。

经验：

＿＿＿＿＿＿＿＿＿＿＿＿＿＿＿＿＿＿＿＿＿＿＿＿＿

＿＿＿＿＿＿＿＿＿＿＿＿＿＿＿＿＿＿＿＿＿＿＿＿＿

＿＿＿＿＿＿＿＿＿＿＿＿＿＿＿＿＿＿＿＿＿＿＿＿＿

不足：

＿＿＿＿＿＿＿＿＿＿＿＿＿＿＿＿＿＿＿＿＿＿＿＿＿

＿＿＿＿＿＿＿＿＿＿＿＿＿＿＿＿＿＿＿＿＿＿＿＿＿

＿＿＿＿＿＿＿＿＿＿＿＿＿＿＿＿＿＿＿＿＿＿＿＿＿

评估报告填写人：＿＿＿＿＿＿＿＿＿＿＿＿＿＿＿＿＿

填写日期：＿＿＿＿年＿＿月＿＿日

示例三

学员培训效果自我报告调查问卷(行为层评估)

培训项目名称：＿＿＿＿＿＿＿＿＿＿＿＿

培训类别：＿＿＿＿＿＿＿＿＿＿＿＿＿

培训内容：＿＿＿＿＿＿＿＿＿＿＿＿＿

培训时间：＿＿＿＿＿＿＿＿＿＿＿＿＿

培训师：＿＿＿＿＿＿＿＿＿＿＿＿＿

说明：本问卷由学员本人填写。

感谢您从百忙中抽出时间来填写这份问卷。本次调查是为了了解您在工作中运用培训所学技能的情况。您的支持和配合对公司培训的发展非常重要，我们对您的回答和有关数据将严格保密。

1~5题是单选题，请在ABCDE中选择最合适的答案；6、7题是主观题。

学员姓名：_____　　　部门：_____

1. 您在工作中使用本次培训的技能的频率有多高？（　　　）
A. 很低　　　　B. 较低　　　　C. 一般　　　　D. 较高　　　　E. 很高

2. 这项技能为您解决工作中的问题提供的实际帮助有多大？（　　　）
A. 很小　　　　B. 较小　　　　C. 一般　　　　D. 较大　　　　E. 很大

3. 在物质条件上，您使用这种技能是否方便？（　　　）
A. 很不方便　　B. 不太方便　　C. 一般　　　　D. 比较方便　　E. 很方便

4. 在多大程度上支持您使用这项技能？（　　　）
A. 不支持　　　B. 不太支持　　C. 一般　　　　D. 比较支持　　E. 很支持

5. 用这项技能使您的工作效率有多大提高？（　　　）
A. 没有提高　　B. 提高很小　　C. 有一定提高　D. 提高较大　　E. 提高很大

6. 为有效提高行为改进程度，您认为在培训和工作环境方面还需要哪些改善？
_____
_____
_____

7. 您对这次培训有什么意见与建议？
_____
_____
_____

示例四

学员培训效果上级评价调查问卷（行为层评估）

培训项目名称：_____
培训类别：_____
培训内容：_____
培训时间：_____
培训师：_____

说明：本问卷由学员上级填写。

感谢您从百忙中抽出时间来填写这份问卷。本次调查是为了了解您的下属在工作中运用培训所学技能的情况。您的支持和配合对公司培训的发展非常重要，我们对您的回答和有关数据将严格保密。

1~5题是单选题，请在ABCDE中选择最合适的答案；6、7题是主观题。

学员姓名：_____　　　部门：_____

1. 他(她)在工作中使用本次培训的技能的频率有多高？（　　　）
A. 很低　　　　B. 比较低　　　C. 一般　　　　D. 比较高　　　E. 很高

2. 这项技能为他(她)解决工作中的问题提供的实际帮助有多大？（　　　）
A. 很小　　　　B. 比较小　　　C. 一般　　　　D. 比较大　　　E. 很大

3. 组织的制度与文化在多大程度上支持他(她)使用此项技能？（　　　）
A. 不支持　　　B. 不太支持　　C. 一般　　　　D. 比较支持　　E. 很支持

4. 您在多大程度上支持他(她)使用这项技能？（　　　）
A. 不支持　　　B. 不太支持　　C. 一般　　　　D. 比较支持　　E. 很支持

5. 使用这项技能使他(她)的工作效率有多大提高？（　　　）

A. 没有提高　　　B. 提高很小　　　C. 有一定提高　　D. 提高较大　　　E. 提高很大

6. 您觉得他(她)在使用这项技能方面还有什么需要改进的？

_____

_____

7. 您对这次培训有什么意见与建议？

_____

_____

_____

示例五

行为层学员直线经理评价评估报告

培训项目名称：_____

培训内容：_____

培训类型：_____　（观念、知识、技术、业务技能、

管理技能）

培训时间：_____年____月____日

参加培训人数：_____

回收有效问卷数：_____

一、整体情况(评分标准参照反应层)

学员平均分：_____；属于：_____。

学员中得"优"(4.2~5分)的有_____人，占学员比例为_____%。

学员中得"良"(3.4~4.2分)的有_____人，占学员比例为_____%。

学员中得"中"(2.6~3.4分)的有_____人，占学员比例为_____%。

学员中得"差"(1.8~2.6分)的有_____人，占学员比例为_____%。

学员中得"很差"(1~1.8分)的有_____人，占学员比例为_____%。

二、对开放式问题(6、7题)的总结

_____

_____

三、本次培训中的经验与不足

经验：

_____

_____

不足：

_____

_____

评估报告填写人：_____

填写日期：_____年____月____日

示例六

＿＿＿＿＿＿＿＿部员工培训项目汇总表

序号	培训内容	培训目标	培训对象	是否属必修培训项目	培训项目确定时间

示例七

员工培训档案汇总表

编号：

姓名		性别		出生日期	
身份证号码		进入公司时间			
学历		所学专业			

培训时间	培训内容	培训讲师及所属部门	培训成绩	培训效果跟踪反馈	所在部门	所在岗位

（三）使用柯氏模型的三大误区

随着企业对培训效果评估的日益重视，柯氏模型已成为企业培训效果评估的主要标准。但是正如唐纳德·柯克帕特里克的儿子吉姆·柯克帕特里克所说，企业在使用该模型时存在着很多误区，其中表现最为鲜明的误区有以下三种。

1. 柯氏模型的作用只能有限地发挥在前两个层次，即评估反应层和学习层

由于存在着执行难度的原因，大多数企业对柯氏模型的使用，都只是进行到了反应层和学习层，很少企业能够推进到行为层和效果层。也就是说，对于培训后续效果的评估比较有限。尽管如此，吉姆·柯克帕特里克认为，虽然柯氏模型还不是一种尽善尽美的评估方法，但目前包括财富 500 强在内的企业都没有将隐藏在这一模型背后的真正功能发挥出来，即没有对培训的效果层评估进行有益的尝试。

2. 柯氏评估模型仅对一般的培训课程和项目的评估有效

事实上，唐纳德·柯克帕特里克指出，设计这个四层次评估模型是为了更好地评估针对管理人员的培训项目。今天的培训更多的是基于战略开展的，是为满足企业发展战略服务的，因此对企业的培训效果的评估也需要与企业的发展战略紧密连在一起，而柯氏四层次评估模型正是以此为出发点的。

3. 柯氏评估模型和培训教学设计、胜任特征及绩效管理毫无关联

吉姆·柯克帕特里克指出，他通过把四层次评估模型和教学设计、胜任特征和绩效管理结合起来进行的一系列的研究发现，把它们联系在一起可以增加四层次评估模型的运用深度，并且可以在此基础上形成战略协同性，这就从真正意义上使人力资源管理中的培训活动成为企业发展战略的"业务伙伴"。

柯氏模型在提高培训的效果和论证培训活动的有效性方面具有十分重要的作用，但正是上面所述的三个误区以及其他一些误解限制了这些作用的发挥，使这些作用被"隐藏起来"了。

 例证 8-2

嘉兴市桐乡市：高质量做好党史学习教育评估

2022 年 1 月 5 日，党史学习教育第二巡回指导组到桐乡市开展党史学习教育评估工作。评估期间，指导组通过多种方式，听取各级党员干部、基层群众对党史学习教育的反映和评价，深入了解桐乡市党史学习教育开展情况和实际成效。同时，运用前几轮巡回指导成果、结合前期量化考评指标和自评报告，对桐乡市党史学习教育开展情况进行综合评定。

党史学习教育开展以来，桐乡市各镇（街道）、各部门（单位）做到了真抓、真学、真用、真效，学习教育各个环节平衡发展，学习形式特色十足，为民服务见实见效。一是要拉高标杆，机制健全。建立完善常态化专班工作机制，将党史学习教育同"两年"活动、市委市政府"八大比拼"、全国文明城市创建等中心工作紧密结合起来，推动党史学习教育走深走实。二是要注重分类，全员覆盖。党员干部、"两新"组织、青少年、流动党员等人群全面覆盖。三是要打造品牌，宣讲到位。运用"桐乡名嘴""桐乡大讲堂"等特色载体，充分挖掘乡土素材，不断丰富宣传内容，扩大宣讲范围，展示了桐乡风采。四是要为民服务，学史力行。创设"日访夜谈"长效机制、"有四说事""书记来敲门"等特色机制，累计为群众、企业解决各类问题 1.9 万余个，问题解决率为 99.2%。

（资料来源：由作者根据《今日桐乡》2022 年 1 月 7 日新闻报告整理）

二、考夫曼的五层次评估模型

考夫曼（Kaufman）扩展了唐纳德·柯克帕特里克的四层次模型。他认为，培训能否成功，培训前的各种资源的获得是至关重要的。因而，他在模型中加上了对资源获得可能性的评估，并将其放在模型的第一个层次上。

考夫曼还认为，培训所产生的效果不应该仅仅对本企业有益，它最终会作用于企业所处的环境，从而给企业带来效益。因而，他又加上了一个层次，即评估社会和客户的反应，从而形成了五个层次。考夫曼五层次评估模型如表8-2所示。

表8-2　考夫曼五层次评估模型

	评估层次	评估内容
1	可能性和反应评估	可能性因素说明的是针对确保培训成功所必需的各种资源的有效性、可用性、质量等问题；反应因素旨在说明方法、手段和程序的接受情况和效用情况
2	掌握评估	用来评估学员的掌握能力情况
3	应用评估	评估学员在接受培训项目之后，其在工作中的知识、技能的应用情况
4	企业效益评估	评估培训项目对企业的贡献和报偿情况
5	社会效益产出	评估社会和客户的反应，以及利润、报偿情况

三、CIRO 评估模型

CIRO 培训效果评估模型的设计者是奥尔（Warr）、伯德（Bird）和莱克哈姆（Rackham）。CIRO 由该模型中四项评估活动的首个字母组成，这四项评估活动是：背景评估（Context Evaluation）、输入评估（Input Evaluation）、反应评估（Reaction Evaluation）、输出评估（Output Evaluation）。

（一）CIRO 评估模型的构成

1. 背景评估

背景评估主旨在确认培训的必要性，其主要任务有二，一是收集和分析有关人力资源开发的信息，二是分析和确定培训需求与培训目标。

2. 输入评估

输入评估主旨在确定培训的可能性，其主要任务是：第一，收集和汇总可利用的培训资源信息；第二，评估和选择培训资源，即对可利用的培训资源进行利弊分析，同时确定人力资源培训的实施战略与方法。因此，输入评估实际上是收集佐证并利用这些佐证来确定人力资源开发的实施方法。

3. 反应评估

反应评估主旨在提高培训的有效性，其关键任务是：第一，收集和分析学员的反馈信息；第二，改进人力资源培训的运作程序。CIRO 评估模型的设计者指出，如果用客观、系统的方法对上述信息进行收集和利用，那么学员所提出的意见或观点将会对人力资源培训运作程序的改进产生非常大的作用。

4. 输出评估

输出评估主旨在检验培训的结果，其主要任务是：第一，收集和分析同培训结果相关的信息；第二，评价与确定培训的结果。培训结果的评价与确认可以按照层次来进行，也就是说，可以对应前述的培训目标来检验、评定培训结果是否真正有效或有益。对此，CIRO 评估模型的设计者特别说明，一个成功的人力资源培训项目总会使学员在知识、技能和态度方面发生变化，而这些变化又将通过他们的行为反映出来，并作用于他们的工作，进而，由于学员行为及其工作业绩的变化又促使组织消除缺陷，提高绩效。诚然，这些变化及其结果特别是属于最终目标范畴的变化及其结果，其评估难度往往很大，但终究都是可以在培训之中或培训之后进行衡量的。

奥尔、伯德和莱克哈姆还指出，要想使输出评估获得成功，还需在培训项目开始之前对培训的预期目标进行尽可能确切的定义和说明，并针对这些目标，选择或构建评估的标准。而目标的结果分析与评价，必将有利于改进以后的培训项目。

（二）CIRO 评估模型的优缺点

CIRO 评估模型除了对其每一组成部分的任务、要求做出较详尽的说明外，最重要的是它可以向比较先进的系统型培训模式所倡导的评估理念靠拢。相比柯氏四级培训评估模式，CIRO 模型不再把评估活动看成是整个培训过程的最后一环，而是具有相当"独立、终结"特点的一个专门步骤，并将其介入培训过程的其他相关环节。由此，评估的内涵和外延扩大了，其作用不仅体现在培训活动之后，而且还可以体现在整个培训活动过程的其他步骤中。

CIRO 模型中的背景评估同比较先进的系统培训模式中的确定培训需求和确定培训目标步骤相对应，即评估工作随整个培训活动过程的启动而启动，甚至超前于培训活动。而分析培训需求、确定培训需求又必将使培训活动充分体现它的必要性和重要性；分析培训目标、确定培训目标又必定使培训活动愈加具有指向性和针对性，并将为输出评估提供必要的依据，奠定良好的基础。

CIRO 模型中的输入评估也同样先于培训活动展开之前，即与该培训模式中的决定培训战略与计划培训步骤相对应。毫无疑问，分析、评估、选择乃至开发必要的培训资源，对培训战略的确定以及对培训方式、方法、手段、途径、渠道、媒体等的选用与配置都会产生重大的意义和作用。

CIRO 评估模型最大的缺憾就是未能将评估与培训执行这一重要环节专门结合起来，也未能对反应评估和输出评估可作用于后续培训项目设计、可有助于本次培训项目改进做出明确的认定和必要的说明。

四、CIPP 评估模型

美国学者斯塔弗尔比姆（D. L. Stufflebeam）于 1967 年在对泰勒行为目标模式进行反思的基础上提出了 CIPP 模型。

CIPP 评估模型由四项评估活动的首个字母组成，分别是背景评估（Context Evaluation）、输入评估（Input Evaluation）、过程评估（Process Evaluation）、成果评估（Product Evaluation），简称 CIPP 评估模型。这四种评价为决策的不同方面提供信息。所以，CIPP 模型亦称决策导向型评价模型。

CIPP 评估模型为项目、工程、职员、产品、协会和系统等的评估提供了较全面的指导，尤其是那些准备长期开展并希望获得可持续性改进的项目。

(一)CIPP 评估模型的具体内容

1. 背景评估

CIPP 模型对背景评估的内容界定为，了解相关环境，诊断特殊问题，分析培训需求，确定培训需求，鉴别培训机会，制订培训目标等。其中，确定培训需求和设定培训目标是主要任务。

2. 输入评估

输入评估包含的事项有收集培训资源信息，评估培训资源，确定如何有效使用现有资源才能达到培训目标，确定项目规划和设计的总体策略是否需要外部资源的协助。

3. 过程评估

过程评估的目的是为那些负责实施培训项目的人提供信息反馈，以及时、不断地修正或改进培训项目的执行过程。过程评估主要通过以下方式实现：洞察培训执行进程中导致失败的潜在原因，提出排除潜在失败原因的方案；分析培训执行进程中导致失败的不利因素，提出克服不利因素的方法；分析并说明培训执行中实际发生的事情和状况；分析并判断它们与目标之间的距离；坚持在培训执行过程中提供有关既定决策和新的决策等。诚然，同其他阶段的评估一样，过程评估也需要建立在大量的相关信息基础之上。这些信息、数据的收集既可以使用正规的方法，也可以使用非正规的方法，这些方法包括意见反馈表、等级打分表及对现存记录的分析等。

4. 成果评估

成果评估的主要任务是对培训活动所达到的目标进行衡量和解释，包括对所达到的目标的衡量和解释。成果评估并不限于培训结束以后，它既可以在培训后进行，也可以在培训中进行。

(二)CIPP 评估模型的特点

CIPP 评估模型有显著的特点。尤其重要的是它的全程性、过程性和反馈性特点。

所谓全程性特点，就是它真正将评估活动贯穿于整个培训过程的每个环节。或者说，它与培训活动的任何一个步骤都发生连接，背景评估对应于确定培训需求和确定培训目标环节，输入评估对应于决定培训战略与计划培训步骤，过程评估对应于执行培训的步骤。

过程性特点集中表现为提出了对培训项目的执行过程进行监控，从而使培训项目实施过程中可能导致失败的潜在原因、不利因素以及培训目标之间尚存的距离等情况变得清晰明朗，也更使培训项目在执行过程中能够不断做出适当的战略或策略调整，以及方式方法改进。

所谓反馈性特点，即 CIPP 模式明确提出了成果评估既可以在培训后进行，也可以在培训中进行。也就是说，CIPP 模式不仅希望培训以后进行成果评估，使其反馈意义更多地作用于后续的培训项目，同样还希望在培训之中进行成果评估，以使其反馈意义更多地作用于正在实施着的培训活动。实践表明，培训执行中的成果评估一方面将再次为改善和促进培训进程提供更多有益的依据和动力，另一方面将有助于充分挖掘学员的学习潜能和强化学员的学习动机。

五、菲利普斯的 ROI 过程模型

培训本身就是一项人力资本投资过程，因此需要考虑投入与产出的关系。在企业界，近年来，特别强调要对培训发展的投入产出进行评估，菲利普斯(Phillips)提出了 ROI 过程模型。ROI 过程模型在柯克帕特里克的四级评估法模型上加了第五个层次，即五层次 ROI 过程模型，分别为反应和已经计划的行动、学习、工作应用、组织结果和投入产出。

第一层次(反应和已经计划的行动)：测量学员的满意度以及他们打算如何应用培训所学。这一层次的评估通常是在培训后采用问卷测量。几乎所有的组织都会评估这一层次，但是学员满意的结果并不能确保他们会在工作中应用新的技能和知识。

第二层次(学习)：测量学员在培训过程中所学，可以采用的评估工具有测试、技能练习、角色扮演、模拟、多人评估等。学习检查有助于确保学员掌握了培训材料并且知道如何使用它们。然而学员学习情况再好，也不能保证他们一定会在实际工作中应用所学知识。

第三层次(工作应用)：使用许多跟踪方法，测量学员使用新技能的频率等，来判断学员是否将所学应用于实际工作中。这个层次很重要，但是它们并不能确保对组织有积极的影响。

第四层次(组织结果)：测量学员应用培训所学后对组织产生的积极影响，通常测量产量、质量、成本、时间和顾客满意度。

第五层次(投入产出)：培训固然会对组织产生积极的影响，但是同样需要比较对培训的投入以及通过培训对组织产生的收益。

评估目的必须在评估计划之前考虑，因为评估目的常常决定了评估的范围、评估工具的类型和所收集的数据类型。例如，ROI 分析中有一个评估目的是比较培训项目的成本和收益，这就要求收集的数据是硬数据，数据收集的类型是绩效监控，分析的类型是全面分析，结果的报告方法是提交正式的评估报告。最常见的六种收集数据的工具是调查、问卷、访谈、测试、观察和绩效记录等。选用何种工具收集数据取决于组织对它们的熟悉程度以及是否符合情境和评估要求。在某些情况下，数据收集的时间是在培训实施前后进行的。然而，有时培训的数据无法收集得到，只能在培训后进行跟踪评估。这里的一个重要问题是跟踪评估的时间，通常跟踪评估的时间范围是 3~6 个月。

ROI 通常表示成一个百分数或成本与收益的比率。计算 ROI 包括如下七个步骤。

(1)确定成果(如质量、事故发生率)。

(2)给每一个成果确定一个权重。

(3)在消除其他潜在因素对培训结果的影响后，确定绩效的变化。

(4)通过比较培训前后的结果(用货币形式)，获得每年的收益数额(操作结果)。

(5)确定培训成本(直接成本+间接成本+开发成本+一般管理费用+学员薪酬)。

(6)计算总的结余，方法是用收益(操作结果)减去培训成本。

(7)计算投资回报率(ROI)，方法是用收益(操作结果)除以成本。投资回报率是对花在培训上的每一元钱获得的货币回报的大致估计。成本—收益分析中成本的确定如表 8-3

所示。

表8-3　成本—收益分析中成本的确定

单位：元

直接成本	金额
培训师	0
公司内部培训师(12天×125元/天)	1 500
小额福利(工资的25%)	375
交通费	0
材料费(60元×56人)	3 360
培训教室和视听设备租赁费(12天×50元/天)	600
餐费(4元/天×3天×56人)	672
总的直接成本	6 507
间接成本	
培训管理费	0
员工和管理人员工资	750
小额福利(工资的25%)	187
邮资、运费和电话费	0
培训前和培训后的材料费(4元/人×56人)	224
总的间接成本	1 161
开发成本	
项目购买费用	3 600
培训师培训费用	0
注册费用	1 400
交通和住宿费用	975
工资	625
福利	156
总的开发成本	6 756
管理费用	
组织的总体支持、高层管理时间(直接成本、间接成本和开发成本的10%)	1 442.4
总的管理费用	1 442.4
学员薪酬	
学员的工资和福利(根据离岗时间计算)	16 969
每个学员的成本	587
总的培训成本	32 835.9

通过考察培训项目目标和项目影响的培训成果种类来确定培训的收益，这些成果也包括产品质量、环境管理以及事故发生率，表8-4展示了如何确定培训的收益。

表8-4　成本—收益分析中收益的确定

经营结果	如何测量	培训前结果	培训后结果	差异(+或-)	收益值
产品质量	淘汰率	2%的淘汰率，即每天1 440块	1.5%的淘汰率即每天1 080块	0.5%，即360块	每天720元每年172 800元
环境管理	用20项内容进行检查	10处不合格(平均)	2处不合格(平均)	8处不合格(平均)	无法用元表示
可避免的事故	事故数量事故的直接成本	每年24次每年144 000元	每年16次每年96 000元	每年8次每年48 000元	每年48 000元

ROI=回报=经营成果/培训成本=220 800元/32 835.9元≈6.7

总的节约成本：187 964元

一旦确定了项目的成本和收益，用收益除以成本即为投资回报率(ROI)。在例子中，ROI为6.7，即每在项目中投入1美元就会带来大约6.7元的收益。怎样判断一个ROI是否可以被接受？一个办法是，可以让管理者和培训者就ROI的可接受水平达成统一意见；另一个方法是利用其他公司类似的培训类型的ROI来判断。

菲利普斯对多个行业的几种培训项目的投资回报率做了估计，如表8-5所示。不同行业的培训投资回报率有所差别，不同培训项目的投资回报率也不同。

表8-5　培训投资回报率

行业	培训项目	投资回报率(ROI)
制瓶公司	管理者角色研讨班	15：1
大型商业银行	销售培训	21：1
电力和煤气公共部门	行为规范培训	5：1
石油公司	顾客服务培训	4.8：1
保健机构	团队培训	13.7：1

以上培训评估模型中都有柯克帕特里克四级培训评估模型的影子，特别是菲利普斯的ROI过程模型仅仅是在最后加上了投入产出的分析而已。而考夫曼模型、CIRO模型和CIPP模型则是在评估实施过程的两头做了文章，即将培训需求分析的一部分以及培训对外界的影响纳入评估范围之中，中间则几乎保持不变。

企业从事培训评估的人员虽然也希望能够得到投入产出的效果，然而企业经理和培训师因为缺乏有效的工具，很少能对培训进行系统的评估。在评估某种培训活动对组织绩效的影响时，投入产出的比率所得到的数值并不是那么有把握。当前培训活动的评估缺乏科学上可靠且有效的证据，并且有相当多的评估不能被该企业的组织文化所接受。

拓展阅读

教育与培训的投资汇报

　　舒尔茨 1961 年在《教育和经济增长》一文中，对美国 1929 年至 1957 年教育投资增量的收益进行了测算，直观形象地揭示出了教育投资与经济增长之间的内在关系。丹尼森在 1962 年出版的《美国经济增长因素和我们面临的选择》一书中，用不同于舒尔茨的方法对 1929 年至 1957 年美国经济的增长因素进行了研究，从国民收入年平均增长率中，逐项推算各因素的作用，并估算出教育对经济增长率的贡献。根据丹尼森的计算，美国 1929 年至 1957 年教育对国民收入增长的贡献率为 35.3%。奥内尔的研究表明，1967 年至 1985 年期间，教育对 GDP 增长的贡献率，发达国家为 58%，发展中国家则高达 64%。

　　日本之所以能够迅速崛起，究其原因，完全得益于明治维新以来政府长期对国民教育的高度重视和巨大投入，从而促进经济的飞速发展。在 1905—1960 年，日本的国民收入增加了 9 倍，在此期间，劳动力只增加了 0.7 倍，物质资本的投资也只增加了 6 倍，但教育投资却增加了 22 倍。1960—1975 年，日本的国民生产总值增加了 3 倍，同期的教育投入又增加了 10 倍。优先发展教育使日本经济一直保持较高的增长速度。

　　教育投资与经济发展是并行的。教育投资应随着 GDP 的增长而增长，只有保证教育投资才能促进经济的发展。教育投资会带动劳动力的素质提升，从而带动产业结构的提升，反向促进经济的发展。

　　培训是一种高回报的投资和产出：对于培训来说，无论是用于建立领先竞争优势，还是凝聚团队留住人才，对大多数企业来说成本都显得高了些。特别对于占大多数比例的中小企业，更是一笔不小的支出。有数据显示，在美国，受过高等专业教育的劳动力比例每增加 1%，企业劳动生产率就增加 1.8%。在企业里培训的投资回报更为直接，有统计表明，员工培训的投入产出比是 1∶50，就是企业在培训上每投入 1 元，就可以创造 50 元的收益。因此，培训能给企业和个人带来丰厚的回报，而且效益是综合性和长远性的。

（资料来源：百度文库）

第三节　培训评估有效性的设计

一、何为培训评估的有效性

　　要获得培训的实际效果及价值，我们在进行评估过程中就必须保证所获得的信息和数据是准确、科学、有效的。培训有效性评估的设计决定了所得到的结果的可靠性。当然，没有一种评估方案是绝对准确的，对于培训管理和培训设计人员来说，重要的是在适当的情景下，采用最有效的方式对培训的效果进行评估。

　　要实现培训评估的有效性，就需要评价培训有效性评估效度。所谓培训有效性评估效度，指的是某一评估量真正测量到所需测量的培训成果或属性的程度，或者说某种评估方案评估培训效果的程度有多大。因为在对培训有效性进行评估时，有时会由于一些未考虑到的因素，影响评估结果的有效性，既可能是低估了培训的效果，也有可能是员工发生的改变不是由培训所致，而是由其他原因造成的。比如，测量学员培训后体重的变化，其效度对于培训技能来说为零；再如，在不同的环境下测量了培训的前后对比，效度也会降低。

二、培训有效性评估方案的设计种类

培训有效性评估方案的设计种类从是否有对照组、是否进行培训前评估和培训后评估两个方面来考虑，主要方法如表8-6所示。

表8-6　培训有效性评估方案的设计种类

设计	评估对象	评估（测量）是否进行	
		培训前	培训后
仅有后测，无对照组的设计	培训组	否	是
前测—后测的设计	培训组	是	是
后测—对照组的设计	培训组和对照组	否	是
前测后测—对照组的设计	培训组和对照组	是	是
所罗门四组设计	培训组A	是	是
	对照组A	否	是
	培训组B	是	是
	对照组B	否	是
时间序列设计	培训组	是	是，分时间进行多次

表8-6中借用了实验设计中的常用方式和用语。前测是指在培训前对学员某方面的测定，如学业水平、能力水平、智力、个性特点、态度和技能等。后测是指在培训后对他们再次进行测定。对照组指在企业中和培训成员有差不多的背景，但没有接受培训的那些员工所构成的群体，用他们来与培训组进行对照从而发现培训的效应。下面将对每种设计进行解释。

(一) 仅有后测，无对照组的设计

这类评估仅在学员参加培训后对其进行测量。这种方式得到的信息可以了解学习效果，但由于不知道培训前学员的知识和技能水平如何，因此很难确定学员所学到的东西就是培训的效果。

(二) 前测—后测的设计

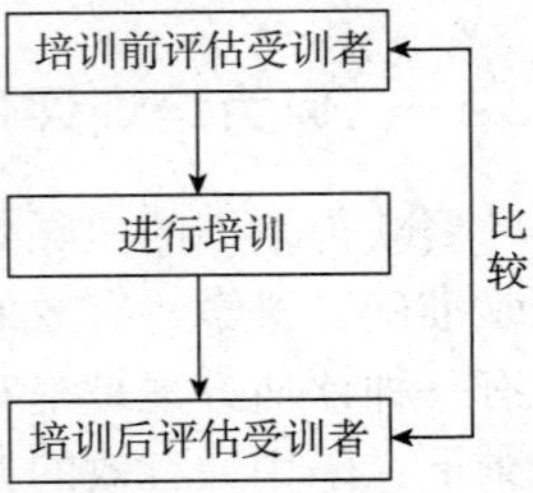

这种设计是指在培训前对学员在某方面的知识、技能或态度进行测量，在培训之后再对其进行测量，通过前后的变化度来解释培训的效果，如图8-1所示。这种设计比第一种有所进步的地方在于它多了前测，这样就可以进行前后差异的检验，通过统计分析来说明培训的效果。不足之处在于，由于没有控

图8-1　前测—后测的设计

制组，分析出来的差异可能不是由培训所致，而是由于企业中其他方面的变化造成的。例如，工作态度的变化可能不是由企业文化培训所致，而是由于企业中采用了新的奖惩制度。

（三）后测—对照组的设计

这种设计中增加了对照组来比较与培训组的差异。但在培训前没有对培训组和对照组进行过测量，只在培训后对两组在某方面的知识、态度或技能上进行评估，这两组在这些指标上的差异被认为是由培训导致的，如图8-2所示。

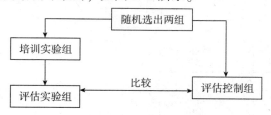

图8-2 后测—对照组的设计

该设计的假设是培训组和对照组在培训前没有差异，然后经历了除培训外的其他组织过程，这样可以固化一些培训外的干扰因素。但和第一种仅有后测的设计同样存在的问题是，很难评估到真正的学习效果。

（四）前测后测—对照组的设计

在这种设计当中，采用一个对照组来和培训组进行比较。对这两个组都有培训前的测量和培训后的测量。这样就可以剔除那些可能由于公司其他方面的条件发生变化而导致的变化。在这种设计下，如果前测培训组和对照组之间并没有显著差异，而后测有显著差异，就可以认为这种差异是由培训所产生的。表8-7、图8-3可以说明这种设计。

表8-7 前测后测—对照组的设计

培训组与培训效果	培训前的工作态度	培训后的工作态度
培训组1	前测1	后测1
培训组2	前测2	后测2
培训效果	（后测1—后测2）-（前测1—前测2）	

这种设计可以明确地看出培训的效果，同时也使培训管理或培训讲师更有把握确定培训的效果。前测后测—对照组的设计是在研究设计中用得较多的设计，它不仅可以用于评估单一培训的效果，同时也可以用来衡量不同培训方式的效果。

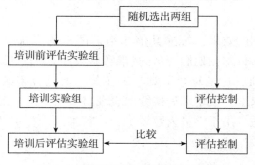

图8-3 前测后测—对照组的设计

通过前后两次测量收到信息后，可以通过方差分析检验培训的效果，并检验不同培训方式之间的差异。

（五）所罗门四组设计

所罗门四组设计将前面提到的几种设计结合起来，可以把干扰培训效果的其他因素的影响降到最低限度。在具体操作时，可以把培训学员随机分成两组接受培训，同时另外设置两个对应的参照组，如图8-4所示。

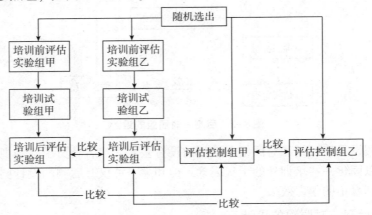

图8-4　所罗门四组设计

另外，这种设计还可以用于评估不同培训方式的效果。比如，我们想了解采用互动式的培训方式和传统的演讲法对培训效果有何影响，可以采用所罗门四组设计，如表8-8所示。

表8-8　所罗门四组设计的应用

组别	前测	培训	后测
第一组	有	互动式	有
第二组	有	传统演讲	有
第三组	没有	互动	有
第四组	没有	传统演讲	有

这样既可以消除历史因素的影响，又可以消除成长因素或者组织中其他因素的干扰，从而真正看到培训的效果。

（六）时间序列设计

为了更好地检查培训的效果，排除其他非培训因素的干扰，还可以采用时间序列设计。该设计是由库克和坎贝尔在他们著名的《准实验设计》一书中提出的。时间序列设计指在培训前一段时间和培训后一段时间里对学员在某方面进行多次测量，以观测培训的效果。它的一个假设是如果学员在培训后持续地表现出某种变化，则可以认为这种是由培训引起的。时间序列设计适合用于学员人数较少，比较难以进行统计分析的情况，如图8-5所示。

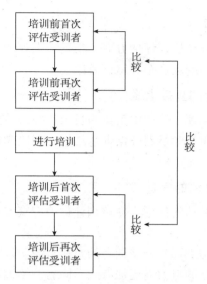

图 8-5 时间序列设计

在时间序列设计之中，由于要在较长一段时间里对员工进行测量，很容易受到历史因素和员工发展因素的干扰。为了避免这些影响，也可以采用对照组的做法。采用了对照组的时间序列设计也叫多重时间序列设计。这种设计和前面讲的前测后测、对照组的不同之处是，它不强调随机分配的做法，而是根据自然发生的情况，对参加过培训和没有参加过培训的员工进行观察和测定，而这也正是准实验设计的一大特点。这类评估方式通常用于评价那些较容易观察到变化的培训结果指标，如事故率、生产率和缺勤率等。

第四节　培训评估的组织实施

在培训项目实施之前，培训评估人员必须界定培训评估的主体，设计好培训评估的流程。培训评估的实施有助于预估培训项目的前景，如对培训系统的某些部分进行修订，或对培训项目进行整体修改，以使其更加符合企业的需要。

一、培训评估的主体

系统的培训评估应是全方位的评估，应有培训的各相关方参与，才能达到培训评估的客观、公正和公平，培训评估的效果才会更好。培训评估中参与的主体主要有五类。

（一）领导方——企业高层

领导方不直接介入培训评估，但通过一些途径来对培训评估产生重大影响，如批准培训评估可用的资源，要求相关人员参与培训评估，明确表示对培训评估感兴趣，调动企业员工参与培训评估的积极性。

（二）参与方——培训经理

参与方设计培训评估方案，与培训师共同实施不同层次的培训评估。其是企业高层、受训者、培训师之间的纽带。

（三）执行方——培训师

执行方与培训经理共同设计培训评估方案，根据培训评估方案实施培训评估，并帮助受训者的直接上级召开培训前的动员会和培训总结会。

（四）关联方——受训者的直接上级

受训者的直接上级在培训评估过程中负责为员工选择最恰当的培训课程；召集学员开培训动员会；培训结束后，组织学员召开培训总结会，明确学员学习致用的行动计划，并确定可以提供的帮助。

（五）受训方——接受培训的学员

受训方要正确认识培训评估的作用，在培训评估中把真实的想法写出来，认真地接受评估调查。

如果一个企业的高层、培训部门、受训者的直接上级、培训师和受训者之间有良好的沟通氛围，培训评估会因各方的努力而更加有效。同时，培训部门及人力资源部的工作也很有效，对整个企业都有益。

二、培训评估的流程

遵循科学的培训评估流程是顺利、有效地进行培训评估活动的关键。一般来说，有效的培训评估应该包括十个主要环节：①再次明确培训需求；②确定评估目的；③界定评估对象；④完善数据；⑤确定培训评估层次；⑥选择评估衡量方法；⑦分析评估原始资料；⑧撰写评估报告；⑨沟通培训评估效果；⑩调整培训项目。

（一）再次明确培训需求

进行培训需求分析是培训项目设计的第一步，也是培训评估的第一步。若对没有充分需求分析的培训项目进行评估，那么评估的结果多半是令人失望的。对许多的管理层来说，培训工作"既重要又茫然"，根本的问题在于企业对自身的培训需求不明确但又意识到培训的重要性。企业对员工的培训需求缺乏科学、细致的分析，使得企业培训工作带有很强的盲目性和随意性。很多企业只是当企业在管理上出现了较大的问题、经营业绩不好时，才临时安排培训工作，仅仅满足短期需求和眼前利益。

对于培训需求的确定，一些企业完全由员工本人提出培训的要求，培训主管部门简单予以同意或反对；一些企业培训主管不进行需求分析，只凭经验和模仿他人而机械地制订本企业的培训计划，或者按照前一年的计划来制订当前的计划；有的企业对培训需求的界定甚至只根据负责人的一句话。总之，企业没有将本企业发展目标和员工的生涯设计相结合，仔细设计和主动加强对员工的培训。

培训前不进行细致深入的需求分析，对课程及设施不进行合理的设计，以至于培训需求不明确，使培训变成一种救火式、应急式、毫无规矩、偶然的工作。不管一个培训项目是由什么原因引起的，培训主管都应该通过培训需求分析来决定具体的知识、技能、态度的缺陷。培训需求分析中所使用的最典型方法有访谈法、调研法和问卷调查法。调查的对象主要集中在未来的受训人员和他们的上司上，同时，还要对工作效率低的管理机构及员工所在的环境实施调查，从而确定环境是否也对工作效率有所影响。

（二）确定评估目的

在培训项目实施之前，人力资源开发人员就必须把培训评估的目的明确下来。多数情况下，培训评估的实施有助于对培训系统的某些部分进行修订，或是对培训项目进行整体修改，以使其更加符合企业的需要。例如，培训材料是否体现公司的价值观念，培训师能否完整地将知识和信息传递给受训人员等。重要的是，培训评估的目的将影响数据收集的方法和所要收集的数据类型。

（三）界定评估对象

培训的最终目的就是为企业创造价值。由于培训的需求呈增长的趋势，因而实施培训的直接费用和间接费用也在持续攀升，因此不一定在所有的培训结束后，都要进行评估。我们认为，主要应针对下列情况进行评估。

（1）新开发的课程。应着重于培训需求、课程设计、应用效果等方面。

（2）新教员的课程。应着重于教学方法、质量等综合能力方面。

（3）新的培训方式。应着重于课程组织、教材、课程设计、应用效果等方面。

（4）外请培训企业进行的培训。应着重于课程设计、成本核算、应用效果等方面。

（5）出现问题和投诉的培训。针对投诉的问题，进行分类及处理，以提升员工处理投诉的能力。

选定评估对象，我们才可以有效地针对具体的评估对象开发有效的问卷、访谈提纲等。

（四）完善数据

进行培训评估之前，培训主管必须将培训前后发生的数据收集齐，因为培训数据是培训评估的对象，尤其是在进行培训三级、四级评估的过程中，必须参考这些数据。培训的数据按照能否用数字衡量的标准可以分为两类：硬数据和软数据。硬数据是对改进情况的主要衡量标准，以比例的形式出现，是一些易于收集的、无可争辩的事实。这是最需要收集的理想数据。硬数据可以分为产出、质量、成本和时间四大类。几乎在所有组织机构中，这四类都是具有代表性的业绩衡量标准。有时候很难找到硬数据，这时，软数据在评估人力资源开发培训项目时就很有意义。常用的软数据类型可以归纳为六个部分：工作习惯、氛围、新技能、发展、满意度和主动性。

例如，企业在进行四级评估时需要一些硬性数据。假如财务部每天平均有700万元的应收款，那么就可以为他们开设一门课程，教他们如何更有效地追回欠款。四级评估只要查看一下每天的应收款项是否下降就可以了。由于改善员工工作表现的责任落在经理身上，就需要培训部建立一套三级和四级评估系统，经理以此衡量手下员工的工作表现是否有所提高。因此，对这些评估感兴趣的不应该只是培训部门。

（五）确定培训评估层次

有关培训评估的最著名的模型是由柯克帕特里克提出的。从评估的深度和难度看，柯克帕特里克的模型包括反应层、学习层、行为层和结果层四个层次。人力资源开发人员要确定最终的培训评估层次，因为这将决定要收集的数据种类。

（六）选择评估衡量方法

在决定对培训进行评估后，评估工作在培训进行时就可以开始了。这时采取的方法主要是培训主管部门或有关部门管理人员亲临课堂听课，现场观察学员的反应、培训场所的气氛和培训师的讲解组织水平。注意，虽然这样可以获得一手材料和信息，但因培训还未结束，除非特别要注意的重大培训项目，为获得完整数据，一般在培训结束后才开始进行评估。

评估内容主要包括对培训课程本身的评估和对培训效果的评估。按评估的时间分为培训结束时进行的评估和受训者回到工作中一段时间的评估。评估的方式有评估调查表填写、评估访谈、案例研究等。

需要说明的是，评估是为了改进培训质量、提升培训效果、降低培训成本。针对评估结果，重要的是要采取相应的纠偏措施并不断跟踪，而不是评过就完事了。

(七)分析评估原始资料

培训主管对前期的培训评估调查表和培训结果调查表进行统计和分析。将收集到的问卷、访谈资料等进行统计分析、整理合并，剔除无效资料，同时得出相关结论。

(八)撰写培训评估报告

培训主管在分析调查表之后，结合学员的结业考核成绩，对培训项目出具公正合理的评估报告。培训主管还可以要求培训的培训机构基于培训项目的评估提交报告书，对培训项目做出有针对性的调整。在认真地对评估数据、评估问卷进行考查之后，培训项目得到了学员的认可，收效很好，则这一项目继续进行。如果培训项目没有什么效果或存在问题，培训机构就要对该项目进行调整或考虑取消该项目。如果评估结果表明，培训项目的某些部分不够有效，例如，内容不适当、授课方式不适当、或受训人员本身缺乏积极性等，就可以有针对性地对这些部分进行重新设计或调整。

(九)沟通培训评估结果

很多企业重视培训评估，但是其评估却与实际工作脱节。培训效果的检验仅仅局限于培训过程，而没有在实际的工作中进行，造成了培训与实际生产脱节。在培训评估过程中，人们往往忽视对培训评估结果的沟通。在沟通有关培训评估信息时，培训部门一定要做到不存偏见和有效率。一般来说，企业中有四种人是必须得到培训评估结果的。

(1)培训主管。他们需要这些信息来改进培训项目。只有在得到反馈意见的基础上精益求精，培训项目才能得到提高。

(2)管理层是另一个重要的人群。他们当中有一些是决策人，决定着培训项目的未来。评估的基本目的之一就是为妥善地决策提供基础。

(3)第三个群体是受训员工。他们应该知道自己的培训效果怎么样，并且将自己的业绩表现与其他人的业绩表现进行比较。这种意见反馈有助于他们继续努力，也有助于将来参加该培训项目学习的人员不断努力。

(4)第四个群体是受训人员的直接经理。

(十)调整培训项目

培训评估报告反馈后，要采取相应的纠偏措施并不断跟踪。这时培训主管就可以根据培训的效果对培训项目进行调整，对收效大、员工反映好的项目加以保留；对某领域欠缺的项目进行增补；对于培训项目中不够有效的部分，可以有针对性地进行重新设计或调整；对没什么效果或者存在问题的项目，就要考虑将其取消。

培训评估应该是一个完整的循环，任何一项评估都是一个长期的、连续不断的过程。要使培训评估起到应有的作用，就必须使培训评估系统化、科学化。

三、培训评估报告示例

培训评估报告参考样本

一、确定培训效果评估目标

1. 需要解决的问题。

2. 达到的水平及具体目标。

二、培训评估人员的组成

三、培训评估的实施

1. 反应层面评估。主要是了解员工受训后的总体感受，对培训内容、教学方法、材料设施等的评价，通过问卷调查或座谈的方式获取评估信息。

2. 学习层面评估。调查学员掌握了多少课程的内容，通过课堂表现评价、笔试进行评估。

3. 行为层面评估。对学员工作表现和在职行为进行培训前后对比和评估，主要由受训者通过观察法进行评估。

4. 结果层面评估。这是培训效果测定的最高层次，可以通过事故率、产品合格率、产量、销售量、成本、技术、利润、离职率、迟到率等指标来测定，主要测定内容是个体、群体在受训后是否得到改善。这是最重要的测定层次。

培训效果也可以采用量化的测定方法，量化测定方法较多，其中运用较广泛的是下列公式：

$$TE = (E_2 - E_1) \times TS \times T - C$$

式中，TE 代表培训效益；E_1 代表培训前每个受训者一年产生的效益；E_2 代表培训后每个受训者一年产生的效益；TS 代表培训的人数。

四、培训总结

(一)培训评估报告的撰写

1. 培训报告组成：培训概况，包括项目投入、时间、参加人员和主要内容等。

2. 学员的培训结果、合格人数、不合格人数、不合格原因等。

3. 培训项目结果处理。对于好的项目，实施方式、材料等需保留；对于不足的项目，实施方式、材料等需检讨甚至舍弃。

(二)信息反馈

培训工作结束后，将信息反馈给企业内部人员。

1. 培训反馈到人力资源工作人员，可以对培训项目进行修改，提高培训水平。

2. 管理层对培训工作的支持度。

3. 受训人员明确自己的培训效果，有助于学员继续努力，不断提升自身的工作绩效及素质。

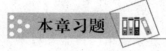 **本章小结**

1. 培训效果是指公司和学员从培训中获得的收益。培训效果评估包括衡量对项目收益起决定作用的特定成果和标准。培训评估是指收集培训成果以衡量培训是否有效的过程。

2. 培训效果评估可从培训前评估、培训中评估和培训后评估三个方面开展。

3. 柯克帕特里克的四级评估法主要包括四个层面：(1)反应层面，即学员对已发生的培训活动有何感觉或印象；(2)学习层面，即主要考查学员学到的知识和技能；(3)行为层面，即主要考查学员通过培训所发生的行为举止的改进或变化；(4)结果层面，即主要考查培训为组织带来的效果。

4. 目前主要的培训效果评估模型包括：(1)柯克帕特里克四级评估模型；(2)考夫曼的五层次评估；(3)CIRO评估模型；(4)CIPP评估模型；(5)菲利普斯的ROI过程模型。

5. 有效的培训评估应该包括十个主要环节：(1)再次明确培训需求；(2)确定评估目的；(3)界定评估对象；(4)完善数据；(5)确定培训评估层次；(6)选择评估衡量方法；(7)分析评估原始资料；(8)撰写评估报告；(9)沟通培训评估效果；(10)调整培训项目。

本章习题

一、简答题

1. 培训评估有哪些内容和作用？
2. 培训效果评估的模型有哪些？你认为哪一种更合理？
3. 为什么要进行培训有效性的设计？
4. 培训评估包括哪些基本步骤？
5. 菲利普斯模型与柯式评估模型有哪些异同？

二、案例分析

希尔斯公司提供的培训项目

希尔斯公司设计了一个用于改善工具和硬件销售的培训。这一两个小时的培训项目采用远程学习，并通过广播的方式从希尔斯公司的培训中心向美国10个营业地点和50名销售人员进行传授。这项培训包括教授学员该如何展示它们的商品来吸引客户的注意。在参加培训前，这10家商店的设备和硬件销售额是每周平均每家商店5 000美元，但是在经过培训后，每周平均每家商店销售额达到了6 500美元，销售利润是20%，每年共有52周。培训项目的成本如表8-9所示。

表8-9 培训项目的成本

项目	金额/美元
培训师	10 000
远程学习(卫星空间租赁)	5 000
材料(每位学员100美元，共50名学员)	5 000

项目	金额/美元
学员的工资和福利(每小时 15 美元,共 2 小时,50 名学员)	1 500
培训专员的工资和福利(每小时工资 20 美元,共 30 小时)	600

计算题:

请问这个项目的年投资回报率(ROI)是多少?

中国石油分公司员工培训的评估

中国石油分公司培训评估以客观反映培训效果、促进培训持续改进为目的,按照"谁办班,谁评估"的原则,开展培训评估。一级培训评估以培训单位发放的结业证书、相关证书记录为准,参考学员撰写的培训总结或心得。对脱产一个月以上的"重点培训项目",还要对培训后学员进行跟踪调查,根据其工作表现、业绩变化进行评估。二级培训评估由人事处、培训中心组织,一级培训评估由各单位自行组织。该公司的培训评估常采用问卷调查的方式,评估表如表 8-10 所示。

表 8-10 中国石油分公司培训班总结及项目效果评估表

培训班名称			培训教师	
培训对象			参加人数	
培训时间	年 月 日—	年 月 日	课时数	
培训方式、方法				
培训内容				
培训小结				
部门负责人对本次培训的评价 优秀□ 良好□ 一般□ 较差□ 签字: 年 月 日		人事处培训中心对本次培训的评价 优秀□ 良好□ 一般□ 较差□ 签字: 年 月 日		

公司组织的各层各类培训要有明确的培训目标,即通过培训所要解决的主要问题,或对学员在增长知识、掌握技能、改变态度方面的要求。培训目标由各专业主管部门或培训需求单位评估。

培训过程评估主要包括对培训计划、培训组织、培训实施、培训效果等方面进行评估,二级培训由培训中心会同培训主办单位进行评估,一级培训由各单位自行评估。针对培训目标和学员的实际水平确定出详细的、可操作性强的评估方案。培训结束后,培训实施部门要对学员进行考核或考试,评价学员学习效果。组织部分学员填写《培训班学员反馈调查表》,考核评估培训教师授课效果。培训实施部门撰写培训总结,主要包括培训班学员出勤情况、学员对课程设置的意见和建议、培训班老师对学员整体培训效果的评估、培训单位的课程设置调整、改进方案等。

然而,该公司的培训评估缺乏有效的技术手段,致使评估停留在初级的反应层和学习层的评估上,没有深层次的效果评估,没有反映出培训后员工工作态度和业务能力的变化，对各部门以及公司整体工作绩效的改善亦无法量化。另外，培训评估流程不完善，没有量化的评估指标和评估模型，也缺乏有效的评估方法。

（资料来源：原创力文档 https：//max. book118. com/html/2021/1119/80710100650040 41. shtm)

思考讨论题：

1. 相对于理想的培训效果评估，请尝试分析该公司培训效果评估流于表面的原因。

2. 运用所学知识，您将如何为中国石油分公司建立一个科学合理的培训评估体系？

三、实训练习

看不见与说不清

在一个团队中，需要很多角色，每个角色的任务不同，但都有一个共同的目标，就是要完成整个团队的任务。本游戏就是帮助大家认识这一点。

游戏规则和程序：

(1)三名学员扮演工人，一起被蒙住双眼，被带到一个陌生的地方。

(2)由两名学生扮演经理，一名扮演总裁。

(3)游戏规则：工人可以讲话，但什么都看不见；经理可以看，可以行动，但不能讲话；总裁能看能讲话，也能指挥行动，但他却被许多琐事缠住(他要在规定时间内做许多与目标不相干的事情)。所有的角色需要共同努力才能完成游戏的最终目标——把工人转移到安全的地方去。

(4)注意：任务说明书可以由培训师根据情况设计，关键是总裁有许多琐事缠身。

思考讨论题：

1. 你在本游戏中最大的体会是什么？

2. 你认为在一个企业的团队合作中，什么是最重要的？

第九章　员工开发

学习目标

1. 了解员工开发的概念、特点和作用；
2. 掌握员工开发的战略和规划；
3. 掌握员工开发的方法；
4. 掌握开发有效管理者的方法。

案例分享

爱立信公司的员工培训

爱立信公司（Telefonaktiebolaget LM Ericsson）于 1876 年成立于瑞典首都斯德哥尔摩。从早期生产电话机、程控交换机，发展到全球最大的移动通信设备商，爱立信的业务遍布全球 180 多个国家和地区，是全球领先的提供端到端全面通信解决方案以及专业服务的供应商。

随着爱立信产品在中国市场的推广和畅销，培训客户及本公司员工变得越来越重要。爱立信在中国和世界范围内取得成功的关键环节之一是能充分发挥员工潜力，重视员工与客户的培训。爱立信北京培训中心的组织结构很健全，既有课程发展部专门考虑和设计的培训课程，保证培训内容的完整性和一致性；又有市场部负责开发培训市场，反馈用户信息，使课程设置更适应中国市场的情况和用户的要求。这样既保证了员工个人能力的培养与部门目标相适应，又便于培训中心从总体上进行协调和控制，从制度上保证了培训工作的有效性。

（案例来源：由作者根据网络资源进行整理）

爱立信公司的员工培训在一定程度上反映了目前企业员工开发的需求情况。那么什么是员工开发？都有哪些员工开发的方法？本章将介绍员工开发的内容。

第一节　员工开发概述

当前，面对激烈的人才竞争，越来越多的企业开始重视员工开发。了解员工开发的概念、特点和类型对有效地开展员工开发活动具有重要意义。

一、员工开发的概念

员工开发（Employee Development）是指为员工未来的发展而开展的正规教育、在职体验、人际互助等活动，以及在学习型组织中为员工未来发展而开展的各种开发活动。员工开发与培训有时可以混用，但实际上两者有差别。

二、员工开发的特点

随着知识经济时代的到来和经济全球化的加剧，员工开发已成为企业培养人才的重要手段。企业进行员工开发能够有效提升员工在企业中的归属感，有利其长远发展，促进企业团队精神的壮大，提高企业员工的整体素质和企业对新产品的研究开发能力，从而不断提升自身的核心竞争力。员工开发的对象是在职员工，其性质属于继续教育的范畴，具有如下五个鲜明的特点。

（一）广泛性

员工开发的涉及面较广。首先，开发的对象基本上是全员，不仅需要对管理者进行开发，而且也需要对一般员工进行开发；其次，开发的内容涉及员工的知识、能力、潜能、技能、观念、态度等多个方面；最后，员工开发的方式方法也多种多样。

（二）协调性

员工开发是一个系统工程，它要求开发活动的各个环节相互协调，以使其运转正常。首先要从企业经营战略出发，确定开发对象、开发内容；其次应该适时地根据企业发展的规模、速度和方向，合理确定开发对象的数量和结构；最后还要准确地根据需要确定要开发的员工人数，合理开展开发行动。

（三）实用性

实用性是指员工开发活动应当产生一定的回报。员工开发系统要发挥其功能，即将开发成果转移或转化成生产力，并能迅速促进企业竞争优势的发挥与保持。首先，企业应设计好开发项目，使员工所掌握的技能和更新的知识结构能够适应新的工作；其次，应让开发对象获得实践机会，使其有机会将新的知识、技能应用到实际工作中去；最后，为开发成果转化创造有利的工作环境，构建学习型组织，所谓学习型组织是一种具有促进学习能力、适应能力和变革能力的组织。

（四）预见性

企业对员工开发的投资并不直接增加固定资本和流动资本的生产能力，它只是形成潜在的生产能力。对员工开发的资本投入与产出存在较长的时间差异，这一显著特点在客观上决定对员工开发的投资必须具有预见性。企业要通过对未来员工的供需结构、素质水平

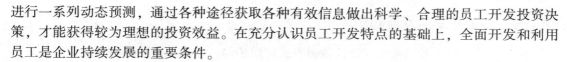

进行一系列动态预测，通过各种途径获取各种有效信息做出科学、合理的员工开发投资决策，才能获得较为理想的投资效益。在充分认识员工开发特点的基础上，全面开发和利用员工是企业持续发展的重要条件。

（五）长期性

长期性是指随着科学技术的日益发展，人们必须不断接受和学习新的知识和技术，任何企业对其员工的开发都是长期的。因此，企业需要制定员工开发的长期目标，并将长期目标分解为中短期的、更为具体的若干小目标。

三、员工开发的类型

（一）按开发对象分类

按开发对象分类，员工开发可以分为员工能力开发与有效管理者开发。员工能力开发包括员工在学习型组织里的自我超越、心智模式、共同远景、团队学习和系统思考五项修炼。有效管理者开发包括正规教育、在职体验和人际互助等几个方面的开发。本书采用按开发对象分类的方法。

（二）按开发内容分类

按开发内容分类，员工开发可以分为心智开发与潜能开发。在组织中，人们通常按照现有的工作定义和职权来考虑行动和既定的行为规范。心智开发是指改变人们根据既定的设想来思考和行动的开发活动。这种开发一般适用于普通员工。

潜能开发，顾名思义，就是要把人们本身具有的但目前还没有表现出来的能力开发出来。潜能开发通过科学、专业和系统的指导与训练，消除潜意识中有碍于集中目标注意力的负面情绪，建立潜意识中有利于强化目标注意力的正面情绪。潜能开发一般适用于管理者开发。

四、员工开发的作用

员工开发可带来许多益处，约翰·阿达尔（John Adair，2011）曾用行动中心型领导模型（Action Centered Leadership Model）加以说明。他将员工开发的益处分为任务、团队和个人三个方面。

1. 对任务的益处

员工开发对任务的益处包括生产能力增加、工作目标明确、标准化的建立等。

2. 对团队的益处

员工开发对团队的益处包括设立团队行为标准、解决团队困难和团队内冲突、培养团队合作精神、鼓励建立目标型团队、促进团队成员间的交流和理解等。

3. 对个人的益处

员工开发对个人的益处包括了解个人的能力、优势、需求及目标，支持员工应对困难和挑战，获得对自己工作努力及绩效的认同，拓展知识面等。

可见，员工开发带来的益处是多层次的、多方面的，可以同时促进组织和个人的发展。因此，一个设计合理的开发规划会得到组织和个人双方的支持。

五、员工开发的发展趋势

员工开发的未来发展趋势与开发传递方式密切相关。在未来，互联网会对员工开发产生日益深远的影响，同时，越来越多的企业将采用网上学习的方法，利用互联网实施员工开发。

(一)"互联网+"的人员开发形式

随着互联网技术日新月异的发展，高效交互技术、丰富表现形式、多元化学习方式以及多样化教育支持手段出现，大大方便了企业利用远程网络教学进行人员开发技术。企业在充分利用互联网技术发展过程中，形成"互联网+开发"的创新型人员开发形式，在自媒体的作用下，提升了员工开发的灵活性，增强了员工的主动性与选择性。这种创新型的人员开发机制主要表现在三个方面：一是网络交互式的开发形式；二是"线上+线下"的开发形式；三是大数据分析的开发形式。

1. 网络交互式的开发形式

企业在员工开发平台的设置上，主要采用员工与互联网之间的交互式开发形式，展现的是企业人力资源管理与员工之间的无缝衔接。通过互联网开发平台的形式，企业能够更好地了解员工期望，在增强员工学习动力的同时，促进常态下的人力资源管理体系的建设，加强员工的认同感与归属感。

2. "线上+线下"的开发形式

由于多媒体技术的日益完善和网络技术的日益普及，企业在进行人员开发时，构建线上教育课程和线下公开课程并行的开发模式，为员工提供移动学习终端，实现碎片化的学习模式，实现及时反馈制度和企业人力资源管理与员工管理上的无缝衔接。"线上+线下"的开发形式为员工提供了更加自主、开放、交互、有效的学习支持。

3. 大数据分析的开发形式

互联网时代也是大数据时代，在这个时代，各种数据资源能够方便快捷地进行共享，企业可以运用互联网技术对员工的各项数据进行搜集与统计，并通过对大数据的分析，总结出企业每位员工的长处与不足，从而根据员工的特点进行针对性的开发。在互联网时代，企业对员工的开发与管理更多地基于对数据的分析，才能使人力资源管理工作更加科学合理。

(二)利用互联网实施开发计划

互联网和其他新技术的运用正日益广泛，越来越多的企业开始利用互联网来实施员工开发计划，如虚拟工作安排的方式。

虚拟工作安排(Virtual Work Arrangements)包括虚拟团队和远程工作(Tele-working)，是指在偏远的地方进行工作(远离中央办公室)。此时，员工和其同事之间的联系会减少，但是他们却可以进行电子交流。虚拟工作安排的关键特征就是它的办公地点、组织结构和雇佣关系不再成为限制因素。例如，来自两个或三个不同组织的员工会就某一个项目合作，来共同满足他们各自组织战略或运作的需要。同样，同一个组织中的员工也会与组织中的其他单位或部门的同事合作组成一个项目团队，共同完成项目。

目前虚拟工作安排面临如下两个挑战。

第一，企业必须投入资金研究开发传递的方法，从而使这种数字化合作更加便利。数字化合作是指两个或两个以上的人通过计算机来互相交流。互联网、内部网和学习门户能使员工根据需要在计算机上获得所需的开发资源，以及与其他人合作。虚拟工作安排将建立在数字化合作的基础上。企业必须在团队工作技能、文化差异和执行工作所必需的技术技能和素质等方面向团队成员开展开发活动。

第二，对于实行虚拟工作安排的企业来说，想要取得成效，拥有知识，知道哪些员工拥有知识，并在组织、团队和个人之间分享知识非常关键。团队和员工必须具有获得知识所需的工具，并利用这些工具来获得知识并为顾客提供服务，开发和生产产品。

第二节　员工开发的战略与规划

员工开发的战略与规划是员工开发活动的重要准备阶段。本节将讨论企业员工开发的几种战略类型，以及员工开发的规划。

一、员工开发战略

员工开发战略主要有四种类型，分别是：强调以学习型文化为先导的员工开发战略；多层面、系统的员工开发需求评估战略；深度开发战略；员工开发与组织创新有机整合战略。

（一）强调以学习型文化为先导的员工开发战略

企业员工开发的最终目的是要形成一种自上而下的全员学习型文化，进而提高员工的学习能力和创新能力。学习是企业创新思想的来源，构建企业文化，关键要从转变观念入手，通过观念的转变来加深公司高层、中层管理者以及普通员工对开发重要性的认识，进行系统化的培训机制建设，对开发过程进行科学的设计，对开发结果进行有效利用，以学习型文化来引导企业的员工开发行为。

（二）多层面、系统的员工开发需求评估战略

目前，很多企业员工开发未能取得令人满意的效果，最普遍的原因是对企业员工的开发需求缺乏系统、科学的评估分析。为做好开发需求评估，企业应从公司整体发展战略层面、工作层面以及员工个人层面进行分析。公司整体发展战略层面分析是确定整个公司的开发需求，以保证开发计划符合公司的整体发展目标与战略要求。在工作层面分析中，要分析员工达到理想工作绩效必须掌握的技能和能力，包括各种技术技能、管理技能以及创新技能等的开发需求。个人层面分析是将员工目前的工作绩效与企业的员工绩效标准进行比较，寻找两者的差距，从而针对这些差距进行开发。个人层面分析的信息来源主要是业绩考评记录和员工个人提出的开发需求。通过对这三个层面的员工开发需求分析，企业就能依据一个完整的需求系统对员工进行开发，且能够实现公司战略需求与员工个人需求的有机整合。

（三）深度开发战略

开发内容将直接影响开发结果能否满足企业的需求。目前，绝大多数企业的员工开发

仍停留在表面，过分强调开发的专用性。当代企业的发展，要求公司的任何一个员工都要积极参与，因此员工既要掌握完成本职工作所需的技能，还需对企业的发展战略有清晰的理解，使自己的工作努力方向与企业的发展方向一致，员工必须带有明确的目的性和使命感。此外，当代企业要求员工具有协作精神，在工作中取长补短、精诚协作、积极创新，不断提高工作效率。

目前企业所需的深度开发战略主要包括以下两个方面。

（1）企业深度开发战略的实施不应是临时的，而是一个长期的，与企业愿景、发展目标和价值观相吻合的开发战略计划。目前国内多数企业对开发未进行系统规划，定位不准确，开发效果不明显，开发难以到位。企业领导或人力资源规划部门只重视眼前利益，而不考虑企业的长远发展和当今世界全球化竞争、信息时代对企业发展的深远影响，开发内容的设计只满足企业当前需求，忽视对企业未来所需的人才开发和知识储备，导致高层次人才时常断档。

（2）企业的深度开发战略要求对开发结果进行科学、严肃的考评，根据结果决定员工的奖罚、晋升，并对开发内容的设计、开发方式的选择进行积极的反馈，不断优化，从而激发员工的学习热情。企业高层领导应起积极的倡导作用，要有明确的开发目标、内容和方式，提高开发的针对性和实用性，随时评估开发绩效，根据需要随时调整开发战略和内容。

（四）员工开发与组织创新有机整合战略

员工开发与组织创新有机整合战略包括三个方面的内容。

（1）进行以提高员工的知识和技能为基础的制度设计，如职业生涯训练制度、岗位轮换制度、团队学习制度、企业内部沟通制度等。企业业绩的取得依靠人才的存量，更靠人才的能量。提供透明而具有诱惑力的发展前景，是成功管理人力资源的最好办法。

（2）建立有效的开发激励制度，调动员工接受开发的积极性。目前许多企业的员工开发流于形式，这与企业未能对开发进行有效的激励是分不开的。开发与员工的职业发展密切结合，是提高员工开发积极性及开发效果的最重要因素。

（3）建立学习型组织，营造企业的创新氛围。学习型组织是员工发挥创新才能的稳定平台和组织保障，比开发具有更大的弹性和整体综合效能。学习型组织要求员工具有较高的素质，更重要的是具备学习能力、获取信息和利用信息的能力，建立积极的自我适应机制，并通过员工之间的相互交流和思想碰撞产生创新的冲动。学习型组织能够快速适应外部环境的剧烈变化，不断进行观念创新、战略创新、制度创新、市场创新，这是企业培训的更高境界。

二、员工开发规划

员工开发规划是指根据组织内外环境变化和组织发展战略，考虑员工发展需要，通过对员工进行有计划的开发，提高员工能力，引导员工态度，使员工适应未来岗位的规划。

员工开发规划过程包括了解人员开发需求，选择开发目标，明确员工和企业为达到目标需采取的行动，确定工作进展测量的方法，制定员工开发时间表。表9-1列出了员工开发规划的过程，它规定了员工和企业各自应承担的责任。员工开发活动的一个发展趋势就是由员工自己来制定规划过程。一般来说，员工开发方式取决于开发需求和开发目标。因此，为了确定自己的开发需求，员工要知道自己的目标、兴趣，自身的能力以及他人对自己的期望。员工现有的工作能力和兴趣与其期望工作或职位所需能力的差距，也可能会导致开发需求。

表 9–1   员工开发规划过程

人员开发规划	员工	企业
机会	我需要怎样改进	企业提供评估信息，帮助员工认清自身的强项、弱项、兴趣及自身价值
动机	我愿意投入时间和精力开发个人技能吗	企业帮助员工确认变革的个人原因和公司原因；经理人员讨论应对开发中的障碍与挑战的步骤
确定目标	我想要开发什么	企业提供开发规划指导；经理要同员工共同讨论人员开发的问题
标准	我如何了解自己所取得的进展	经理根据标准提供反馈
行动	我该采取什么行动才能达到开发目标	企业提供课程教育、人员测评、在职体验和人际互助等开发方式
责任	我该制定什么样的时间表？该如何向他人征询有关我的进展情况的反馈意见	经理对员工在开发过程中的进展进行跟踪，并帮助员工制定一份能达到目标的切实可行的时间表

（资料来源：根据陈国海等观点整理，2019）

第三节   员工能力开发

员工能力开发的目的是重视企业中的每一位员工，将他们的潜在能力开发出来，提高他们的工作效率，从而为企业的持续快速发展做出必要的贡献。企业员工能力开发主要包括三个方面，即员工适应能力开发、员工创新能力开发以及员工心理能力开发。

一、员工适应能力开发

开发企业员工的适应能力（Adaptability），有利于员工快速适应企业环境的变化，适应工作中运用的信息技术的变化。一般来说，为提高员工的适应能力，可以从以下两个方面努力。

（一）构建学习型组织

个人开发的目的是帮助员工成为有效的学习者。"我们应当将学习看作是个人能力（创造和生产成果能力）的拓展。"这种方式比较广义地界定了个人开发的目标，不仅限于知识、技能或能力的开发，还包括对态度的影响力以及潜能的开发。

学习型组织的概念是对组织学习概念的深化和发展，是从 20 世纪 90 年代才开始在世界范围内兴起的。20 世纪 90 年代，致力于将自身转变为学习型组织的公司数量大增，美国的通用电气、强生公司和贝尔公司，欧洲的希尔斯钢铁、诺基亚、太阳联合，亚洲的本田和三星都致力于成为学习型组织。

(二)学习型组织的五项修炼

《第五项修炼》是美国麻省理工学院斯隆管理学院资深教授彼得·圣吉博士在总结以往理论的基础上，通过对 4 000 多家企业的调研而创立的一种具有巨大创新意义的理论。1990 年，《第五项修炼：学习型组织的艺术和实务》一书出版后，连续三年荣登全美最畅销书榜榜首，在世界各地掀起了学习管理的热潮，并于 1992 年荣获世界企业学会最高荣誉。《第五项修炼》是一套理论与实践相配套的新型管理方法，是继全面质量管理、生产流程重组、团队战略之后出现的管理新模式，它被西方企业界誉为 21 世纪的企业管理圣经。

1. 自我超越

自我超越是指突破极限的自我实现，或者技巧的精熟。高度自我超越的人不会停止学习。但是，自我超越不是人所拥有的某些能力，它是一个过程或者一种终身的修炼。高度自我超越的人会敏锐地警觉自己的无知、力量不足和成长极限，但这绝不动摇他们高度的自信。

自我超越的修炼是深刻了解自我的真正愿望，并客观地观察现实，对客观现实做出正确的判断，通过学习型组织不断学习并实现自己内心深处最想实现的愿望，全心投入工作，实现创造和超越。此项修炼兼容并蓄了东方文化和西方文化的精神传统，需要培养耐心、集中精力，全身心地投入学习组织。它是学习型组织的精神基础。

许多组织支持员工个人的成长，他们相信这样做能够强化组织。鼓励员工探索，对个人而言，健全的发展成就个人的幸福。只寻求工作外的满足，而忽视工作在生命中的重要性，将会限制员工成为快乐而完整的人的机会。

2. 改善心智模式

心智模式是根深蒂固的，影响我们如何了解这个世界，如何采取行动，对事物做出何种价值评价等，通常不易察觉。

心智模式影响自我表现出来的行为。通常，在刹那间决定什么可以做或者不可以做，这就是心智模式在发挥作用，心智模式对我们的所作所为具有巨大的影响力。因为心智模式影响我们如何认知周围世界，并影响我们如何采取行动。我们所想的往往是假设而不是真相，我们总是透过自己的心智模式来看世界，而心智模式总是不完全的。心智模式的问题不在于它的对或错，而在于我们不了解它是一种简化了的假设，以及它常隐藏在人们的心中，不易被察觉与检视。

3. 建立共同愿景

共同愿景是指一个组织中各个成员发自内心的共同目标。在一个团体内整合共同愿景，并有衷心地渴望实现目标的内在动力，将自己与全体成员共有的目标、价值观与使命联系在一起，主动而真诚地奉献和投入。组织设法以共同愿景将大家凝聚在一起，作为个人要善于将领导的理念融入自己心里，在组织中为实现共同的愿望而努力，通过努力学习，产生追求卓越的想法。激发自己追求更高目标的热情，并在组织中获得鼓舞，使组织拥有一种能够凝聚并坚持实现共同愿望的能力。

共同愿景不是一个想法，它是一股令人深受感召的力量。人们寻求建立共同愿景的理由之一，就是内心渴望能够归属于一项重要的任务、事业或使命。

共同愿景对学习型组织至关重要，因为它为学习提供了焦点与能量。只有当人们致力于完成某些自己非常关切的事情时，才会产生"创造型的学习"。

共同愿景会唤起人们的希望，特别是内在的共同愿景。由此工作变成追求一项蕴含在组织产品或服务之中、比工作本身更高的目的。这种更高的目的深植于组织的文化或行事作风之中，它使组织摆脱庸俗，产生更强烈持久的前进动力。

企业中的共同愿景会改变成员与组织之间的关系，使组织不再是"他们的公司"，而是"我们的公司"。共同愿景是使互不信任的人一起工作的第一步，并产生一体感。事实上，组织成员所共有的目的、愿景与价值观，是构成共识的基础。心理学家马斯洛晚年从事杰出团体的研究，发现其显著的特征是具有共同愿景与目的。马斯洛观察到，在特别出色的团体中，任务与完成任务的人员本身已无法分开。共同愿景自然而然地激发出勇气，这股勇气会大到令人吃惊的程度，使员工在追求共同愿景的过程中，去做任何为实现共同愿景所必须做的事。

4. 团队学习

团体的集体智慧高于个人智慧，团体拥有整体搭配的行动能力。当团体真正在学习时，不仅团体整体产生出色的成果，而且个别成员成长的速度更加快速。

团体学习的修炼从"深度会谈"开始。"深度会谈"是一个团体的所有成员，摊出心中的假设，而真正在一起思考的能力，让想法自由交流，以察觉别人的智慧，并使其浮现，学习的速度便能大增。在现代组织中，学习的基本单位是团体而不是个人，团体的智慧总是高于个人的智慧。当团体真正在学习时，不仅团体能产生出色的成果，而且成员的成长速度快。

组织内部团体学习的三个关注面：在深思复杂议题时，团体必须学习消除抵消和磨损力量，使团体智力高于个人智力；需要既具有创新性而又协调一致的行动；不可忽视团体成员在其他团体中所扮演的角色与影响，进而培养其他学习型团队。

5. 系统思考

企业和人类的其他活动一样，是一种系统，都受到细微且息息相关的行动影响，因此必须进行系统思考修炼，这是建立学习型组织最重要的修炼。

彼得·圣吉认为，系统思考需要有建立共同愿景、改善心智模式、团队学习与自我超越四项修炼来发挥其潜力，但少了系统思考，就无法探究各项修炼之间如何互动。系统思考强化其他每项修炼，并不断地提醒我们，融合整体能得到大于各部分汇总的效力。

《第五项修炼》的核心是强调以系统思考代替机械思考和静止思考，并通过了解动态复杂性等问题，找出解决问题的"高杠杆解"。《第五项修炼》涉及个人和组织心智模式的转变，它深入到哲学的方法论层次，强调以企业全员学习与创新精神为目标，在共同愿景下进行长期而终身的团队学习。

在学习型组织之中，领导者是设计师、服务员和教师等。他们负责建立一种组织，能够让其他人不断增进了解复杂性、厘清愿景和改善共同心智模式的能力，也就是领导者要对组织的学习负责。

二、员工创新能力开发

创新能力是人在顺利完成以原有知识、经验为基础的创建新事物的活动过程中表现出来的潜在心理品质。创新能力可以教人学会创新思维、进行创新实践、解决遇到的各种现实问题。下面我们重点关注影响企业员工创新能力开发的因素，以及由此得出的开发员工创新能力的有效途径。

(一)影响企业员工创新能力开发的因素

总的来说，影响员工创新能力开发的因素可以分为两种，一种是内在因素，另一种是外部影响。

内部因素包括员工本身的性格、爱好、价值观等。创新能力强的人不一定是有很高成就的人，一般来说，他们具有高度的创新能力，而且有良好的性格特点，表现在行为的动力、风格和活动效率等方面。良好的性格对员工的创新能力具有很大的促进作用，如工作态度勤奋、控制力强、自信等；相反，懒惰、消极的情绪对员工的创新能力起着抑制作用。

外部因素包括企业文化环境和工作氛围。如果企业文化认可、重视员工创新能力的开发，制定了相应的创新奖励制度，员工就更容易受到鼓舞，会更积极地进行创新活动。

(二)开发员工创新能力的有效途径

鉴于以上两种影响因素，企业在进行员工创新能力开发时一般通过以下四种途径。

1. 增强员工的危机意识

微软公司的创始人比尔·盖茨说过："我们的成功取决于创新，微软距离破产永远只有 18 个月。"华为创始人任正非在《华为的冬天》讲话中指出，公司所有员工是否考虑过，如果有一天，公司销售额下滑、利润下滑甚至会破产，我们怎么办？企业员工感受到工作的压力，有了危机意识，才能主动进行创新活动，创新能力才能提高。

2. 建立有效的激励制度

企业需要建立有效的、合理的激励制度，发挥制度的引导功能，使员工自觉提高自身的创新能力。这种激励制度包括奖金激励以及员工声望和地位的改变等非经济激励手段。

与其他激励方式相比，以物质奖励作为激励手段能够使工作效率提高限度最大，达到 30% 左右，因此，不能忽视这种激励手段。除此以外，其他的非经济因素也对创新能力的开发具有重要作用。

现在，很多创新要通过团队合作实现，因此在激励时不仅要考虑到对员工个人的激励，还应该注意结合对团队的考核和激励。

3. 营造适合员工创新的工作氛围

企业要营造鼓励员工创新的工作环境。员工在这种工作环境中能够按照自己的性格特点、专业优势、兴趣爱好从事自主性的创新工作。同时，企业对员工创新活动要进行保护并对其进行正确的引导和鼓励，使员工在相互影响和激励中将自己的创新行为纳入企业整体的创新过程中，为企业的发展做出贡献。

企业鼓励员工创新，还要允许员工犯错误，只要不犯重复的错误或者无可挽救的错误，那么企业应当给予继续创新的机会，使员工在错误和挫折中尽快成长。

4. 构建有效的能力开发机制

通过各种创新能力的开发活动，企业可以提高员工的创新能力，为企业制度创新和核

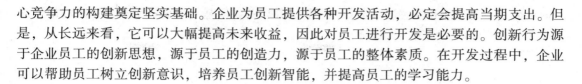

心竞争力的构建奠定坚实基础。企业为员工提供各种开发活动，必定会提高当期支出。但是，从长远来看，它可以大幅提高未来收益，因此对员工进行开发是必要的。创新行为源于企业员工的创新思想，源于员工的创造力，源于员工的整体素质。在开发过程中，企业可以帮助员工树立创新意识，培养员工创新智能，并提高员工的学习能力。

三、员工心理能力开发

卢桑斯(Luthans)等人在对积极管理心理学研究成果进行归纳总结的基础上，认为心理资本是个体积极的心理发展状态，其有五个判断标准，分别是：有理论和研究的根据；可有效测量；在组织行为学领域相对比较新颖和独特；是一种可以改变的心理状态（非固定的心理特质）；对工作绩效有积极的影响。卢桑斯还提出，心理资本的结构包括五个方面，即自我效能感、希望、乐观、主观幸福感和复原力。上述五种心理资本被认为是积极心理能力的典型代表。企业可以从以下五个方面来提升员工的积极心理品质和能力。

(一)提升自我效能感

一方面，企业应该提供一切有利于员工任务成功的支持环境，使员工自我效能感的提高成为可能。另一方面，企业可以通过开展内部培训会等形式请受人尊敬的和有能力的人对员工进行暗示、评价或劝说，鼓励员工探索应对挑战的方式，使每个员工相信只要计划得当，时间安排合理，就一定能够实现目标，从而提高员工的自我效能感和增强必胜的信心。

(二)树立希望

企业应该建立目标导向的绩效管理。具体的、富有挑战性的、可衡量的组织目标和个人目标，有利于员工主动将目标分解为容易管理和实现的阶段目标，而这种容易达成的目标促成阶段性成功，有利于培育员工的自信心。

(三)培养乐观精神

从企业的角度来讲，企业应建立和谐、宽容的文化与氛围，时刻鼓励员工积极进取，不怕失败。同时，加强对员工的及时激励，让员工感觉到自己的努力得到承认与重视。另外，企业还应注重对员工职业生涯规划的培训，帮助员工更好地规划职场生涯。

(四)提升主观幸福感

企业应该做到以人为本，实行情感管理。管理者必须尊重、理解和关心员工，充分信任员工，相信员工有能力、有潜力走向成功，给每一位员工提供发展的机会，充分发挥员工的潜能，发展员工的个性，真正体现员工工作的"主人"地位。积极心理学认为，只有当员工得到尊重、理解、关心和信任时，他们才能真正体验到工作的快乐，从而产生幸福感和满足感，最终实现企业的绩效目标。另外，管理者也应加强对员工日常生活和工作的关心，加强企业的内部沟通，建立一个和谐、温暖的工作氛围，满足员工职业归属的需要和自我实现的需要，提升员工的主观幸福感。

(五)增强复原力

企业可以让导师引导员工进行增强复原力的训练。首先，导师要求员工将可利用的资源尽量完整地列举出来，要求员工尽可能地利用这些资源。随后，让员工尽可能预测实现目标的过程中可能会遇到的障碍，并制订规避障碍的计划。最后，让员工对自己在面对逆境时可能产生的想法和情感进行批判性反思，并思考如何基于多种资源和选择采取最合理的方法来克服障碍，最终达成目标。

第四节　管理者开发

随着企业的成长与变化，企业对高素质管理人才的要求也在提高。相对于以前的组织（传统组织）而言，今天的很多组织经历了更快的变化速度，不得不特别注重管理人才的开发。第三节阐述了员工整体开发的方法，本节将探讨有效管理者的开发方法。

一、制订管理者开发计划

通常企业会有计划地开展管理人才开发和接班活动。管理人才是一种至关重要的资源，因为他们拥有丰富的经验、必需的技能和知识，并且在执行企业战略的过程中对个人和团队具有重大的潜在影响。

（一）制订接班与开发计划

几十年来，诸多企业开始实施管理者重置或接班计划。为了满足未来的需求，制订管理人才开发计划时需要注意公司管理人才需求的变化，更严格地评价与这些需求相关的个人能力，并且更注重开发行动计划的实际执行。

为了适应未来的管理人才需求，大多数企业为其高级管理者以及高潜质的管理候选人提供管理人才开发机会。它们的具体目标以及用来实现这些目标的方法大不相同。

1. 重置计划

所谓重置计划，就是一种审查当高级管理者调任其他职务或离开本企业时得到替补人选可能性的过程。这种重置计划通常包括高级管理人才开发行动建议，其活动形式通常是高级管理者教育计划或研讨会。

重置计划意味着需求的连续性，任职者将由具有同样技能和能力的人替代。一个管理者的首要职责就是推荐自己的接班人。管理者要鉴别和帮助合适的人发展，以使之历经必要的管理训练去接管职责。

 拓展阅读

二八法则

19世纪意大利经济学家帕累托发现，社会约80%的财富集中在20%的人手里，而80%的人只拥有20%的社会财富。这种统计的不平衡性在社会、经济及生活中无处不在，这就是二八法则，即80%的结果（产出、酬劳），往往源于20%的原因（投入、努力）。

二八法则又称作帕累托法则、帕累托定律、二八定律。二八法则向人们揭示了这样一个真理，即投入与产出、努力与收获、原因和结果之间，普遍存在着不平衡的关系。小部分的努力可以获得大的收获，起关键作用的小部分，通常就能主宰整个组织的产出、盈亏和成败。

二八法则适用于人力资源管理。实践证明，一个组织的生产效率和未来的发展往往取决于少数(20%)关键性人才。人力资源管理者在管理过程运用二八法则应该做到以下五个方面。

第一，精挑细选，发现关键成员。

第二，千锤百炼，打造核心成员团队。

第三，锻炼培训，提高关键成员的竞争力。

第四，有效激励，强化关键成员的工作动力。

第五，优胜劣汰，动态管理关键成员团队。

（资料来源：由作者根据网络资源进行整理）

2. 接班计划

现在，管理者开发变得更加复杂了，因为随着企业需求的变化，对管理者的要求也在变化。因此，这个过程需要确定需求的变化，考虑可供选择的接班候选人以及在组织变化的环境中制订工作安排计划。在组织更加扁平并面临巨大竞争压力的情况下，要制订出一套比较精确的接班计划，制订接班计划的目的在于充实管理队伍和增强组织的能力。

例证 9-1

腾讯的"飞龙计划"

腾讯是我国著名的互联网公司，由于企业的快速成长，越来越多的经理岗位需要新人来填补。这就需要对这些新人进行大量的培训，而很多经理没有太多时间投入培训，特别是由于业务的性质，很难做到经理或者员工长时间集中培训。根据人才培养中的"二八原则"，腾讯制订了以行动学习法为核心的"飞龙计划"，即专门针对储备干部、部门经理级别人群的领导力培训计划。"飞龙计划"每期选几十位优秀人才作为未来中层干部的储备，每期差不多持续半年时间。

除了对管理序列发展通道人员的领导力培训外，腾讯对专业序列发展通道人员的培训也非常重视。比如，腾讯的研发技术人员占到公司总人数的60%~70%，他们很多人不是经理，但在公司也发挥着骨干作用。针对技术开发人员，腾讯推出了"攀登计划"。并针对产品经理制订了"大雁计划"。这些计划都是以"飞龙计划"为模板做出来的。

（资料来源：郗亚坤，曲孝民. 员工培训与开发[M]. 大连：东北财经大学出版社，2019.）

3. 重置计划与接班计划的差别

表9-2说明了重置计划与接班计划之间的差别。重置计划针对直接的需求以及得到关键管理职位合格候选人的可能性做出一种"简单印象"评价；接班计划则针对长期需求以及培养可提供的合格人才以满足这些需求。接班计划需要对工作要求与改变组织需求的原因、候选人信息、开发需求以及特定的工作任务与候选人开发行动进行比较精深的评审。重置计划与接班计划不是对立的，接班计划是供需状态的合理而自然的发展结果。

表 9-2　重置计划和接班计划的差别

变量	重置计划	接班计划
时限	0～12 个月	12～36 个月
准备就绪	能得到最佳候选人	能得到具有最佳开发潜质的候选人
承诺程度	明确的最佳重置候选人	在职位出现空缺之前仅仅是可能性
计划的焦点	单位或职能内部纵向接班路线	具有能够承担任何几项任务的能力的候选人才库
发展计划	很少有非正式的计划，有关于优点和缺点的情况报告	为个人制订的特殊计划和目标
灵活性	受到计划结构的限制，但在实践中有很大的灵活性	计划是灵活的，用于促进开发和考虑可选择的办法
计划的根据	基于观察和有经验的管理者的最佳判断	很多管理者讨论和发表意见的结果
评价	对长期工作表现、明显的能力以及在本单位的进步过程的观察	由不同的管理者对完成不同的工作任务的情况进行多方面的评价；在职业早期进行测试和开发

（资料来源：根据陈国海等观点整理）

管理接班与开发计划过程正在变成战略性企业计划的重要手段。有关组织变革、国际性扩张以及新冒险与创新的决定越来越取决于管理人才的可获得性。

（二）制订管理人才开发计划的方法

开发管理人才有各种各样的方法。在设有各种部门的大型企业中，有很不正规的（简单的、非公开的、个人的）方法，也有很集中、正规的和有文件记录的方法，有很多人员去了解信息，并跟进计划实施进展。大多数企业有正规数据搜集与评审、标准格式以及正式评审等程序。

所有这些方法都涉及同样的基本活动，都是直线管理流程，在必要时由人力资源管理部门给予协调和支持。所有方法都涉及由负责的管理者准备评审数据及计划，以及由管理者实施这些计划。

图 9-1 列出了在大型组织中有效地进行管理人才开发时必不可少的活动。它说明了构成接班计划过程的这些活动之间的关系。前一个阶段的结果影响着对下一阶段的投入。在得到有效实施时，该过程能够自我维持，帮助企业形成越来越全面和客观的计划以及得到经过充分开发的管理者。

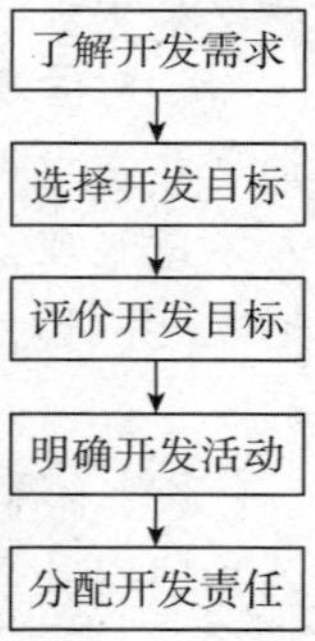

图 9-1　企业管理人才开发流程

二、了解管理者开发需求

过去几十年里，管理资源规划的一个重大进步是管理人才需求的精确度更高、更明确。在确定未来管理者需求计划的过程中，高层管理者需要考虑以下几个问题。

（1）一般来说，企业对管理者的能力要求是什么？

（2）企业对不同业务或职能（如国际管理者）的能力要求是什么？

（3）企业对每个关键管理职位的特殊能力要求是什么？

一般来说，较高层次的管理职位需要有针对性更强的职位要求说明（初级管理职位的职位要求比较简单，关键高层职位则有具体职位要求），而且要求通常是通过累积形成的，每一层的特殊要求都建立在前一层次的基础上。

另外，开发计划的价值在于它的灵活性，它能使候选人标准适应变化。职位要求可能发生变化，因此，明显适应当前要求的候选人可能不是最佳的长期接班人，或者可能不能很好地适应变化的要求。

三、选择管理者开发目标

在选择开发目标时，要求确定现任职人员以及可能的候选人。候选人通常由直接管理者或单位管理者提名。

这些候选人中包括同轴接班人（实际上是"等待"提升的人员重置）、本组织中其他地方的候选人以及比较长期或"高潜质"的候选人。

为了更好地选择开发目标，企业一般会为每位候选人准备个人剖面图，以保证人才的适用性。

（一）个人剖面图

大多数企业会为每位候选人准备个人传记概要。概要一般采用标准格式，一般来说，企业要求候选人提供至少以下六个方面的信息。

（1）当前职位信息。

（2）在本企业的前任职位。

（3）其他有价值的工作经验（如曾任职于其他企业、军队、学校、政府等）。

（4）教育水平（包括学位和证书）。

（5）语言技能及相关的国际经历。

（6）在社区或行业担任的领导职责。

很多情况下还包括现在或过去的工作绩效等级，也可能包括薪资等级和分红资格，但不包括实际薪酬数额。

（二）人才的适用性

这个过程要求人才处于组织内部，随时可以根据未来需要去开发和配置。这意味着管理层应当根据组织外部人才可获得性评价库存人才的素质。

这种评价的过程就是定期检查本企业人才素质并与竞争对手以及开放市场上可得到的人才进行比较。企业开展这方面活动有如下四种方式。

（1）制定人才竞争基准：是指为确定某一特定类型人才最佳等级，企业进行的制定竞争基准的活动。

（2）不断改进人才素质：是指确定人才库中素质最低的那部分人，向外安置他们，然后用外来人才替代他们的活动。

（3）人才检阅：这是一种非正式的鉴别、评价和审核方式，针对为某种未知的或可能的需求而从组织外部引进人才。

（4）公开评鉴：是指根据企业的特定人才需求预测，鉴别和评价某一特定职能或行业群体的一种非正式方式，一般通过外部人才寻访进行。

这些活动虽然不常见，但代表着将组织放到更大范围与更高标准进行比较。

四、评价开发目标

评价开发目标是在搜集关于员工的行为、沟通方式以及技能等方面信息的基础上，为其提供反馈的过程。在此过程中，员工本人、其同事与上级以及顾客都可以提供反馈信息。人员测评通常用来衡量员工管理潜能及评价现任管理者的优缺点，也可以用于确认向高级管理者晋升的管理者潜质，还可与团队方式结合使用，以衡量团队成员的优势与不足及团队效率和交流方式。

企业人员评价方式与信息来源多种多样，很多企业向员工提供绩效评价的信息，有些拥有现代开发系统的企业还采用心理测试来评价员工的人际交往风格和行为。当前比较流行的人员测评工具主要有评价中心、360°评估、人际关系价值取向量表（FIRO-B）、个性测试工具 DISC 等。

（一）评价中心

评价中心（Assessment Center）是一种包含多种测评方法和技术的综合测评系统。一般而言，它总是针对特定的岗位来设计、实施相应的测评方法与技术。它通过对目标岗位的工作分析作业，在了解岗位的工作内容与职务素质要求的基础上，事先创设一系列与工作高度相关的模拟情境，然后要求被试完成该情境下多种典型的管理工作，如主持会议、处理公文、商务谈判、处理突发事件等。在被试按照情境角色要求处理或解决问题的过程中，主试按照各种方法或技术的要求，观察和分析被试在模拟的各种情境压力下的心理和行为表现，测量和评价被试的能力、性格等素质特征。

评价中心常用的练习包括无领导小组讨论（Leaderless Group Discussion）、面试、文件处理和角色扮演（Role Play）。研究表明，评价中心的测评结果与员工的工作绩效、薪酬水平和职业生涯发展的关系密切；参与评价中心练习的员工通过测评所获得的有关个人的态度、能力及优劣势等信息，也有利于评价中心进行员工开发。

（二）360°评估

360°评估（360°Feedback），又称"360度考核法"或"全方位考核法"，是指由员工自己、上司、直接部属、同事、顾客、客户等从全方位、各个角度来评估人员的方法。评估内容可能包括沟通技巧、人际关系、领导能力、行政能力等。通过这种全方位的评估，被评估者可以清楚地知道自己的不足、长处与发展需求。

这种方法特别有益，可以促成一种发展的氛围。个人受到鼓励去恳求反馈，综合各方面的意见形成行动方案。一般来说，人们喜欢反馈，而不特别喜欢评价。运用反馈能够减弱人的防卫心态，使当事人能够积极参与整个评价过程并充分运用评价结果提升自我。

在360°评价中，候选人是一个积极的参与者。在管理评价中，候选人作为参与者可能积极也可能不积极，这取决于由被评价的管理者所形成的氛围。我们经常将评价想成是候选人的一种被动的经历，其实不然。因此，企业一直在寻找能使管理者积极参与评价过程的方法。

（三）人际关系价值取向量表（FIRO-B）

心理学家舒尔兹（W. C. Schutz）认为，每个人都需要他人，因而都具有人际关系的需求。人际关系的需求可分为以下三种类型。

（1）包容的需求：希望与他人来往、结交、共处于某种和谐关系中的欲望。基于这种动机而产生的人际反应特质，表现为交往、沟通、出席、参与、融合等；与此相反的人际反应特质为排斥、对立、疏远、退缩、孤立等。

（2）控制的需求：希望通过权力、权威与威信与他人建立并维持良好关系的欲望。出于这种动机所形成的人际反应特质，表现为使用权力、权威、威信，以便影响、支配、控制、领导他人；与此动机相反的人际反应特质为抗拒权威、忽视秩序、受人支配、追随他人等。

（3）情感的需求：希望在情感方面与他人建立并维持良好关系的欲望。基于此动机所形成的人际反应特质，表现为喜爱、同情、热情、亲密等；与此动机相反的人际反应特质为憎恨、厌恶、冷淡、疏远等。

在人际关系需求基础上形成的一个人对他人的基本反应倾向或待人的行为特征，称为人际反应特质。人际反应特质具有稳定性，即在相当一个时期不会改变，也具有一贯性，即在各种交往场合中保持同样的反应，因而了解一个人的人际反应特质就成为可能。对人际反应特质的了解，有助于我们预测人与人之间可能发生的交互反应，而采取适当的配合行为。人际反应特质通常很难被别人观察到，甚至自己也是不易发现的。由于这个原因，FIRO-B 通常被教练、专业辅导师和培训师所使用。

（四）DISC 个性测试

DISC 个性测验是广泛应用于国内外企业的一种人格测验，用于测查、评估和帮助人们改善其行为方式、人际关系、工作绩效、团队合作、领导风格等。它着重从与管理绩效有关的四个人格特质，即支配性（D）、影响性（I）、稳定性（S）和服从性（C）对人进行描绘，从而了解应试者的管理、领导素质以及情绪稳定性等。

管理行为作为种工作情境下的特殊行为，它会受到人格特征的影响。具有不同人格特征的个体在同样的工作情境下会表现出不同的管理行为，个体往往在工作中形成自己的管理风格。DISC 个性测验就是把个体安排在这样一种管理情境中，描述个体的优势、在工作中应注意的事项以及个体倾向等。例如，如何影响他人、对团队的贡献是什么、什么时候处于应激状态，能使个体更加清楚地了解自己的个性特征；企业也可以有针对性地考察应聘个体是否具有对企业、对职位来说十分关键的人格特征，以此作为筛选人员的标准之一。

五、明确管理者开发活动

管理者开发行动通常可采用三种方法，即正规教育、在职体验和人际互助。许多企业在管理者开发工作中综合运用了这三种方法。不管采用什么方法，要使管理者开发项目有效，项目开发都要遵循如下七个步骤：进行需求评估；营造积极的开发环境；确保为管理者开发计划做好准备；明确管理者开发的目的；选择用来实现目标的各种开发活动；保证工作环境支持计划的实施和开发成果的转化；开展项目评价。在决定个人、部门或者公司的开发需求之前，首先要对各自的优缺点进行分析，这样才能选择合适的人员开发项目。很多公司明确了成功的管理者需要具备的核心素质。一般来说，素质是指管理者完成工作所需的个人才能。素质包括知识、技能、能力或者个人性格特征。

下面详细介绍正规教育、在职体验和人际互助三种开发方法。

(一) 正规教育

正规教育(Formal Education)包括专门为公司员工设计的脱产和在职培训计划、由顾问或大学提供的短期课程及住校学习的大学课程计划。这些开发计划一般通过企业专家讲座、商业游戏、仿真模拟与客户会谈等培训方法来实施。例如,摩托罗拉、IBM 和通用电气等许多跨国公司都设有自己的培训与开发中心,可为其学员提供 1~2 天的研讨会以及长达 1 周的培训。根据不同的开发对象,企业可为基层管理者、中层管理者、高层管理者制订不同的开发计划,并为工程技术人员(如工程师)设置专门的计划。

(二) 在职体验

在实际工作中,许多员工开发是通过在职体验(Job Experience)来实现的。该开发方法的前提假设是:当员工过去的经验和技能与目前工作所需不匹配时,就需要进行人员开发活动;为了有效地开展工作,员工必须拓展自己的技能,以新的方式来应用其技能和知识,并积累新的经验。利用工作实践进行员工开发有多种方式,包括工作扩展,工作轮换、工作调动、晋升和降级,以及其他的临时性工作安排。

1. 工作扩展

工作扩展(Job Enlargement)即扩展现有工作内容,指对员工现有的工作提出挑战并赋予其新的责任,包括执行某些特殊任务、在团队内角色轮换或寻找为顾客服务的新方法等。例如,一位工程师被安排到企业的员工职业生涯设计任务小组工作。通过这项工作,该工程师可以承担职业生涯设计的有关领导工作(如督导公司职业生涯开发过程),有机会了解企业的职业开发系统,还能发挥组织和领导才能来帮助组织达到目标。

2. 工作轮换

工作轮换(Job Rotation)是指在企业的几种不同职能领域中为员工做出一系列的工作任务安排,或者在某个职能领域或部门中为员工提供在各种不同工作岗位之间流动的机会。该方法有助于员工综合理解或把握企业的目标,了解企业不同的职能部门,形成一个联系网络,并有助于提高员工解决问题的能力和决策能力。另外,工作轮换对员工技术掌握、加新和晋升也有一定的影响。

工作轮换存在以下三点问题或不足。

(1)处于轮换中的员工及同事容易出现对各种问题的短期性看法,以及采取解决问题的短期行为。

(2)员工的满意度和工作积极性会受到影响,因为轮换工作的员工工作任职时间短,难以形成专业特长,也无法接受挑战性的工作。

(3)无论是接收轮换员工的部门,还是失去轮换员工的部门都会受到损失。接收员工轮换的部门需要对其进行培训,失去该员工的部门会因为资源的损失而导致生产效率下降和工作负担加重。

3. 工作调动、晋升和降级

工作调动(Transfer)、晋升(Promotion)和降级(Downward Move)分别是将员工在企业中工作层次的水平流动、向上流动和向下流动作为员工开发的手段。

工作调动,即让员工在企业的不同部门工作。它不涉及工作责任或报酬的增加。这更多的是一种水平流动，即流向一个责任类似的其他工作岗位。调动可能会使员工产生较大的压力，因此，企业一般很难说服员工进行工作调动。

晋升，即员工向一个比之前的工作岗位挑战性更高、所需承担责任更大以及享有职权更多的工作岗位流动的过程。晋升常常涉及薪资水平的提高。

降级，即对员工的责任和权力的削减。它包括平行流动到另一职位但责任和权力有所减少（平等降级），以及临时性跨部门流动。它使员工拥有了在不同工作部门工作的经验，但很多员工难以把降级与员工开发联系起来，并不把降级视为有利于其未来获得成功的机会，而把降级看成是一种惩罚。因此，公司应逐步让员工把调动、晋升和降级都看成是一种开发机会。

（三）人际互助

人际互助是指员工通过与企业中资深成员之间的互动来开发自身的技能，增强与企业和客户有关的知识。导师辅导和教练指导是人员开发中常见的两种人际互助形式。

1. 导师辅导

导师（Mentor）是指公司中富有经验、生产效率高的资深员工，他们负有指导经验不足的员工（被辅导者）的责任。大多数导师关系是基于导师和受助者的共同兴趣或价值观而形成的。具有某些个性特征的员工（如有对权力和成功的强烈需求、情绪稳定、具有较强的环境适应能力）更有可能去寻找导师并能得到导师的赏识。公司可将成功的高级员工和缺乏工作经验的员工安排在一起工作，形成导师关系。

首先，制订导师辅导计划。尽管许多导师关系是通过非正式的方式建立的，但正式的导师计划具有显著优点，它能确保所有的员工都能找到导师，并能得到帮助，同时使辅导与被辅导关系的参与者知道企业的期望值。正式的导师关系也存有局限性，即人为的导师关系使导师可能无法向被辅导者提供有效的咨询或培训。

其次，认清辅导关系的收益。导师和受助者都能从辅导关系中获益。导师为受助者提供职业支持和心理支持，使其获得更强的晋升能力和在组织中的影响力；同时也培养了导师的人际交往能力，并增强其对自身价值的认可。

最后，明确导师计划的目的。导师计划可使新员工更好地适应社会，提高其适应工作环境的能力。正式导师关系是建立在高素质导师和导师报酬体系的基础之上的，否则，它还不如非正式导师关系质量高。

2. 教练指导

教练（Coach）就是同员工一起工作的同事或经理。教练能够鼓励员工、帮助其开发技能，并能提供激励和工作反馈。教练一般可扮演以下三种角色：一是为员工提供一对一的训练（提供反馈）；二是帮助员工自我学习，包括帮助员工找到协助解决他们所关心问题的专家，以及教导员工如何从他人那里获得信息反馈；三是向员工提供通过导师辅导、培训课程或工作实践等途径无法获得的其他资源。为了开发或培养管理者的教练指导技能，培训计划应集中在有些管理者不愿意向员工提供教练指导和帮助的原因上。这些原因可能包括以下四个方面。

（1）为避免双方关系对立。有时培训的对象是一位能力很强、能胜任工作的员工，管理者不愿同其讨论绩效问题。当管理者的专业知识不如员工时，情况更是如此。

（2）管理者们可能善于发现或认识员工的绩效问题，但不善于帮助员工解决绩效问题。

（3）管理者可能觉得员工会将教练指导当成是一种批评。

（4）当公司压缩规模、削减人员时，管理者可能会感到没有时间提供教练式的指导。

一般在下列这些情况下，企业组织需要聘请外部教练。

（1）重新激励员工。运用教练可以使员工的个人目标与组织本身的任务保持一致，从而恢复团队的热情和责任感，为组织中的成员重新提供动力。企业中的营销团队常常需要重新激励队员，因此适当地引进教练技术已逐步成为一种时尚。

（2）培养新技能和方法。为了确保升职或招聘新员工后的成功，教练可以为他们创造机会，学习和构建新的工作和人际技能和方法，在迎接新挑战时检验以前学到的技能和方法。企业有时可主动为新任命领导、新进员工、企业重组或者变革时的高层员工提供教练。

（3）推进计划。运用教练可以持续经营计划并向前推进，监督进展和解决问题，避免计划无法完成。在重大任务和计划进展迟缓、计划受挫、项目负责人感到力不从心等情况下，公司可考虑为这些项目负责人或团队提供教练支持。

（4）解决冲突，改善团队合作。教练能够帮助调和团队成员间出现的异议和矛盾，培养更好的人际交流技巧。通过鼓励开放、创造性解决问题的方法，来减少团队中的冲突和摩擦。

六、分配管理者开发责任

企业中的每一位管理者都应当对其企业中的人才开发负责。对于员工开发计划的评审，企业强调管理职责，并且在适当和必要的地方还确立了开发活动的共同责任。无论是在部门或小组层次，还是在公司管理层，在评审中出现的讨论都使人能够分享、转换、质疑和说明开发需求数据与可得到人才的数据。

每个组织和部门对其员工都负有责任，但是在某种层次上，管理者之间应该就管理人才开发活动达成一致，而各个部门的职责主要包括执行本企业规定的适合于本企业的招募、选拔、安置、评价以及员工开发程序。

1. 管理者责任

企业高级管理层认为，必须保证资深高级管理者和高级部门管理者参与企业职务（Corporate Positions）开发计划。典型的例子是，首席行政执行官负责部门经理职位、直接向部门经理报告的职位，以及其他为组织或企业而设的职位的管理人才开发工作。

在企业中，有一种人才库叫作企业财产（Corporate Property），即其职业管理应当满足整个企业的需求而不只是具体业务单位的需求。这些人（通常占员工总数的1%）的工作安排要由企业层而非直接上级管理单位去计划。

2. 人力资源部责任

在整个开发过程中，人力资源管理部门可以为开发活动提供支持，帮助制订和实施开发计划。人力资源管理专业人员可以通过推动工作委派和管理者参与开发活动而直接进入行动。人力资源管理人员可以设计、实施和监控开发计划的必要程序，也可以在负责安排与开发计划及企业政策相一致的部门间调动。

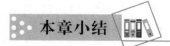 **本章小结**

1. 员工开发是指为员工未来的发展而开展的正规教育、在职体验、人际互助等活动，以及在学习型组织中为员工未来发展而开展的各种开发活动。

2. 员工开发具有以下特点：广泛性、协调性、实用性、预见性、长期性。

3. 员工开发战略的四种类型：(1)强调以学习型文化为先导的员工开发战略；(2)多层面、系统的员工开发需求评估战略；(3)深度开发战略；(4)员工开发与组织创新有机整合战略。

4. 员工开发规划过程包括：(1)了解人员开发需求；(2)选择开发目标；(3)明确员工和企业为达到目标所需采取的行动；(4)确定工作进展测量的方法；(5)制定员工开发时间表。

5. 企业员工能力开发主要包括：(1)员工适应能力开发；(2)员工创新能力开发；(3)员工积极心理能力开发。

6. 主要的人员测评工具有评价中心、360°评估、人际关系价值取向量表(FIRO-B)、DISC 个性测试等。

7. 管理人才开发的基本步骤：(1)制订开发计划；(2)了解开发需求；(3)选择开发目标；(4)评价开发目标；(5)明确开发活动；(6)分配开发责任。

本章习题

一、简答题

1. 员工开发有哪些作用？
2. 简述员工开发与组织创新有机整合战略的内容。
3. 开发员工创新能力有哪些有效途径？
4. 企业管理人才开发有哪些流程？

二、案例分析

开发管理者的必要性

General Physics(GP)是一家培训和劳动力开发公司，它意识到了开发管理者的必要性。在决定哪种开发活动比较合适以及哪些技能需要开发之前，公司首先对管理者进行了评估。GP 采取的方法是360°反馈，以此来评价管理者在管理变革、领导、激励、处理冲突、管理绩效和授权方面的能力。GP 还在公司的其他员工中开展组织氛围调查，该调查衡量的能力与360°相同。基于这两种方法的调查结果，公司发现管理者的所有管理技能都有待开发。公司意识到，需要一种非传统的方法，让管理者面对变革，因此他们采用了"海军训练营"的模式来开发管理者。在一次 GP 的董事长和其他高层管理者参加的业务会议上，实施这一项目的决定得以正式宣布，一位负责发起开发活动的管理团队穿着海军作战服介绍了该项目的具体内容。很多与会人员为项目鼓掌，意味着该项目获得了公司管理层的支持。

为期两天的高强度领导力开发项目包括挑战胜利极限的团队练习、激情演讲、课堂培训和行动学习。在行动学习开展的过程中，受训者就影响公司员工绩效的问题进行讨论，并向高级管理层汇报如何处理这些问题。为了强调这个项目的重要性，参与者必须驻扎在露营地，并且一起吃饭。所有参与者还要身穿统一的制服。

这个项目是否真正有效？项目结束6个月后，公司开展了氛围调查。员工表示管理者在参与此项目后能力有所提升，各项能力都取得了17%~25%的进步。

分析上述案例并回答问题：

(1) 结合本案例，说明管理者开发的重要性与必要性。

(2) 除了360°反馈，GP还可以用哪些方法来评价管理者的能力？

（资料来源：陈国海，霍文宇.员工培训与开发[M].北京：清华大学出版社，2019：342.）

三、实训练习

1. 实训名称：制定员工培训方案。

2. 实训内容：选择一个企业，考察该企业的员工培训情况并制定该企业的员工培训方案。

3. 实训目标：通过考察该企业的人力资源培训需求分析，制定员工培训方案，加深对本任务的理解。

4. 实训组织：学生以小组为单位，对该企业进行考察和了解，学生按计划步骤完成项目作业，即撰写一份企业员工培训方案。

5. 实训成果及评价：学生上交实训报告，教师评分。按实训目标完成本任务，提出该公司的员工培训方案且分析到位、条理基本清晰、语言较为流畅的学生，得分为良好；除完成实训目标任务外，方案全面且有创意、符合该企业实际、条理清晰、富有逻辑性、理由充分、语言流畅的学生，得分为优秀。

第十章 职业生涯管理

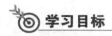 **学习目标**

> 1. 了解职业生涯管理的概念和作用；
> 2. 掌握员工职业生涯管理的方法；
> 3. 了解组织职业生涯规划与开发的方法。

案例分享

迈瑞公司研发人员职业生涯管理实践

　　迈瑞公司总部位于中国深圳，是中国领先的高科技医疗设备研发制造厂商，同时也是全球医用诊断设备的创新领导者之一。自1991年成立以来，迈瑞公司始终致力于临床医疗设备的研发和制造，产品涵盖生命信息与支持、临床检验、数字超声、放射影像四大领域。在迈瑞公司，人才是第一位的，公司十分注重持续研发新产品，因此研发人才对于迈瑞公司来说是核心的人力资源。迈瑞公司研发人员的流动率一直较低，这得益于其独具特色的组织职业生涯管理体系，迈瑞公司努力使研发人员能够在公司获得发展，同时公司也从中实现长期的发展。

　　迈瑞公司研发人员的职业生涯管理和公司人力资源政策紧密结合，体现在招聘、培训、绩效、薪酬、晋升五个方面。要进入迈瑞公司，必须经过人事部门和职能部门的共同筛选，最后那些符合公司价值观和文化的优秀人才能加入。公司很重视对员工的职责描述，不同的职位有不同的职责。根据公司策略和业务发展需要对每个员工的职责进行准确定位，并给每个人确定相应的工作目标，每个目标都具有令同行美慕的发展空间。根据公司的战略目标，结合对员工绩效考评提出的培训需求。迈瑞公司为研发人员提供技术和管理方面的培训，培训方式也多种多样。另外，不论研发部门员工在技术还是管理方面发展，最终都可达到同样的薪酬水平。

　　迈瑞公司实行双通道职业发展策略，即管理序列、专业序列，同时按照职位划分的原则，将专业通道进行细分，衍生出技术、营销、服务与支持、采购、生产、财务、人力资源等子通道。一般而言，当研发人员达到某个等级资格后才能进入管理通道，也就是说，除少数"空降兵"之外，管理序列还是从优秀的专业序列人员中选拔产生的。研发人员可以根据自身特质和发展需要，在任何一条通道上发展或在两条通道上交叉发展，一名技术部门的管理者，一旦失去管理职位后，凭借其相应的技术等级资格，可以再转回技术通道上发展，这样既解决了管理队伍新老接替中"下岗干部"无法安置的问题，又使管理十分人性化。

迈瑞公司自 1998 年起，开始与清华大学、浙江大学、电子科技大学等国内优秀高校合作，共同致力于后备专业人才的培养，每年都有一批本科生、硕士生到迈瑞实习，通过实习，双方加深了了解，其中很多硕士、博士毕业后就成了公司的员工。这种方式有利于公司降低招聘成本，找到真正需要的人才。此外，公司还定期选派骨干员工赴国外著名学府深造，与全球知名企业展开学习交流，开阔员工视野，提高员工素质。

将迈瑞办成员工的终身大学是迈瑞创立以来所秉持的理念之一，公司致力于建设学习型组织。每位研发人员从加入迈瑞起，即可享有完善的培训和职业发展规划，在更大的发展空间内充分实现个人价值。研发人员从入职起，就开始接受公司级、系统级、部门级三级"新员工入职培训"，从企业文化、规章制度、质量安全、产品知识等方面熟悉公司，以尽快适应公司的工作环境。此外，迈瑞公司根据各岗位的任职资格，制定了相应的培训课程体系，包括专业类、管理类课程，必修课及选修课课程等，通过不同的培训方式不断提升员工的专业技能及综合素质。为营造一个良好的学习氛围，迈瑞公司还定期组织各种"读书会"活动，读书范围广泛，为员工提供了更多的学习交流平台。

迈瑞公司对于研发人员的职业生涯管理具有一定的系统性，他们聘请专家为员工设计职业生涯管理体系，将其与人力资源管理各个模块相结合，从招聘、绩效考核、培训、薪资等各个方面来设计符合研发人员职业发展的平台，提高了研发人员的满意度，降低了流动率。

（案例来源：由作者根据网络资源整理）

从以上案例可以看出，职业生涯管理是员工发展的一个重要环节。近年来，随着我国人力资源管理的迅速发展和变化，职业生涯管理也越来越受到企业和员工的重视。在本章，我们将介绍职业生涯管理的概念与特征、员工职业生涯规划与管理以及组织职业生涯规划与开发。

第一节　职业生涯管理概述

在当今社会，我们将人生的大部分时间都交给了工作，职业成为多数人生活的重要组成部分。职业将伴随我们一生并不断发展变化。本节将介绍职业生涯管理的含义、特征和作用。

一、职业生涯管理的含义

在英文中，职业生涯的对应词是"career"。学者对这一概念有不同的解释，可以概括为狭义和广义两大类。狭义的职业生涯是指与个人终身所从事的职业有关的过程，与"事业"同义。广义的职业生涯则是整体人生的发展，除了事业之外，还包括个体的生活。

虽然职业生涯是指个体的工作行为经历，但职业生涯管理通常可以从个人和组织两个角度进行定义。职业生涯管理的基本流程如图 10-1 所示。

1. 自我职业生涯管理

从个人角度出发的职业生涯管理即自我职业生涯管理。自我职业生涯管理是个人开发、实现和监控职业生涯目标与策略的过程。自我职业生涯管理也是一个长达一生的过程，它能够使人们认识自我、工作、组织，设定个人的职业目标，发展实现目标的战略，以及在工作和生活经验的基础上修正目标。

2. 组织职业生涯管理

从组织的角度对员工的职业生涯进行管理即组织职业生涯管理，集中表现为帮助员工制订职业生涯规划、建立各种适合员工发展的职业通道、针对员工职业发展的需求进行适时的培训、给予员工必要的职业指导、使员工职业生涯获得成功。

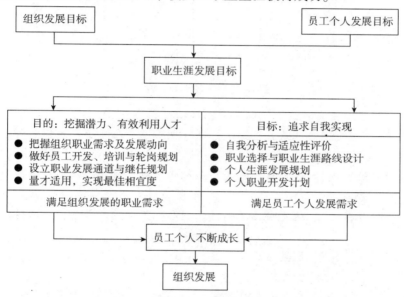

图 10-1　职业生涯管理的基本流程

二、职业生涯管理的内容与类型

一般来说，完整的职业生涯管理能够体现两个方面的要求，一是员工个人职业发展的要求，二是组织发展的要求。职业生涯管理是一个复杂的过程，但是按照管理方式，职业生涯管理包括以下工作内容。

1. 个人对其能力、兴趣及职业目标进行评价

各种各样的自我评价材料可以通过商业渠道获得，也可以采用相应培训方案获得，同时还可以采用一些心理测试获得。个人的自我评价可以不必受当前的资源与能力的限制，职业生涯管理一般要求个人获得进一步的培训以及技巧，但是这种评价应立足于现实。员工个人评估的好坏受到员工的知识水平和所了解信息的限制，可能会出现自我估计不足的情况，这时需要组织为员工提供必要的帮助，可以提供关于如何进行自我评估的材料，为员工制定一些有针对性的评估方法，协助员工做好自我评估工作。但是要注意，绝对不能替代员工。

拓展阅读

自我评估方法——橱窗分析法

橱窗分析法是进行自我剖析的重要方法之一。心理学家把对自我的了解比喻成一个橱窗。为了便于理解，可以把橱窗放在一个直角坐标中加以分析。坐标的横轴正向表示别人知道，负向表示别人不知道；纵轴正向表示自己知道，负向表示自己不知道，如图10-2所示。

图10-2 橱窗分析法坐标

图10-2明显地把自我分成了四部分，即四个橱窗。

橱窗1为"公开我"，这是自己知道、别人也知道，属于个人展现在外、无所隐藏的部分。

橱窗2为"隐私我"，这是自己知道、别人不知道，属于个人内在的隐私和秘密的部分。

橱窗3为"潜在我"，这是自己不知道、别人也不知道的部分，是有待进一步开发的部分。

橱窗4为"背脊我"，这是自己不知道、别人知道的部分，就像自己的背部一样，自己看不到，别人却看得很清楚。

在进行自我剖析时，重点是了解橱窗3"潜在我"和橱窗4"背脊我"这两部分。

"潜在我"是影响一个人未来发展的重要因素，因为每个人都有很大的潜能。许多研究都表明，人类平常只发挥了极小部分的大脑功能。著名心理学家奥托指出，一个人所发挥出来的能力，只占他全部能力的4%。由此可见，认识与了解潜在的我，是自我剖析的重要内容之一。

"背脊我"是准确对自己进行评价的重要方面。如果你诚恳地、真心实意地对待他人的意见和看法，就不难了解"背脊我"。当然，这需要开阔的胸怀、正确的态度和有则改之、无则加勉的精神，否则就很难听到别人的真实评价。记住，认识自己的三个途径：第一，在和别人的比较中认识自我；第二，从别人的评价中认识自我；第三，从自己的实践中认识自我。

（资料来源：周文霞. 职业生涯管理教程[M]. 北京：中国人民大学出版社，2021.）

2. 组织对个人的能力和潜能进行评价

组织能否正确评价每个员工个人的能力和潜能，是组织职业生涯管理成败的关键。组织在对个人的能力和潜能进行评价时，可以采用几种潜在的信息。传统上，经常采用的信息是通过绩效评价方法获得的，还可以采用通过职业测验和职业鉴定的方法获得信息等。职业测验指运用适宜的、有效的测量工具(各种心理测验、体能测验等)对寻求指导的个体的职业素质进行评价的过程。职业鉴定指对测量数据进行综合分析，并做出职业适应性判断的过程。其他的信息来源包括学历以及以前的工作经历等记录。一般来说，评价要尽量利用尽可能多的来源做出判断。组织对员工个人的评价应该由人力资源部门的人员与员工的直接管理者共同实施，员工的直接管理者作为辅助者。

3. 职业信息的传递

为了确立现实的职业目标，员工必须知道可以获得的职业选择和发展机会，并获得组织内有关职业选择、职业变动和空缺工作岗位等方面的信息。同时，组织为了使员工的个人职业发展目标定得实际并有助于实现，需要及时为员工提供有关组织发展和员工个人的信息，包括职位升迁机会与条件限制、工作绩效评估结果、训练机会等的信息，增进员工对组织的了解，帮助员工了解自己的职业发展通道。组织可以通过企业内部报刊、局域网、公告或口头传达等方式传递相关的职业信息，也可以与员工共同制订人力资源计划。

4. 职业咨询和指导

职业咨询指整合职业计划过程中各个步骤的活动。职业咨询可以由员工的直接管理者，也可以由人力资源专家或二者一起来实施。一般情况下，二者结合效果会更好。员工的直接管理者和人力资源专家应该关心每一位员工职业的需求和目标实现的可行性，并给予他们各方面的建议，使每个员工的职业计划目标切实可行，并得以实现。对咨询人员来说，要搞好咨询或指导，能切实地了解并正确地从各方面的信息资料分析中对员工的能力和潜能做出正确的评价，并在此基础上对他们的职业发展目标实现的道路或途径提出建议或指导是必要的。擅长人际关系管理的管理者当职业顾问是成功的。另外，对成功的咨询人员来说，培养对员工及其职业的关心态度非常重要，还要擅长倾听员工的忧虑及其面临的问题。

5. 员工职业发展设计

员工职业发展设计是对员工可能的各种职业发展途径所做的安排，是职业生涯管理最核心的内容。例如，为了锻炼员工各方面的工作能力，制订员工职位的轮换计划和培训计划；为了直接实现员工职业的发展，制订员工的提升计划等。员工职业发展设计，可以帮助员工实现对个人创造力和职业发展的期望，促进其形成个人职业发展所需的能力，这符合组织和员工的共同利益。

员工职业生涯规划是由员工、企业共同设计的一个整体，企业的职责主要是明确职业发展矩阵，提供发展空间并给予培训支持；员工所在部门经理和直接主管主要辅助员工制订发展计划和培训计划。尊重员工、尊重员工选择的发展方向、协助员工发展是企业进行员工职业生涯规划时应该恪守的信条。只有企业员工的卓越发展，才有企业目标的实现。目的就是要通过帮助员工确定个人职业发展目标，提供员工在工作中提升职业素质的机会，实现企业的持续发展，达到企业目标，使员工个人发展目标与企业发展目标协调一致，建立企业与员工双赢的关系，进而结成利益乃至命运共同体。

三、职业生涯管理的特征

职业生涯管理具有以下三个方面的特征。

(一)职业生涯管理是组织与员工双方的责任

在职业生涯管理中，组织和员工都必须承担一定的责任，只有双方共同合作才能完成职业生涯管理，促进员工的全面发展。在职业生涯管理中，员工个人和组织必须按照职业生涯管理的具体要求做好各项工作。但无论是个人或组织都不能过分依赖对方，因为许多工作都是对方无法替代的。从员工的角度来看，个人职业生涯规划必须由个人决定，必须结合自己的性格、兴趣和特长进行设计。而组织在进行职业生涯管理时应该考虑的主要因素则是组织的整体目标，以及所有组织成员的整体职业生涯发展，其目的在于通过对所有员工的职业生涯管理，充分发挥组织成员的集体潜力和效能，最终实现组织发展目标。

(二)职业生涯信息在职业生涯管理中具有重要作用

组织必须具备完善的信息管理系统，只有做好信息管理工作，才能有效地进行职业生涯管理。在职业生涯管理中，员工个人需要了解和掌握有关组织各方面的信息，如组织的发展战略、经营理念、人力资源的供求情况、职位的空缺与晋升情况等。组织也需要全面掌握员工的情况，如员工个人的性格、兴趣、特长、潜能、情绪以及价值观等。此外，由于职业生涯信息总是处在不断变化的过程中，组织的发展在变，经营重点在变，人力需求在变，员工的能力在变，员工的目标也在变，这就要求必须对职业生涯信息进行不断的维护和更新，只有这样才能保证信息的时效性。

(三)职业生涯管理是一种动态管理

职业生涯管理贯穿员工职业生涯发展和组织发展的全过程。在员工职业生涯和组织发展的不同阶段，每一个组织成员的发展特征、发展任务以及应注意的问题是不同的。由于每一阶段都有各自的特点、目标和发展重点，对每一个发展阶段的管理也应有所不同。而随着决定职业生涯的主客观条件的变化，组织成员的职业生涯规划和发展也会发生相应的变化，因此职业生涯管理的侧重点也应有所不同，以适应情况的变化。

四、职业生涯规划管理的原则

1. 具体性原则

职业生涯规划必须是针对特定个体所进行的具体的职业指导。每个员工所处的具体的职业发展阶段不同，能力、性格、职业发展愿望等各有不同，每个员工所处的组织环境也有所差异，因此在进行职业生涯规划时，不能套用其他人的职业发展模式，必须因人而异。

2. 清晰性原则

为员工设计的职业发展目标以及达到目标的措施必须清晰明确，实现目标的步骤也应直截了当。

3. 现实性原则

在进行职业生涯规划时，必须考虑到员工自身的特点、社会环境、组织环境以及其他相关因素，选择现实可行的目标和途径。

4. 连续性原则

员工的职业发展历程是一个连贯的统一体，在进行职业生涯规划时，不能割断个体完整的职业发展历程，应该尽可能帮助员工实现职业的可持续发展。

5. 可度量性原则

职业生涯规划不但应确立总的职业发展目标，还应制定具体的阶段性步骤，要有明确的时间要求和标准，以便进行阶段性的度量和检查，随时掌握执行情况，为职业生涯目标的调整提供信息。

五、职业生涯管理的作用

员工开发的未来发展趋势与开发传递方式密切相关。在未来，互联网会对员工开发产生日益深远的影响，同时，越来越多的企业将采用网上学习的方法，利用互联网实施员工开发。

职业生涯管理无论对个人还是对组织都有不可替代的作用，对社会也有重要的意义。

对个人而言，职业生涯开发有利于员工树立自我洞察意识，帮助员工认识自己的优势与劣势，发现自己的兴趣和爱好，并帮助员工了解组织内部的职业发展机会，为员工准确把握机会、确定职业发展目标提供参考，并有利于员工自觉进行自我培养和提高自身素质，制订有据可依的职业发展计划，从而促成自己职业生涯发展目标的实现。

对组织而言，一方面，有效的职业生涯管理活动有利于满足组织的人力资源需求计划，增强培训与开发的针对性，并促进培训理念的转变，尤其对于高层管理而言，职业生涯管理可以帮助企业在关键时刻寻觅到合适的继任人员，并能扩展高层管理者的职业平台。另一方面，职业生涯管理能够有效调动员工的积极性和士气。职业生涯管理可以让员工清晰地看到自己的成长路径，有效地以目标引导员工，激发员工的工作动力，并提高员工的忠诚性和稳定性。

对社会而言，职业生涯管理可以促进整个社会正视职业问题，全方位提高人才利用率。现代职场，人员流动率大幅提高，终身职业的概念逐渐弱化。企业的职业生涯管理可以提高员工的社会适应性，增强社会对人才潜力和素质训练与开发的重视，进而提高社会整体的人员素质。

第二节　员工职业生涯规划与管理

员工的职业生涯包括生涯规划与生涯管理两个部分，在本节中我们将详细阐述其概念与过程。

一、员工职业生涯规划的概念

员工职业生涯规划是指对决定一个人职业生涯的各种主客观因素进行分析、总结和测定，确定一个人未来的发展道路，并选择与之相适应的职业，编制相应的工作和培训计划，对各环节的时间、顺序和方向做出科学的安排，从而实现个人发展与组织发展有机结合。

科学的职业生涯规划，必须从主观和客观两个方面考虑。主观方面，涉及个人的价值观、人生观、需求、动机、性格、能力、发展取向等。客观方面，涉及个体所处的社会环境和组织环境。

职业生涯规划的内容包括职业目标、职业发展道路、准备工作等。从职业发展角度讲，涉及选择职业、调整职业和更大的职业发展计划；从个体发展角度讲，涉及员工自我认知，知识、技术和能力的开发性培训，行为活动与理念，价值观等方面的调整和准备。

二、员工职业生涯规划的过程

职业生涯规划一般按照"自我评定—环境评估—生涯机会评估—确定职业生涯目标—制定行动方案—评估与反馈"的基本流程进行，职业生涯规划从计划、实施到评估反馈，是一个完整的循环。

(一)自我评定

自我评定主要包括兴趣爱好、特长专项、思想性格、学识技能、智商情商等内容。自我评定一般有两种方法：一是经验法，即依据过去的活动成果由他人或本人对自己进行主观的分析和评价；二是职业测评法，即通过心理测验来评价自己。

自我评定是职业生涯规划的第一步和基础，目的是帮助员工合理客观地评价自己。一般通过回答"我处于什么位置""我是谁""我喜欢什么""未来的一年需要什么资源"等问题，让员工对自己有更深的认识，了解自己的职业现状，为职业生涯规划奠定基础。

可以采用SWOT分析法来帮助员工进行自我评定。SWOT分析法是管理学最常用的方法之一，一般用于公司发展战略分析，也可用于员工自我评定。该方法通过分析个人的优势和劣势以及外部环境面临的机会和威胁，形成了增长型、扭转型、多种经营以及防御型四大发展战略，如图10-3所示。

图10-3 自我评定的SWOT分析法

(二)环境评估

环境评估主要包括社会环境、职业环境、行业环境以及单位环境四方面。其中，社会环境是指社会各种客观因素所形成的职场就业的总体氛围，它对个人的职业生涯规划乃至人生发展都有重大影响。社会环境分析包括对政治环境、经济环境、社会文化环境的分析。职业环境是指个人面对的具体职场环境，行业环境是指单位所在行业的发展环境，单位环境是指就业单位的发展环境，这三类环境构成了组织环境。在制订短期职业生涯规划时，较注重组织因素分析。在制订长期职业生涯规划时，较注重社会因素分析。因为短期内个人发展受企业发展的影响更大，而长期内个人发展受企业和社会环境因素的双重影响。

(三)生涯机会评估

生涯机会评估指的是通过对组织及社会环境因素的分析，结合本人具体情况，确定职业和职业发展目标及职业生涯机会，主要目的是评估各种环境因素对个体职业生涯发展的影响，其中，机会包括短期机会和长期机会。例如。某员工在进行自我评估之后，发现培训机会增多，就可以利用培训机会，掌握更多的知识，提高竞争力。

（四）确定职业生涯目标

职业生涯目标包括人生目标、长期目标、中期目标、短期目标等，确定职业生涯目标的方法如下。

（1）根据个人的专业、性格、气质和价值观以及社会的发展趋势，制订人生目标和长期目标。

（2）对人生目标和长期目标进行分解，根据个人的经历和所处的组织环境制订相应的中期目标和短期目标。

当然，职业生涯的目标不是一成不变的，可以根据个人和外部发展环境的变化进行调整。

越早制订职业生涯目标对自己越有利。对大学生而言，职业生涯目标不仅指工作以后的职业目标，也指大学期间的职业目标，而大学期间的职业目标将为工作后职业目标的实现做铺垫。职业生涯实施方案的制定有三个要点：一是找准差距，包括思想观念、知识、心理素质、能力等方面；二是找对方法，包括教育培训、讨论交流、实践锻炼等方面；三是制定行动方案，包括实施步骤与完工时间等方面。

（五）制定行动方案

确定职业生涯目标之后，就进入行动方案制定阶段。它指的是将目标转化成具体的方案和措施的过程，包括从选择职业、选择职业发展路线到确定相应的培训与发展计划的所有活动。

 例证 10-1

弥补差距的行动方案

小 A 是人力资源管理专业的大二学生。他希望在未来两年的学习中，可以在英语、口语表达、社交、专业实践以及领导和组织能力方面有大的进步，为了达到此目标，他制定了一份弥补差距的行动方案，如表 10-1 所示。

表 10-1 行动方案

方面	知识方面	能力方面
目标	1. 通过 CET-4、CET-6 2. 提高英语听说能力 3. 每门专业课不低于 85 分 4. 对经济学、管理学有一定了解	1. 提高领导和组织能力 2. 与专业课老师、同学建立良好关系 3. 锻炼社会实践能力 4. 锻炼口头和书面表达能力
具体措施	1. 早上 7 点出门读英语半小时，晚上练习听力半小时，做六级试题 2. 每周五去英语角 3. 定期看英语电影（两周一次） 4. 课前预习，课堂认真听讲，积极思考，课后复习整理 5. 精读专业书籍 2~6 本	1. 多与专业课老师、周围同学交流 2. 积极参与协会组织的社会实践活动 3. 课堂积极发言，主动发表意见

（资料来源：周文霞. 职业生涯管理教程[M]. 北京：中国人民大学出版社，2021.）

（六）评估与反馈

行动方案确定后，还要进行评估与反馈，以便对职业生涯规划进行改进和完善，帮助自己更好地实现职业目标。该阶段有两方面举措：一是用行动落实规划，在行动中不断实现每个目标，在行动中完善新的目标；二是在实施过程中，对职业生涯规划进行评估和修订，使规划更加符合自身情况和社会需求，更加切实可行、行之有效。

评估与反馈指的是受社会环境变化及其他因素影响，个人职业发展方向与职业目标发生偏差，有必要对职业生涯目标与规划重新评估与调整，以更好地符合自身发展和社会发展的需要。评估与反馈的主要内容包括职业的重新选择、职业生涯路线的选择、人生目标的修正、实施措施与计划的变更等。

三、员工职业生涯管理

职业生涯管理分为职业生涯早期、中期和晚期管理三个阶段。

（一）职业生涯早期管理

职业生涯早期主要是指入职前的职业选择、职业培训到进入企业的一段时期。员工职业生涯早期一般呈现初步接触职业、精力充沛、存在独立和依赖的矛盾等特点，面临选择自己喜欢的职业、确立职业生涯目标、与组织文化存在冲突、难以适应工作群体等问题。

职业生涯早期管理对策包括两部分：员工方面，主要包括熟悉工作环境、树立良好形象、掌握职业技能、学会如何工作、适应企业环境、学会与人相处、学习如何正确面对困难以及如何进步等；企业方面，主要包括主管尽快熟悉新员工、帮助员工确立职业生涯目标、为员工制订职业生涯规划、促进员工社会化、支持员工的职业探索。

 例证 10-2

小 Z 的选择

小 Z 是一家互联网公司的新员工，她个人比较喜欢行政工作，但入职时进了技术部门。工作中她很认真，积极投入，但效率不高，也不适应技术部门经常加班的工作节奏，领导对她不满意，她感到十分沮丧。从小 Z 的例子可以看出，她处于职业生涯早期阶段，刚刚接触工作，工作热情高，但往往不得要领，所以工作效率低。由于找工作时缺乏职业的定位，她喜欢行政类工作，却从事了技术类工作，也没有自己的职业生涯目标。那么她应该如何改进呢？企业又该如何帮助她？

可能的解决途径为：小 Z 要尽快熟悉工作环境，掌握提高工作效率的方法，学会跟领导和同事相处；公司应该帮助她确定新的职业生涯目标，根据个人意愿把她调到公司行政部门工作，帮助她适应公司的氛围。

（资料来源：由作者根据网络资源整理）

（二）职业生涯中期管理

职业生涯中期呈现出职业发展逐步稳定、家庭方面的负担逐步减轻、身体健康状况开始下降的特点，这一阶段员工面临职业生涯发展机会减少、技能老化、工作与家庭冲突等问题。

针对职业生涯中期面临的问题，员工应适当考虑降低职业生涯目标，学习成功求职的技巧，树立终生学习的理念以及保持身心健康。企业应为员工提供更多的职业发展机会，帮助员工实现技能更新，帮助员工形成新的职业自我概念，丰富员工的工作经验，协助员工解决工作与家庭的冲突。

例证 10-3

小何的困境

小何毕业已经 5 年，28 岁，目前是一家公司的行政人员。学机械设计的她做了三年行政事务后，突然对自己失去信心，感觉自己好像什么都不行。为跳出这个吃青春饭的圈子，她努力了好几次都因没经验、缺乏能力而失败。小何意识到，在青春逝去的同时，自己的身价也在不断下跌。自己 30 岁后该怎么办？行政不做了该怎么办？小何十分茫然。请你帮小何分析一下：她的职业生涯管理处于哪个阶段，该怎么办？

可能的解决途径为：小何必须盘整她以往的"打杂"经历，找出她的专业竞争力，进而发现职业通道。小何可转换职业，但如何选择呢？首先必须分析小何适合做什么工作，因为行业不同、职业不同，对人才的要求差别极大，适合自己的才是最好的。然后对她的学历背景、职业能力、工作经验进行全面整合，确定合适的工作。

（资料来源：由作者根据网络资源进行整理）

（三）职业生涯晚期管理

职业生涯晚期呈现出经验丰富、个人的社会地位较高和影响力较大、知识观念相对老化、对新生事物的敏感性下降等特点。在这一阶段，员工面临不安全感增加、疾病增多、不适应退休后的生活等问题。针对职业生涯晚期面临的问题，员工应学会接受和发展新角色，学会接受权力、责任和中心地位的下降，做好退休生活的准备。企业对员工应灵活管理，真诚关心。

例证 10-4

职业规划：人生一堂必修课

营销人员要做好职业规划，必须做五件事。

第一件事，分析职业规划三要素：爱好、性格和特长。

爱好应该放在营销人员职业生涯规划考虑要素的首位。因为只有喜欢营销这个职业，才可能去主动投入，才可能有收获，才可能取得成就。

一个人的性格是很难改变的，但也不是不可改变。爱好可以改变一个人的性格。通常性格分为外向、中性和内向。作为营销人员，要分析自己的性格属于哪一种。

特长是一个人现有专长和潜在专长的总称。特长也分为基础特长和专业特长，基础特长如沟通能力强、组织能力强等，专业特长如计算机操作熟练、擅长策划等。

第二件事，选好行业。

营销人员在选择行业时必须从自身和行业特点两个方面进行分析。

在自身方面，要统筹考虑爱好（如有的人喜欢 IT 行业，有的人喜欢医药行业）、性格(如培训行业要求营销人员性格外向，仪器行业要求营销人员不太张扬，给人以可信赖的感觉)和特长(如医药、机械等产品技术含量高的行业要求营销人员必须是相关专业毕业)。在行业特点方面，有的行业发展趋于成熟，对营销人员的素质要求较高；有的行业才刚刚起步，需要冲劲大的营销人员。

第三件事，做好职业细分。

营销工作涉及的企业岗位有很多，如市场销售人员、市场策划人员、品牌管理人员、产品开发人员、后勤保障人员、销售经理或总监助理等。面对这么多职位该如何选择？岗位虽多，但从性质上可以分为两类：销售与市场。

第四件事，选好企业。

首先要确实是选择外资企业还是选择内资企业。要结合自身情况权衡利弊。任何一件事都有好的一面和不好的一面，任何决定都必须有前提。外资企业的销售经理到内资企业不一定能做好，一是不适应，认为企业不规范；二是不仅品牌处于弱势，还要面对和解决比在外资企业更多的难题。然后，要讨论选择目标企业的基本条件。

第五件事，做好30岁前的职业规划。

一是慎重选择，求稳为先。

二是任何企业都有问题，不要以为到了一个新企业就没有问题了，每个企业都有问题，只是问题不同罢了。

三是搞清楚时间长度和时间密度的问题。例如，通常情况下，一个营销人员要遵循1235的职业发展时间规律，即做1年业务代表、2年营销主管、3年区域经理、5年省区或分公司经理。前3年是基础，要打牢；后8年是带团队、做管理，要扎实。但时间的长度不是衡量经验和能力的标准，还要看营销人员的学习力和悟性。有的人做1年区域经理等于别人做3年，因此要看时间的密度，看一个人对老岗位知识的掌握情况和对新岗位的胜任能力。

四是在规划中设定不同阶段的岗位及时间目标、知识掌握目标、能力目标和薪酬目标。岗位及时间目标就是你各个阶段所能达到的岗位层次，如用1年的时间从业务代表做到营销主管。知识掌握目标就是在不同的阶段需要掌握的知识。薪酬目标可以增加员工前进的动力，也是员工能力和价值的体现，所以薪酬目标也是要定的。

(资料来源：由作者根据网络资源整理)

第三节　组织职业生涯规划与开发

组织职业生涯规划为员工的职业生涯取得成功提供了基本的载体和科学的指导，对员工的职业生涯发展具有重要的作用。它为员工实现其职业目标明确了职业道路，它能够充分调动员工潜能，使员工对组织的贡献达到最大化，从而也有利于组织目标或管理活动的实现。

一、职业生涯管理中的组织角色

职业生涯规划不是仅靠组织或个人单方面就能进行的，成功的职业生涯规划必须将企业的发展和个人的发展结合起来。

(一)企业在员工职业生涯规划中担负着引导的角色

员工的职业生涯规划各有特点，但是，在员工刚进入企业时，正处于职业发展的探索阶段，由于工作经验和社会经验不足，员工个人很难进行自我定位，而人生设计和规划一旦偏离设定的目标，就会在自己的人生道路上造成障碍，同时也给企业造成人力成本上的浪费，无法创造价值。在这种情况下，员工需要企业设立专门的机构来引导自己进行职业生涯规划。

(二)企业以战略目标为前提进行员工职业生涯规划

企业战略是企业的一种综合性计划，关系企业的生存和发展。它主要确定企业的目标和使命，以及企业的长期目标。企业进行员工职业生涯规划的前提是组织本身有规划，即有清晰的发展战略。组织战略决定了企业的业务发展方向，组织架构，人才需求的数量、结构和质量，而这些都是影响员工进行自我定位和确定目标的重要因素。在进行职业生涯规划前，企业必须加强自身的洞察能力，将企业的战略计划、人力资源计划和职业生涯发展计划结合起来，根据未来的发展变化，预测未来人力资源的需求和供给状况，使企业目标和个人目标相一致，更加明确每个岗位的发展方向，发挥出每个人的潜力，提高经营效率。

(三)企业应及时对员工职业生涯规划做出反馈和调整

随着在工作岗位中的成长和发展以及社会环境的变化，每位员工的生涯目标都不是一成不变的，特别是员工在同一性质岗位上工作一段时间后，其职业发展呈现出复杂化和多元化特征。

一方面，源于职业能力增强和工作经验的积累，员工各方面趋于成熟，事业心和责任心增强，创造力旺盛，工作业绩有目共睹。这时期是一个可以激发个体创造冲动和才干并创造辉煌业绩的时期，个人职业顶峰也比较多地出现在这一阶段。经过这一辉煌的职业高峰后，员工的职业轨迹就会呈下降趋势。因此，企业对这类员工要尽可能地延长其职业高峰期，使职业运行轨迹趋于平而长，而非高而尖。

另一方面，一些员工开始面临个人梦想和现实成就之间的不一致，导致他们对自己的职业生涯产生怀疑，此时一部分员工会去重新认识自己，审视自己目前所做的工作。如果他们的认同要素和需要从未得到过满足，就会去寻找一份新的职业或职位，此时公司将面临经验丰富的团队或技术骨干流失的局面。还有一些员工会感觉到自己竞争力下降，力不从心，导致个人发生职业危机，影响了工作的积极性，制约了企业劳动生产率和经济效益的提高，这也是对企业人力资源的浪费。

二、不同类型组织的职业生涯规划

职业生涯是指一个人一生中从正式参加工作到退休的全部工作活动与工作经历。员工职业发展是指企业结合自身战略发展目标，对员工的职业规划提供咨询和指导，并创造条件帮助员工实现个人职业目标。员工职业生涯规划以员工个体的价值实现和增值为最终目标，员工个人价值的实现和增值，并不依赖特定的企业。因此，我们应该学会分析职业生涯规划在不同性质企业、在企业不同的发展阶段所面临的现实问题，学会怎样来发挥职业生涯规划在这些企业当中的最大作用。下面分别讨论不同类型企业的职业生涯规划的优劣势和侧重点。

（一）小微企业与创业企业

从时间和空间两方面来看，这种类型的企业发展处于初创期。与此相对应，其规模小，整体经济实力较弱，组织结构精简，员工数量不大，管理制度不健全，常存在缺乏长期科学的人力资源投资战略、漠视人力资本投入、用人机制不规范、人力资源管理机构设置与人员配备专业化程度偏低等问题。但该类企业发展潜力大，能够在未来较长的时期内实现较高的战略目标，发展前景良好。

以下是对于小微企业和创业企业员工职业生涯规划的三点建议。

（1）建立企业与员工的共同愿景，并将愿景准确地表述出来，使所有员工对其有全面深刻的认识和体会，增强员工对组织未来发展的信心，增强企业的凝聚力和感召力，从而降低员工流动率。

（2）通过岗位再设计、工作轮换等手段，实现人岗匹配，人尽其才。特别是对于那些有创造力的员工，多赋予他们一些具有挑战性的工作，增强他们的工作成就感。

（3）企业管理者要和员工进行充分的接触和沟通，多关心员工的工作和生活情况，帮助其解决一些难题，增加员工对企业的好感和信任，使员工感觉到自己在组织中受到尊重和重视，从而更好地发挥工作积极性和创造性。

（二）小型企业与普通民营企业

这种类型企业的劣势是规模小且人员编制少，缺乏完整的管理规章制度，缺乏职业生涯规划的运作资金等。但是它也有优点，如灵活机动，能发挥个人才智，工作内容丰富多彩，有比较多的表现和升迁机会。

由于员工在进企业之初就被要求具有企业所需要的知识和技能，企业很少花精力去考虑员工职业生涯规划；企业的短期效益比较明显，企业对员工的职业生涯规划会经常进行变更，而员工只能被动接受。

以下是给小型企业与普通民营企业员工职业生涯规划的三点建议。

（1）给员工比较多的工作类别和数量，以锻炼员工处理多种、大量问题的能力，并由此提升员工的综合素质。

（2）在业务淡季组织员工进行内部岗位培训，支援其他部门工作，参与公司制度建设、举办文娱活动等，以拓宽员工的业务知识面，增强员工的归属感。

（3）实施内部岗位竞争上岗制度，公开员工绩效考核成绩，形成一种人人积极向上的企业环境。

（三）大型知名企业与外资企业

对于大型知名企业和外资企业来说，劣势主要在于工作内容单一枯燥，存在事实上的不平等。同时，它们的优势主要是有规范、科学的考核测评体系，相对于国内企业而言，有规范的薪酬福利，有系统完整的员工培训和职业生涯规划。

一般来说，从员工进入企业之初，企业会给员工一套完整的职业规划体系。以下是对大型知名企业和外资企业员工职业生涯规划的四点建议。

（1）采用科学系统的人才测评方式，使员工职业生涯规划有正确方向。

（2）实施系统完整的人才培训计划，不但要使员工全面了解企业的运作状况，还要让员工获得完成工作所必须掌握的技能。

（3）完善定向培养和梯队培养接班人计划，主要为企业在业务扩张之前培养储备人才。定向培养是指公司对胜任某一职位所必须拥有的素质和掌握的技能进行培养，梯队培养是指对公司基层、中层和高层职位所采取的梯级培养方式。

（4）制订心理辅导及职业操守养成计划，让员工对工作压力和工作态度有一个正确、健康的认识，同时提供一些思想上的引导和必要的行为约束。

（四）普通国有企事业单位

普通国有企事业单位的劣势一般是员工数量大于单位编制，单位制度缺乏透明度，单位员工关系复杂等；优势则在于员工的薪酬福利有基本保障，员工的工作生活平稳安定等。对其职业生涯规划有如下几个建议。

（1）根据市场需要来培养员工，使员工获得更强的生存和发展能力。

（2）根据需要设置岗位，紧缩人员编制，使员工工作饱满，对未来职业发展充满信心。

（3）公开办事制度与程序，给员工平等的竞争机会。

（4）实施员工工作激励机制，让员工发挥个人才智，增强工作的责任感，提高单位的整体工作绩效。

三、组织职业生涯管理的措施

组织职业生涯管理贯穿员工从进入职场直至离开组织的整个过程，因此组织职业生涯管理是与员工的个人职业生涯联系在一起的，将二者结合起来看，组织职业生涯管理的主要措施有以下几个。

（一）建立职业发展通道

职业发展通道是企业为员工设计的自我认知、成长和晋升的管理方案，明确了组织内员工可能的发展方向及发展机会。职业发展通道的设计一方面有利于员工了解自我，激发员工的工作热情；另一方面能够使企业更好地掌握员工的情况，以便对员工的职业发展施加影响，使员工的职业目标和计划满足组织的需要。

传统的职业发展通道意味着沿着组织内部的管理职位阶梯一步一步地向高层提升，但是对许多人来说，单一的管理职位通道与他们的职业自我观和兴趣不相称。职业锚理论告诉我们，每一个员工都有自己的职业定位，而综合管理型只是八种职业锚中的一种，因此以综合管理型为基础的职业发展通道不能满足拥有不同职业锚员工的职业发展需要。基于职业锚的类型划分，企业可以对员工的工作进行分类，设计适合本组织的多重职业发展通道。不同职业发展通道的层级之间在报酬、地位、称谓等方面具有某种对应关系。这样就可以让每一个员工都找到适合自己的职业发展通道，朝着自己的职业里程碑前进。

（二）为员工提供职业发展信息

为使员工全面了解组织发展对员工的要求，企业应为员工提供职业发展相关信息，以帮助员工为自身职业发展设定目标，并使之与组织战略相结合。职业发展信息主要包括以下内容。

(1)企业信息，包括公司基本情况、内部制度、人力资源政策等。

(2)岗位信息，包括人员变动、岗位设置和不同岗位的任职资格标准等。

(3)员工信息，包括员工自身的教育、工作经历、资质、业绩等，也包括职业目标、职业兴趣等。

(4)绩效反馈。为员工提供工作绩效反馈，以促使员工改进，获得进一步发展。

(三)设置职业指导中心

设置职业指导中心可以让专业的职业生涯顾问为员工提供职业咨询，职业生涯顾问可以由具有丰富人力资源管理经验和能力的人担任，也可以由企业或者行业中成就卓越的人担任。

该机构的主要功能是对员工的各类职业特征以及职业生涯发展状况进行评估，获得充分的信息，据此帮助员工设计职业生涯规划，或者对员工的职业生涯目标进行必要的调整，使员工工作、生活与职业生涯目标融合。

职业指导中心常用的评估方法有：

(1)评价中心法，主要用来甄选企业管理者，并为他们设计职业生涯发展规划以及所需接受的培训。

(2)心理测试，采用心理测验技术来评估员工的职业潜质、个性特征、职业兴趣等。

(四)实施职业发展项目

组织应公开、公平、公正地实施职业发展项目，使员工具备组织所需的竞争力，主要包括以下内容。

(1)培训。基于公司内外部人力资源开发项目对员工施以各种教育与培训。

(2)岗位轮换。让个人积累多种岗位的工作经验，为今后的晋升、发展奠定基础。

(3)实施师徒制。构建员工间的"师徒模式"，让资深员工为新入职员工提供指导、支持和帮助。

(4)工作扩大化。扩大和丰富员工的工作，增加其工作内容，使员工接触多样化的工作。

(5)委以重任。给员工安排具有挑战性的工作，让其在实践中获得锻炼，促进职业发展。

(6)重新安置。帮助被解聘的员工制订谋职计划，或者为其提供培训，使其顺利度过转型期。

本章小结

1. 职业生涯管理是指组织开展和提供的、用于帮助和促进组织内正在从事某类职业活动的员工实现其职业发展目标的行为过程。

2. 职业生涯管理具有三个方面的特征：(1)职业生涯管理是组织与员工双方的责任；(2)职业生涯信息在职业生涯管理中具有重要作用；(3)职业生涯管理是一种动态管理。

3. 员工职业生涯规划的过程一般包括自我评定、环境评定、生涯机会评估、确定职业生涯目标、制定行动方案、评估与反馈。

4. 组织职业生涯管理的措施包括：(1)建立职业发展通道；(2)为员工提供职业发展信息；(3)设置职业指导中心；(4)实施职业发展项目。

本章习题

一、简答题

1. 简述职业生涯管理的内容。

2. 简述职业生涯管理的作用。

3. 简述员工职业生涯规划的过程。

4. 简述组织职业生涯管理的措施。

二、案例分析

零点集团员工职业规划

零点研究咨询集团是目前国内最大的提供专业的策略性研究咨询服务的集团公司之一。在集团快速发展的背后，是一支学科配置整齐、专业人员年轻、高度自觉的学习型研究队伍。因此，如何让企业内部员工充分发挥潜能、保持高敬业度一直是零点集团的领导密切关注的问题。

咨询研究行业工作压力大、人员流动率高已成为普遍现象，而优秀的从业人员需要长期的实践钻研和经验积累才能造就。零点集团充分认识到留住核心骨干员工的重要性，认为员工的进步是企业保持竞争力的基石。因此，零点集团希望寻找一种有效的手段来关心员工的个人成长，帮助员工全面了解自己的特点、能力水平、优劣势，从而确立发展方向。该集团通过配套实施内外部培训、业务轮岗、专家辅导等环节提升员工的综合业务能力和职业胜任能力，从而实现企业和员工的共同发展。

为了给企业和员工的长期发展提供强有力的支撑，零点集团人力资源部门在高层的支持下决定应用科学的人员测评方式，结合专家的咨询服务，搭建适应组织发展和个人需要的职业生涯规划体系，期望通过细致入微的访谈和核心素质的评估来综合考察核心人员的适岗情况及后期适应的职业发展方向。具体来看，零点集团针对员工的职业生涯规划体系分为以下四步。

第一步，知己：背景调研+理念分享。

为了解零点集团的发展和管理人员的现状，调研团队通过访谈、背景调研等方式搜集了企业、人员的基本信息和相关岗位的基础资料。这些信息成为实施符合企业发展要求的人才测评服务方案的立足点。这一阶段搜集的信息主要包括：①企业现状和发展战略；②目标岗位的基础信息；③高管、人力资源部门的要求和期望。

第二步，知彼：信息搜集+测评实施。

调研团队采用了他人评价、背景信息搜集表和标准化测评相结合的方式获取参与人员的详细资料，让员工能够借助测评工具发现自身的特点，同时也引导员工对自身经历和所处状况进行回顾和总结。

第三步，定位：一对一咨询+深度剖析。

调研团队在对零点集团的战略发展需要和内部人力资源现状充分了解的基础上，通过一对一访谈的方式，深入了解目前项目参与人员对公司、部门等方面的真实反馈，帮助员工走出误区。

第四步，行动：结果反馈+计划实施。

找准了定位，明确了方向，职业规划并没有到此结束，对个人和组织的发展建议最终要落地实施才能生效。而这些建议能否被贯彻执行取决于两方面的因素：首先，阶段性目标设置的合理性，个人和组织的发展是一个长期的规划，但如果仅仅用这个长期的目标激励和指引自己，在得不到及时反馈的情况下很容易半途而废，所以合理的方式是将长期目标进行分解，在着眼于长远发展的情况下制订一步步能在短期实现的行动计划；其次，行动的过程需要有指导和监督，组织对个人实施有针对性的培养，并定期给予反馈和激励，有利于员工的不断实践和提高。

零点集团在明确了员工的定位之后，对结果的反馈和发展计划的实施也给予了高度重视。人力资源部门组织参与员工的直接领导对其进行一对一的结果反馈，帮助员工理解个人和组织目前的状况；指导其制订合理的发展计划，结合个人的实际情况和企业的人员需求提供适应的发展空间。此外，集团还从组织层面出发，将公司目标更加清晰化，并考虑与个人发展之间的关系，调整对人员的要求和挑战；有计划、有针对性地补充某一方面的人才，使企业更加稳定；同时加强企业管理力度，加强对管理人员的培训和指导。

（案例来源：百度文库）

分析上述案例并回答问题：

1. 试归纳企业对员工进行职业规划和对个人进行职业规划的异同点。
2. 你在进行职业规划时，领导集团针对员工的职业规划步骤对你有什么启发？

三、实训练习

1. 实训名称：制订组织职业生涯规划方案。
2. 实训目标：通过考察认知企业的职业生涯规划现状，制订组织职业生涯规划方案，加深对本任务的理解。
3. 实训内容：选择一个企业，考察该企业的员工与组织职业生涯规划情况并制订该企业的职业生涯规划方案，撰写一份组织职业生涯规划方案。
4. 实训要求：学生按计划步骤完成项目作业，即实训成果及评价，学生上交实训报告，教师评分。按实训目标完成任务，提出该公司的员工培训方案且分析到位、条理基本清晰、语言较为流畅的学生；得分为良好；完成实训目标任务，方案全面且有创意、符合该企业实际、条理清晰、富有逻辑性、理由充分、语言流畅的学生；得分为优秀。

参考文献

[1]高敬. 企业大学的四门必修课[J]. 人力资源, 2013(1): 54-55.

[2]高亚芳, 把多勋. 西部地区人力资源培训市场现状与发展——以甘肃省为例[J]. 兰州大学学报(社会科学版), 2003(9): 81-86.

[3]盖勇. 培训与开发[M]. 济南: 山东人民出版社, 2004.

[4]宫雪. 澳大利亚职业教育培训体系改革新进展及启示[J]. 职教通讯, 2007(9): 67-70.

[5]郭维维. 企业培训的组织形式及发展趋势[J]. 企业研究, 2002(9): 67-68.

[6]郭京生. 人员培训实务手册[M]. 北京: 机械工业出版社, 2005.

[7]郝代丽. 企业培训与人力资源开发[J]. 辽宁经济管理干部学院学报, 2008(1): 45-46.

[8]郝冰. 基于E-learning的企业员工培训开发研究[D]. 南京: 南京理工大学, 2007.

[9]华茂通咨询. 现代企业人力资源解决方案[M]. 北京: 中国物资出版社, 2003.

[10]蔻琳娜. 欧盟达·芬奇计划研究[D]. 上海: 上海师范大学, 2011.

[11]李荣生. 我国有了企业培训师[J]. 中国培训, 2002(6): 12-14.

[12]刘志洲. 校企产学结合的新思路——考察南洋理工学院"教学工厂"的启示[J]. 教育探索, 2008(8): 142-143.

[13]马克·波普. 美国职业指导工作的发展历程与职业指导员的培训[J]. 中国职业技术教育, 2000(3): 54-56.

[14]马永斌, 吴志勇. 中国培训行业发展现状分析[J]. 继续教育, 2005(2): 26-29.

[15]芮小兰. 中西方学徒制的比较及启示[J]. 教育前沿, 2008(6): 84-85.

[16]续润华. 美国发展职业技术教育的历史及其对我国的启示[J]. 成人教育, 2009, 9(248): 93-96.

[17]解祥华. 现代企业培训的特征与发展趋势分析[J]. 企业经济, 2008(3): 79-81.

[18]郑小娟. 新时期继续教育发展趋势研究[J]. 中国成人教育, 2009(19): 97-98.

[19]钟锐. 培训游戏金典[M]. 北京: 机械工业出版社, 2006.

[20]赵静. 腾讯企业大学建设实践和发展模式研究[D]. 武汉: 华中科技大学, 2009.

[21]BARLOW. Vocational education[M]. Chicago: University of Chicago Press, 1965.

[22]RLKATZ. Skills of an effective administrator[J]. Harvard business review, 1955, 33(1): 33-42.

[23]石金涛, 唐宁玉. 培训与开发[M]. 5版. 北京: 中国人民大学出版社, 2021.

[24]石金涛, 颜世富. 培训与开发[M]. 4版. 北京: 中国人民大学出版社, 2019.

[25]陈国海. 员工培训与开发[M]. 2版. 北京: 清华大学出版社, 2016.

[26]雷蒙德·诺伊. 雇员培训与开发[M]. 徐芳, 译. 3 版. 北京：中国人民大学出版社, 2007.

[27]雷蒙德·诺伊. 雇员培训与开发[M]. 徐芳, 邵晨, 译. 6 版. 北京：中国人民大学出版社, 2015.

[28]陈国海, 霍文宇. 员工培训与开发[M]. 3 版. 北京：清华大学出版社, 2019.

[29]陈胜军. 培训与开发[M]. 北京：中国市场出版社, 2010.

[30]吴小立, 唐超. 培训与开发理论、方法及实训[M]. 1 版. 北京：中国人民大学出版社, 2021.

[31]萧鸣政. 培训与人力资源开发：理论与方法[M]. 2 版. 北京：中国人民大学出版社, 2020.

[32]李育辉. 培训与开发[M]. 1 版. 北京：中国人民大学出版社, 2021.

[33]刘昕. 人力资源管理[M]. 4 版. 北京：中国人民大学出版社, 2020.

[34]董克用, 李超平. 人力资源管理[M]. 5 版. 北京：中国人民大学出版社, 2019.

[35]张炳懿. 高质量培训师队伍建设机制探析[J]. 人才资源开发, 2019(24)：91-92.

[36]王湘龙, 李杰, 夏常明, 等. 基于"一核四翼"的内部培训师能力塑造创新实践——以国网甘肃省电力公司为例[J]. 企业改革与管理, 2022(4)：56-58.

[37]丛文华. 培训现场管理之我见[J]. 石油教育, 2008(2)：23-24.

[38]朱志国. 企业内部兼职培训师队伍建设实践探讨[J]. 装备制造技术, 2021(1)：117-119+123.

[39]陈建国, 惠自洪, 蔡红飞, 等. 打造培训师素质提升"一带六路"升级版[J]. 中国电力教育, 2020(4)：40-42.

[40]任洋. J公司内部员工培训项目培训体系设计与实施[D]. 青岛：山东大学, 2016.

[41]梁爽. 构建企业内部培训师精英团队[J]. 人力资源, 2020(20)：126-127.

[42]钱生荣. 保险企业内部培训师队伍建设的思考[J]. 浙江金融, 2010(11)：50-52.

[43]齐晓峰. 基于胜任力模型的国家电网H供电公司兼职培训师队伍建设研究[D]. 邯郸：河北工程大学, 2021.

[44]王鹏程. 如何成为一名很厉害的培训师[M]. 北京：机械工业出版社, 2020.

[45]石金涛. 培训与开发[M]. 3 版. 北京：中国人民大学出版社, 2013.

[46]王一彪, 孙青. 企业员工培训成果转化：基本理论、影响因素与转化途径[J]. 长沙航空职业技术学院学报, 2022, 22(1)：83-86+96.

[47]张先厚, 蔡琴. 向培训要结果——国网甘肃省电力公司中层干部培训成果转化机制研究[J]. 中国电力教育, 2013(21)：68-70.

[48]彭毅. 企业培训成果转化的障碍与突破之道[J]. 企业改革与管理, 2020(10)：65-68.

[49]张海波, 孙天顺, 雷益龙. 唐山市企业家培训项目转化成果研究——以装备制造行业企业家赴德培训学习为例[J]. 科技经济市场, 2021(5)：102-103.

[50]申瑞杰. 强化训后管理是促进教育技术培训成果转化的有效策略[J]. 教学与管理, 2013(18)：40-42.

[51]陈志标. 企业培训项目成果转化模型设计[D]. 北京：华北电力大学, 2008.

[52]梁颖. 探析企业职工培训成果转化的制约因素及对策建议[J]. 企业导报, 2015

（23）：59+58.

[53]徐芳. 培训与开发理论及技术[M]. 上海：复旦大学出版社，2005.

[54]郭京生. 人员培训与开发[M]. 北京：北京交通大学出版社，2015.

[55]HOLTON E. The flawed four-level evaluation model[J]. Human resource development quarterly，1996（7）：5-21.

[56]KIRKPATRICK D. Evaluating training programs：the four levels[M]. 3rd ed. California：Berrett-Koehler Publishers，Inc. 2007.

[57]KIRKPATRICK D. Invited reaction：reaction to Holton article[J]. Human resource development quarterly，1996（7）：23-25.

[58]GERBER B. Does your training make a difference? prove it! [J]. Training，1995（3）：27-34.

[59]ROBINSON D G，ROBINSON J. Training for impact[J]. Training and development journal，1989（8）：30-42.

[60]PHILIPS J. Handbook of training evaluation and measurement methods[M]. 2nd ed. Houston：Gulf Publishing，1991.

[61]WART M，CAYER N J，COOK S. Handbook of training and development for the public sector[M]. San Francisco：Jossey-Bass，1993.

[62]WARR P，BIRD M，RACKHAM N. Evaluation of management training[M]. London：Gower Press，1970.

[63]SCHETTLER J. Homegrown solution[J]. Training，2002（11）：76-79.

[64]陈国海. 培训效果的行为评估[J]. 中国人力资源开发，2004（4）：53-59.

[65]谌新民，徐汪奇. 员工培训方案[M]. 广州：广东经济出版社，2002.

[66]陈小纪. ABC 公司培训体系诊断研究[D]. 广州：华南理工大学，2011.

[67]杰克·J. 菲利普斯. 培训评估与衡量方法手册[M]. 李元明，林佳澍，译. 3 版. 天津：南开大学出版社，2001.

[68]李杨. 企业员工培训评估中存在的问题与对策研究——以某家电制造企业为案例[J]. 山东社会科学，2015（4）：148-152.

[69]赵楠，施晨越. 企业员工培训手册[M]. 北京：经济管理出版社，2005.

[70]侯晓虹. 培训操作与管理[M]. 北京：经济管理出版社，2006.

[71]张士杰. 哈尔滨石化公司员工培训评估研究[D]. 哈尔滨：哈尔滨工程大学，2012.

[72]石运甲. 刍议基于"互联网+"时代的企业战略管理创新[J]. 中国管理信息化，2018，21（21）：114-115.

[73]郗亚坤，曲孝民. 员工培训与开发[M]. 大连：东北财经大学出版社，2019.

[74]蔺晓静. A 公司知识型员工激励体系优化设计研究[D]. 西安：西北大学，2015.

[75]张新岭，孙友然. 人员培训与开发[M]. 北京：电子工业出版社，2021.

[76]SENGE P. The fifth discipline：the art and practice of the learning organization[M]. New York：Doubleday，1990.

[77]LUTHANS F，YOUSSEF C M. Human，social and now positive psychological capital management：investing in people for competitive advantage[J]. Organization dynamics，2004，33（2）：143-160.

［78］HERNANDEZ S R，HADDOCK C C，BEHRENDT W M，et al．Management succession and development planning［J］．Human resource planning，1987，7(4)：1-5.

［79］PETERS J．"Hollow"organization emerge as firms strive for flexibility［J］．The business journal，1990(5)：7.

［80］周文霞．职业生涯管理教程［M］．北京：中国人民大学出版社，2021.

［81］杜映梅．职业生涯管理［M］．北京：中国发展出版社，2011.

［82］高玉美．浅析公司员工职业生涯管理［J］．人力资源管理，2016(1)：45-46.

［83］童天．基于胜任特征模型的结构化面试开发［J］．中国劳动，2013(6)：43-45.

［84］赵富强，张光磊，陈耘．支持性人力资源实践与组织绩效的研究［J］．科学学研究，2015，33(9)：1405-1413.

［85］吴小立，唐超．培训与开发：理论、方法及实训［M］．北京：中国人民大学出版社，2021.7.